Veröffentlichungen zum Verfahrensrecht

Band 182

herausgegeben von

Rolf Stürner

Ivan Labusga

Insolvenzanfechtung von Austauschgeschäften

Mohr Siebeck

Ivan Labusga, geboren 1990; Studium der Rechtswissenschaft in Freiburg und Glasgow; Wissenschaftlicher Mitarbeiter am Institut für deutsches und ausländisches Zivilprozessrecht der Universität Freiburg; 2017 Erste Juristische Staatsprüfung; 2020 Promotion; derzeit Referendariat am Landgericht Darmstadt.

ISBN 978-3-16-160118-7 / eISBN 978-3-16-160230-6
DOI 10.1628/978-3-16-160230-6

ISSN 0722-7574 / eISSN 2568-7255 (Veröffentlichungen zum Verfahrensrecht)

Die Deutsche Nationalbibliothek verzeichnet diese Publikation in der Deutschen Nationalbibliographie; detaillierte bibliographische Daten sind über *http://dnb.dnb.de* abrufbar.

Das Buch wurde von epline in Böblingen aus der Times New Roman gesetzt, von Gulde Druck in Tübingen auf alterungsbeständiges Werkdruckpapier gedruckt und von der Buchbinderei Spinner in Ottersweier gebunden.

Printed in Germany.

Vorwort

Die vorliegende Arbeit wurde im Sommersemester 2020 von der Rechtswissenschaftlichen Fakultät der Albert-Ludwigs-Universität Freiburg als Dissertation angenommen. Mein besonderer Dank gilt meinem akademischen Lehrer, Herrn Professor Dr. Jan Felix Hoffmann, der das Entstehen dieser Arbeit in besonderer Weise gefördert hat. Neben wertvollen Anregungen und einer ausnehmend guten Betreuung hat er mein Forschungsvorhaben auch durch die Gewährung größtmöglicher Freiräume unterstützt. Herrn Professor Dr. Alexander Bruns, LL.M. (Duke Univ.) danke ich für die Erstellung des Zweitgutachtens. Herrn Professor Dr. Dres. h.c. Rolf Stürner möchte ich für die Aufnahme dieser Arbeit in die Schriftenreihe „Veröffentlichungen zum Verfahrensrecht" meinen Dank aussprechen.

Danken möchte ich ferner meinen Lehrstuhlkollegen, Herrn Jan Geffroy und Herrn Dr. Philipp Schlüter, für ihre stete Diskussionsbereitschaft, Frau Victoria Marini und meinem Bruder, Herrn Jan Labusga, die sich mit einem scharfen Blick auf die Rechtschreibung durch das Manuskript gearbeitet haben, sowie meinen Studienfreundinnen und Studienfreunden, die mich während meiner Zeit in Freiburg begleitet und unterstützt haben. Derweil gebührt mein größter Dank meinen Eltern, Frau Heike Labusga und Herrn Beat Bäuml-Labusga. Von ihnen habe ich während meines Studiums und der Anfertigung der Dissertation nicht selbstverständliche Unterstützung erfahren.

Ettenheim, im Frühjahr 2021 Ivan Labusga

Inhaltsübersicht

Inhaltsverzeichnis

Einleitung

Bei der Insolvenzanfechtung von Austauschgeschäften beschränkt sich die gesetzliche Rechtsfolgenanordnung nicht nur auf die Rückordnung der abgeflossenen Leistung zur Haftungsmasse (bzw. auf Wertersatz) gemäß § 143 Abs. 1 InsO, sondern das Gesetz sieht auch ein Anrecht des Anfechtungsgegners auf eine noch in der Masse vorhandene Gegenleistung vor, § 144 Abs. 2 S. 1 InsO.[1]

Nach herrschendem Verständnis wird der Zugriff des Anfechtungsgegners auf die Gegenleistung mit der Anfechtung des Verpflichtungsgeschäfts in Verbindung gebracht:[2] Das Anrecht des Anfechtungsgegners auf Gegenleistung bestehe, da die Anfechtung des Verpflichtungsgeschäfts die *causa* entfallen lasse bzw. nach einer erfolgreichen Anfechtung jedenfalls kein materiell-rechtlicher Behaltensgrund des Schuldners für die Gegenleistung mehr bestehe.[3] Der Entfall des Rechtsgrundes führe zu einem insolvenzrechtlich privilegierten Bereicherungsanspruch (in Gestalt einer Masseverbindlichkeit) des Anfechtungsgegners auf die Gegenleistung gemäß §§ 812 ff. BGB, § 144 Abs. 2 S. 1 InsO.[4]

Die vorliegende Arbeit plädiert bei der Interpretation von § 144 Abs. 2 S. 1 InsO für einen Perspektivwechsel. Dargelegt wird, dass das Anrecht des Anfechtungsgegners auf die Gegenleistung in keinem Zusammenhang mit der Anfechtung des Verpflichtungsgeschäfts steht.[5] Es wird aufgezeigt, dass die in

[1] Austauschgeschäfte sind Transaktionen, bei denen wechselseitig Leistung und Gegenleistung ausgetauscht werden, die nach dem Parteiwillen synallagmatisch verknüpft sind, vgl. Soergel/*Gsell*, Vor § 320 BGB Rn. 4; Jauernig/*Stadler*, § 311 BGB Rn. 13; BeckOK/*H. Schmidt*, § 320 BGB Rn. 8; MüKo/*Emmerich*, Vor § 320 BGB Rn. 15 f. Im Rahmen der vorliegenden Arbeit ist die *Leistung* vor dem Leistungsaustausch dem (späteren) Insolvenzschuldner zuzuordnen, die *Gegenleistung* ursprünglich dem (potenziellen) Anfechtungsgegner, vgl. Jaeger/*Henckel*, § 144 InsO Rn. 25.

[2] RG LZ 1910, 862, 863 Nr. 6; HK/*Thole*, § 144 InsO Rn. 4; *Zenger*, Anfechtung, S. 250; Jaeger/*Henckel*, § 144 InsO Rn. 4, 23; Nerlich/Römermann/*Nerlich*, § 144 InsO Rn. 8; MüKo/*Kirchhof/Piekenbrock*, § 144 InsO Rn. 23; BeckOK/*Schoon*, § 144 InsO Rn. 13; siehe hierzu unten S. 24 f.

[3] Siehe z. B. BGH NJW 2015, 164, 165 Rn. 14; BeckOK/*Schoon*, § 144 InsO Rn. 13; MüKo/*Kayser/Freudenberg*, § 129 InsO Rn. 57; Jaeger/*Henckel*, § 144 InsO Rn. 24; Braun/*Riggert*, § 144 InsO Rn. 6; *Baur/Stürner*, Insolvenzrecht, Rn. 18.25 in Fn. 75; Schmidt/*Büteröwe*, § 144 InsO Rn. 7; vgl. unten S. 94 ff.

[4] MüKo/*Kirchhof/Piekenbrock*, § 144 InsO Rn. 31; Jaeger/*Henckel*, § 144 InsO Rn. 24; Uhlenbruck/*Borries/Hirte*, § 144 InsO Rn. 11; Schmidt/*Büteröwe*, § 144 InsO Rn. 8; vgl. ausführlich unten S. 25 f.

[5] Vgl. unten S. 93 ff.

§144 Abs. 2 S. 1 InsO angeordnete Rückordnung einer noch vorhandenen Gegenleistung bei der Anfechtung von Austauschgeschäften vielmehr Bestandteil eines Abwicklungsmechanismus ist, um eine im Ausgangspunkt überschießende Rechtsfolgenwirkung des §143 InsO – ausschließlich bei der Anfechtung des Verfügungsgeschäfts und insbesondere bei unteilbaren Leistungsgegenständen – einzufangen.[6] §144 Abs. 2 S. 1 InsO wird sich als ein Baustein entpuppen, der zur Begrenzung der Rechtsfolgenwirkung bei der Anfechtung eines partiell unausgeglichenen Austauschgeschäfts auf das Maß der Gläubigerbenachteiligung beiträgt.

A. Problemaufriss

Charakteristikum eines Austauschgeschäfts ist, dass nach dem Parteiwillen die Leistung im Austausch gegen die Gegenleistung erbracht wird.[7] Umstritten in der Rechtswissenschaft ist, ob eine erbrachte Gegenleistung sich reduzierend auf den Umfang der Gläubigerbenachteiligung auswirkt und ob das Maß der Gläubigerbenachteiligung die Rechtsfolgenwirkung bei der Anfechtung eines Verfügungsgeschäfts begrenzt.[8]

Grundfall:
S schließt zum Zeitpunkt der materiellen Insolvenz einen Tauschvertrag mit A ab. In der Folge übereignet S dem A ein blaues Auto (Leistung) und A dem S im Gegenzug ein rotes Auto (Gegenleistung). Unmittelbar nach dem Leistungsaustausch wird über das Vermögen des S ein Insolvenzverfahren eröffnet. Der Insolvenzverwalter des S geht durch Anstrengung eines Anfechtungsprozesses gegen das Tauschgeschäft vor.

Variante 1 (Neutrales Austauschgeschäft):
Leistung und Gegenleistung sind wirtschaftlich gleichwertig. Beiden ist ein Marktwert von 100 zuzusprechen. Die Leistungsgegenstände sind weiterhin im jeweiligen Vermögen der Vertragspartner vorhanden.

Voraussetzung jeder Anfechtung ist, dass die anzugreifende Rechtshandlung gemäß §129 InsO gläubigerbenachteiligende Wirkung entfaltet,[9] d.h., die Befriedigungsaussichten der Gläubiger schmälert.[10] Ob sich allerdings durch den

[6] Im Ausgangspunkt mit vergleichbaren Bestrebungen *Marotzke*, Gegenseitige Verträge, Rn. 7.120 ff.; K/P/B/*F. Bartels*, §129 InsO Rn. 397 ff.; zuvor schon *ders.*, Insolvenzanfechtung, S. 233 ff.; siehe auch *Eckardt*, ZInsO 2004, S. 888, passim; *Bitter*, KTS 2016, S. 455, passim; *Raebel*, FS Ganter, S. 339, 348.

[7] Siehe etwa MüKo/*Emmerich*, Vor §320 BGB Rn. 15 f.; weitere Nachweise in Fn. 1; vgl. auch unten S. 56 ff.

[8] Vgl. K/P/B/*F. Bartels*, §129 InsO Rn. 397 ff.; *dens.*, Insolvenzanfechtung, S. 233 ff.; *Eckardt*, ZInsO 2004, S. 888, passim; *Bitter*, KTS 2016, S. 455, passim; *Raebel*, FS Ganter, S. 339, 348; *Mehring*, FS Kayser, S. 581 ff.

[9] *Würdinger*, Zahlungsverkehr, S. 44 „Eintrittskarte"; BT-Drs. 12/2443, S. 157 „Grundvoraussetzung"; HK/*Thole*, §129 InsO Rn. 44.

[10] BGHZ 105, 168, 187; 124, 76, 78 f.; HK/*Thole*, §129 InsO Rn. 44; Gottwald/*Huber*,

Vollzug eines neutralen Austauschgeschäfts die Befriedigungsaussichten der Gläubiger verschlechtern, ist vom Betrachtungswinkel abhängig. Verfügungsgeschäfte kennen rechtlich keine gegenseitige Ausgestaltung, sodass bei einer isolierten Betrachtung der Verfügungen des Schuldners der Abfluss der Leistung aus der Haftungsmasse in keiner Verbindung zur erhaltenen Gegenleistung steht. Erst wenn die Parteiabrede mit einbezogen wird, ergibt sich im Rahmen einer Gesamtbetrachtung, dass beide Verfügungsgeschäfte durch die *causa* synallagmatisch miteinander verknüpft sind. Die Gegenleistung soll nach dem Parteiwillen bei einem Austauschgeschäft im Schuldnervermögen an die Stelle der Leistung treten.

Herrschend wird bei der Bestimmung der Gläubigerbenachteiligung im Anfechtungsrecht eine Gesamtbetrachtung vorgenommen.[11] Sind Leistung und Gegenleistung wirtschaftlich gleichwertig, wird von einer neutralen, benachteiligungsfreien Vermögensumschichtung gesprochen,[12] weil die Schmälerung der Haftungsmasse durch das Ausscheiden der Leistung durch die Gegenleistung kompensiert werde. Dies führe dazu, dass die Gläubiger sich nach dem Leistungsaustausch aus der Gegenleistung befriedigen könnten, sodass ihnen in der wirtschaftlichen Gesamtschau kein Nachteil widerfahre. Die Anfechtung scheitere bereits an der fehlenden Gläubigerbenachteiligung, sodass es bei einem neutralen Austauschgeschäft auf eine Privilegierung nach den Grundsätzen des Bargeschäftsprivilegs (§ 142 InsO) nicht ankomme.[13]

Moderne Tendenzen in der Literatur lehnen hingegen eine wirtschaftliche Gesamtbetrachtung außerhalb von § 142 InsO ab.[14] Nach diesem „vereinzelnden" Ansatz seien Leistung und Gegenleistung nicht als wirtschaftliche Einheit zu betrachten. Aufgrund des einseitigen Charakters sei jede Verfügung des Schuldners gläubigerbenachteiligend und grundsätzlich anfechtbar.[15] Allenfalls durch eine Privilegierung nach den Grundsätzen des Bargeschäftsprivilegs

---

§ 46 Rn. 51; *J. F. Hoffmann*, Prioritätsgrundsatz, S. 68 f.; *F. Bartels*, Insolvenzanfechtung, S. 166 f.; Jaeger/*Henckel*, § 129 InsO Rn. 77; *Würdinger*, Zahlungsverkehr, S. 49; *v. Campe*, Insolvenzanfechtung, S. 43; Uhlenbruck/*Borries/Hirte*, § 129 InsO Rn. 160.

[11] RGZ 116, 134, 136 f.; BGHZ 124, 76, 79; 128, 184, 187; *v. Campe*, Insolvenzanfechtung, S. 43; *J. F. Hoffmann*, Prioritätsgrundsatz, S. 70; MüKo/*Kayser/Freudenberg*, § 129 InsO Rn. 108; Schmidt/*K. Schmidt*, § 129 InsO Rn. 70; *Baur/Stürner*, Insolvenzrecht Rn. 18.26.

[12] RGZ 27, 98, 100; 116, 134, 136; BGHZ 70, 177, 185; 128, 184, 187; 129, 236, 240 f.; BGH ZIP 2002, 489, 490 f.; *J. F. Hoffmann*, Prioritätsgrundsatz, S. 70; *K. Schmidt*, WM 1983, S. 490, 493; MüKo/*Kayser/Freudenberg*, § 129 InsO Rn. 117; Uhlenbruck/*Borries/Hirte*, § 129 InsO Rn. 238; vgl. *F. Bartels*, Insolvenzanfechtung, S. 175 f.; *Bitter*, KTS 2016, S. 455, 485 f.; *Eckardt*, ZInsO 2004, S. 888, 889.

[13] *J. F. Hoffmann*, Prioritätsgrundsatz, S. 70; vgl. *Klinck*, Insolvenzanfechtung, S. 378 f.; *Bitter*, KTS 2016, S. 455, 485 f.; kritisch *F. Bartels*, Insolvenzanfechtung, S. 176; *Mehring*, FS Kayser, S. 581, 599 f.

[14] HK/*Thole*, § 129 InsO Rn. 19, 64; K/P/B/*F. Bartels*, § 129 InsO Rn. 92; *ders.*, Insolvenzanfechtung, S. 186; siehe auch *Würdinger*, Zahlungsverkehr, S. 206 f.; Uhlenbruck/*Borries/Hirte*, § 129 InsO Rn. 93; MüKo/*Kirchhof/Piekenbrock*, § 144 InsO Rn. 3.

[15] Vgl. *F. Bartels*, Insolvenzanfechtung, S. 178; ausführlich unten S. 61 ff.

könne im Anwendungsbereich des §142 InsO die Anfechtung eines neutralen Austauschgeschäfts ausscheiden.[16]

Variante 2 (Schlechtes Schuldnergeschäft):
Leistung (Auto 1, Wert 100) und Gegenleistung (Auto 2, Wert 99) werden ausgetauscht. Die Leistungsgegenstände sind weiterhin im jeweiligen Vermögen der Vertragspartner vorhanden.

Unbestritten liegt beim schlechten Schuldnergeschäft eine Gläubigerbenachteiligung vor und auch §142 InsO greift aufgrund des bestehenden Wertunterschieds der Leistungsgegenstände in dieser Konstellation nicht ein.[17] Die Diskussion um die Zulässigkeit einer Gesamtbetrachtung verlagert sich beim partiell unausgeglichenen Austauschgeschäft auf das Rechtsfolgenregime der Anfechtung: Reduziert die Gegenleistung den Umfang der Anfechtungswirkung bzw. orientieren sich die Rechtsfolgen an dem Grad der bestehenden Gläubigerbenachteiligung?

Bei einer „vereinzelnden" Betrachtung kommt der Gegenleistung keine Bedeutung zu, da bei diesem Ansatz der Fokus der Anfechtung ausschließlich auf der Leistung liegt. Dieser Ansatz geht im Ausgangspunkt davon aus, dass sich die Befriedigungsaussichten der Gläubiger im Umfang der Leistung reduziert haben. Um die eingetretene Schlechterstellung der Gläubiger zu revidieren, muss die Anfechtung demnach – unabhängig von einer gegebenenfalls in der Haftungsmasse noch vorhandenen Gegenleistung – zu einer vollständigen Rückordnung der Leistung führen. Bei einer „vereinzelnden" Betrachtung ist wirtschaftliches Ergebnis einer erfolgreichen Anfechtung eines partiell unausgeglichenen Austauschgeschäfts, dass die Leistung (100) und die Gegenleistung (99) der Haftungsmasse zugeordnet werden und schlussendlich zur Gläubigerbefriedigung zur Verfügung stehen (199). Folge der Einzelbetrachtung ist eine wirtschaftliche Erweiterung der Haftungsmasse durch eine erfolgreiche Anfechtung.

Eine Gesamtbetrachtung bei der Anfechtung eines Austauschgeschäfts würde hingegen zu einem abweichenden Umfang der Rechtsfolgenwirkung führen. Um die vormaligen Befriedigungsaussichten der Gläubiger zu sichern, muss nach einer erfolgreichen Anfechtung in der Haftungsmasse der wirtschaftliche Wert der Leistung anzutreffen sein. Bezieht man die Gegenleistung mit in die Betrachtung ein, scheidet eine Schlechterstellung der Gläubiger aus, wenn in der Addition die noch in der Masse vorhandene Gegenleistung und die Anfechtungswirkung insgesamt den Wert der Leistung ergeben. Um den eingetretenen wirtschaftlichen Nachteil für die Gläubiger zu revidieren, ist es bei der Anerkennung einer Gesamtbetrachtung folglich ausreichend, wenn der Anfech-

[16] K/P/B/*F. Bartels*, §129 InsO Rn. 92; *ders*., Insolvenzanfechtung, S. 179, 186; *Würdinger*, Zahlungsverkehr, S. 206 f.

[17] Siehe zu §142 InsO unten S. 81 ff.

tungsgegner lediglich den Differenzbetrag von Leistung und Gegenleistung der Masse zuführt (Wert 1).[18] Dies entspricht einer Anfechtung im Umfang der bestehenden Gläubigerbenachteiligung. Ergebnis der Anfechtung ist nach diesem Ansatz, dass in der Haftungsmasse insgesamt nur ein wirtschaftliches Äquivalent zur Leistung bereitsteht (99 + 1).

Überraschenderweise kehren sich die vertretenen Positionen der Zulässigkeit einer Gesamtbetrachtung auf Rechtsfolgenebene im Vergleich zu der Bewertung bei der Gläubigerbenachteiligung um. *F. Bartels*, der sich im Rahmen der Gläubigerbenachteiligung für eine Einzelbetrachtung starkmacht,[19] plädiert auf Rechtsfolgenebene hingegen dafür, im Gesamtergebnis die Anfechtungsfolgen auf die wirtschaftliche Differenz von Leistung und Gegenleistung, d. h. auf das Maß der Gläubigerbenachteiligung, zu begrenzen[20] – eine Rechtsfolgenwirkung, die in der Sache auf eine Gesamtbetrachtung zurückgeht.

Die herrschende Meinung wiederum, die auf Tatbestandsseite eine Gesamtbetrachtung auch außerhalb von § 142 InsO flächendeckend vornimmt,[21] beschränkt die Rechtsfolgen der Anfechtung beim schlechten Schuldnergeschäft – jedenfalls bei unteilbaren Leistungsgegenständen[22] – ausdrücklich nicht auf das Maß der Gläubigerbenachteiligung: Die Gläubigerbenachteiligung im Sinne des § 129 InsO bestimme nur die Voraussetzung der Anfechtung, aber nicht deren Umfang.[23] Die Leistung werde unabhängig von dem Verbleib der Gegenleistung durch die Anfechtung vollständig rückgeordnet. Nach dieser Ansicht soll die gegebenenfalls in der Masse noch vorhandene Gegenleistung keinen Einfluss – auch nicht über § 144 Abs. 2 S. 1 InsO – auf das Endergebnis der Anfechtung nehmen.[24] Somit kommt die herrschende Meinung zu dem wirtschaftlichen Endergebnis, dass sich nach der Anfechtung eines Austauschgeschäfts die Haftungsmasse sowohl aus der Leistung als auch der Gegenleistung zusammensetzt (199).

Untersucht werden muss, ob sich diese Unterschiede bei der Zulässigkeit einer Gesamtbetrachtung zwischen Anspruchsvoraussetzung und Rechtsfolge legitimieren lassen. Sollte sich keine Rechtfertigung für die abweichende Betrachtung ergeben, ist eine Vereinheitlichung – unabhängig von der eingeschlagenen Richtung – mit enormen wirtschaftlichen Implikationen verbunden.

---

[18] *Eckardt*, ZInsO 2004, S. 888, 889.

[19] K/P/B/*F. Bartels*, § 129 InsO Rn. 92; *ders.*, Insolvenzanfechtung, S. 186.

[20] K/P/B/*F. Bartels*, § 129 InsO Rn. 398; *ders.*, Insolvenzanfechtung, S. 233 ff.

[21] Siehe Nachweise in Fn. 11.

[22] Vgl. zunächst nur BGHZ 77, 250, 255 f.; ausführlich unten S. 89 ff.

[23] Deutlich MüKo²/*Kirchhof*, § 129 InsO Rn. 102; *ders.*, FS Uhlenbruck, S. 269, 278; siehe auch OLG Hamm ZIP 1982, 722, 724; Jaeger/*Henckel*, § 144 InsO Rn. 6; MüKo/*Kirchhof/Piekenbrock*, § 143 InsO Rn. 30 f., § 144 InsO Rn. 3; *Becker*, Insolvenzrecht, Rn. 1016; K/P/B/*F. Bartels*, § 129 InsO Rn. 363; vgl. Jaeger/*Henckel*, § 129 InsO Rn. 234; kritisch *Raebel*, FS Ganter, S. 339, 347.

[24] *Eckardt*, ZInsO 2004, S. 888, 890, 896; *Röttger*, Anweisungsleistungen, S. 64 f.

Folgt man einer „radikalen Einzelbetrachtung“[25] sind aufgrund einer generellen Ablehnung der Gesamtbetrachtung auch wirtschaftlich neutrale Geschäfte gläubigerbenachteiligend und damit anfechtbar. Ein Anfechtungsausschluss könnte dann allenfalls über § 142 InsO eintreten.[26] Vertritt man hingegen den Gedanken einer wirtschaftlichen Gesamtbetrachtung, dann muss konsequenterweise bei der isolierten Anfechtung des Verfügungsgeschäfts auch auf Rechtsfolgenseite eine vorhandene Gegenleistung Berücksichtigung finden. Diesem Ansatz folgend stünde im herangezogenen Beispielsfall der Masse nach einer erfolgreichen Anfechtung neben der noch vorhandenen Gegenleistung (99) lediglich der Wert 1 zu. Damit wäre zur Gläubigerbefriedigung insgesamt nicht mehr eine Haftungsmasse im Wert von 199, sondern nur noch im Gesamtwert von 100 verfügbar.

An eine Zulässigkeitserklärung der Gesamtbetrachtung auch auf Rechtsfolgenebene schließt sich die Frage an, wie bei gegenständlichen Interessen an der Leistung, z. B. bei unteilbaren Leistungsgegenständen, eine partielle Anfechtung – beschränkt auf das Ausmaß der Gläubigerbenachteiligung – konstruktiv im Rechtsfolgenrecht verwirklicht werden kann. Als Abwicklungsmodelle kommen eine Einlösungsbefugnis in Geld, ein gegenläufiger Ausgleichsanspruch des Anfechtungsgegners und eine immanente Beschränkung von § 143 InsO durch einen Zug-um-Zug-Einwand des Anfechtungsgegners in Betracht.

B. Zielsetzung und Gang der Darstellung

Die Untersuchung verfolgt das Ziel, bei der Anfechtung von Austauschgeschäften den Umfang der Gläubigerbenachteiligung zu bestimmen sowie das Rechtsfolgenregime widerspruchsfrei auszugestalten.

Der erste Teil der Arbeit wird sich mit dem Rechtsfolgenverständnis der herrschenden Meinung befassen. Die Entwicklung der Rechtsfolgenwirkung bei der Anfechtung eines partiell unausgeglichenen Austauschgeschäfts wird ausgehend vom römischen Recht bis zum heutigen Verständnis nachgezeichnet und bestehende Unstimmigkeiten, die die herrschende Rechtsfolgeninterpretation mit sich bringt, werden aufgezeigt.

Die in dem herrschend vertretenen Rechtsfolgenregime ausgemachten Widersprüche bilden den Ausgangspunkt, die Anfechtung eines partiell unausgeglichenen Austauschgeschäfts im Fortgang der Arbeit umfassend zu analysieren. Die dogmatischen Grundlagen für die nachfolgende Untersuchung werden im zweiten Teil durch die Bestimmung der Ordnungsfunktion der Anfechtung geschaffen.

---

[25] Vgl. *Mehring*, FS Kayser, S. 581, 586.
[26] Vgl. *F. Bartels*, Insolvenzanfechtung, S. 178 f.

Der dritte Teil wird sich der Fragestellung zuwenden, welchen Einfluss eine für ein Austauschgeschäft charakteristische Gegenleistung auf den Umfang der Gläubigerbenachteiligung und die Rechtsfolgenwirkung hat. Die Rolle der Gegenleistung im Anfechtungsrecht wird am Beispiel eines neutralen Austauschgeschäfts thematisiert.

Bevor die gewonnenen Erkenntnisse über den Einfluss der Gegenleistung auch auf ein partiell unausgeglichenes Austauschgeschäft übertragen werden können, muss im vierten Teil sichergestellt werden, dass die der Gegenleistung zugesprochene Rolle im Anfechtungsrecht nicht mit dem Rechtsfolgenverständnis bei der Anfechtung des Verpflichtungsgeschäfts kollidiert.

Nach diesen Vorarbeiten erfolgt zu Beginn des fünften Teils eine Auseinandersetzung mit in der Literatur abweichend vertretenen Rechtsfolgenvorschlägen bei der Anfechtung eines Austauschgeschäfts. Die Untersuchung endet damit, dass im weiteren Verlauf des fünften Teils für die Insolvenzanfechtung und im sechsten Teil für das Anfechtungsgesetz ein leistungsstarkes Rechtsfolgenmodell im Einklang mit der *lex lata* entwickelt wird, das die eingangs ausgemachten Ungereimtheiten aus dem Rechtsfolgenregime bei der Anfechtung eines partiell unausgeglichenen Austauschgeschäfts durch eine zutreffende Integration der Gegenleistung flächendeckend ausräumt, ohne bestehende gegenständliche Interessen zu missachten.

1. Kapitel

Insolvenzanfechtung eines schlechten Schuldnergeschäfts – eine Analyse des herrschenden Rechtsfolgenverständnisses

In diesem Kapitel werden die Rechtsfolgen der Anfechtung eines partiell unausgeglichenen Austauschgeschäfts nach dem in der Rechtswissenschaft vorherrschenden Verständnis vorgestellt und auf etwaige Widersprüche hin untersucht. Bei einem schlechten Schuldnergeschäft liegt unbestritten Gläubigerbenachteiligung vor.[1] Sind die weiteren Voraussetzungen eines Anfechtungsgrundes gegeben, ordnet nach herrschender Meinung §143 Abs. 1 S. 1 InsO als Rechtsfolge – unabhängig von dem Grad der Gläubigerbenachteiligung – grundsätzlich die Leistung vollständig (Verbot der Teilanfechtung)[2] und gegenständlich (*in natura*)[3] der Haftungsmasse zu. Ob nach einer erfolgreichen Anfechtung eines partiell unausgeglichenen Austauschgeschäfts nach herrschender Rechtsfolgeninterpretation allerdings tatsächlich Leistung und Gegenleistung kumulativ zur Gläubigerbefriedigung zur Verfügung stehen, ist abhängig von etwaig bestehenden Gegenrechten des Anfechtungsgegners. Im Mittelpunkt steht in diesem Zusammenhang die Frage nach einem Anrecht des Anfechtungsgegners auf die erbrachte Gegenleistung.

A. Römisches Recht

Schon die römischen Rechtsgelehrten beschäftigte die Frage, ob die Gegenleistung nach einer konkursbedingten Anfechtung zurückzugeben war.[4] In der Digestenstelle D. 42, 8, 7 (62 ad ed.)[5] wird *Paulus* zu folgendem Sachverhalt be-

---

[1] Vgl. oben S. 5.

[2] Siehe nur K/P/B/*F. Bartels*, §129 InsO Rn. 363; weitere Nachweise in Einl., Fn. 23.

[3] BT-Drs. 12/2443, S. 167; RG LZ 1908, 388, 390; BGH NJW 1987, 2821, 2822; BGH NZI 2005, 453; Uhlenbruck/*Borries/Hirte*, §143 InsO Rn. 20; Schmidt/*Büteröwe*, §143 InsO Rn. 7; *Magnus*, Der Rückholanspruch, S. 277; *Kayser*, ZIP 2015, S. 449, 453; *Baur/Stürner*, Insolvenzrecht, Rn. 20.5; MüKo/*Kirchhof/Piekenbrock*, §143 InsO Rn. 42; Gottwald/*Huber*, §52 Rn. 9; *ders.*, JuS 2019, S. 1148.

[4] Ausführlich *Grevesmühl*, Gläubigeranfechtung, S. 187ff., 45f.; siehe auch *Kummer*, FS Kreft, S. 393, 406f.

[5] Paul. D. 42, 8, 7 (62 ad ed.): *Si debitor in fraudem creditorum minore pretio fundum scienti emptori vendiderit, deinde hi, quibus de revocando eo actio·datur, eum petant, quaesitum est, an pretium restituere debent. Proculus existimat omnimodo restituendum esse fundum,*

fragt: Ein Schuldner hat dem bösgläubigen Anfechtungsgegner ein Grundstück zu einem unter dem Marktwert liegenden Kaufpreis veräußert. Nun fällt der Schuldner in den Konkurs, sodass der Anfechtungsgegner infolge einer Anfechtung die Leistung zurückgeben muss. Besteht ein Anrecht des Anfechtungsgegners auf Rückerstattung des Kaufpreises?[6] Überliefert ist in diesem Zusammenhang folgende Antwort von *Paulus* unter Verweis auf *Proculus*: „*omnimodo restituendum esse fundum, etiamsi pretium non solvatur.* Der Beklagte muß das Grundstück herausgeben und kann dies nicht von der Rückzahlung des Kaufpreises abhängig machen."[7]

Diese Aussage ist nach einhelligem Verständnis aber nicht dahingehend zu deuten, dass sie das wirtschaftliche Endergebnis einer Anfechtung beschreibt.[8] Der Aussagegehalt bezieht sich lediglich auf die Wirkungsweise der *actio Pauliana*. Die Anfechtung lässt das Geschäft „in seinem Bestand unberührt [...] (daher entstehen durch die Anfechtung nicht etwa Kondiktionsansprüche)".[9] Lediglich die Leistung fällt anfechtungsbedingt zurück in die Masse. Nach dem römischen Verständnis nimmt die Anfechtung somit keinen unmittelbaren Einfluss auf die Bestandskraft der Verfügung über die Gegenleistung.[10]

Die Kompilatoren haben an die Aussage von *Paulus* ein weiteres Fragment (D. 42, 8, 8 [6 interdict.])[11] angeschlossen.[12] Dort bezieht *Venuleius* Stellung zur aufgeworfenen Frage: Wenn man der Interpretation des *Paulus* zur Aussage von *Proculus* folgen würde, dann wäre das Ergebnis, dass der Anfechtungsgegner noch nicht einmal einen Teil des Kaufpreises erhalten würde. Offensichtlich zweifelt *Venuleius* an der Billigkeit dieses Ergebnisses und folgert: Ein eingesetzter Richter habe darauf zu achten, dass kein (wirtschaftliches) Unrecht

---

etiamsi pretium non solvatur: et rescriptum est secundum Proculi sententiam. Übersetzung nach *Otto/Schilling/Sintenis*, Das Corpus juris, Band 4: Wenn ein Schuldner, zu Hintergehung seiner Gläubiger, ein Grundstück, unter Mitwissen des Käufers, für zu geringen Preis verkauft hat, und nun die, welchen wegen Widerrufs dieses Geschäfts eine Klage zusteht, darauf klagen, so ist gefragt worden, ob sie den Kaufschilling herausgeben müssten? *Proculus* hält dafür, das Grundstück müsse schlechterdings abgetreten werden, wenn auch der Kaufschilling nicht gezahlt werde; und nach dieser Ansicht des *Proculus* ist ein Rescript ertheilt worden.

6 Vgl. *Grevesmühl*, Gläubigeranfechtung, S. 187 ff., 45 f.

7 Übersetzung nach *Grevesmühl*, Gläubigeranfechtung, S. 188.

8 Vgl. *Grevesmühl*, Gläubigeranfechtung, S. 188.

9 *Grevesmühl*, Gläubigeranfechtung, S. 188.

10 *Grevesmühl*, Gläubigeranfechtung, S. 188.

11 Venulei. Saturn. D. 42, 8, 8 (6 interdict.): *Ex his colligi potest ne quidem portionem emptori reddendam ex pretio: posse tamen dici eam rem apud arbitrum ex causa animadvertendam, ut, si nummi soluti in bonis exstent, iubeat eos reddi, quia ea ratione nemo fraudetur.* Übersetzung nach *Otto/Schilling/Sintenis*, Das Corpus juris, Band 4: Hieraus ist zu folgern, dass dem Käufer auch nicht einmal ein Theil des Kaufpreises zurückzugeben ist; doch kann man sagen, der gesetzte Schiedsrichter habe darauf zu sehen, dass er in dem Falle, wenn das gezahlte Geld noch in der Masse vorhanden sei, dessen Herausgabe anordne, weil auf diese Weise Niemand bevortheilt wird.

12 *Grevesmühl*, Gläubigeranfechtung, S. 188.

geschehe. In den Fällen, in denen der Kaufpreis sich noch in der Masse befindet, soll eine Übervorteilung dadurch ausgeglichen werden, dass dessen Herausgabe angeordnet wird.

Venuleius weist ausdrücklich darauf hin, dass nur in dem Fall, in dem der Kaufpreis noch in der Masse vorhanden ist, ein Ausgleich durch die Rückordnung der Gegenleistung vorzunehmen sei. Diese Sichtweise fügt sich harmonisch in das römische Restitutionsrecht ein und steht mit der deliktsähnlichen Natur der *actio Pauliana* in Verbindung.[13] Im römischen Recht war anerkannt, dass restitutorische Rechtsmittel Schaden verhindern sollten, aber nicht dazu dienten, Gewinne zu machen:[14] Die Anfechtung sollte die Masse so stellen, als ob die anfechtbare Handlung nie stattgefunden hätte, aber auch nicht besser. Folglich hatte die Anfechtung den *status quo ante* als Obergrenze zu achten. Bei einem Austauschgeschäft liegt diese in dem wirtschaftlichen Wert der Leistung.

Nach dem römischen Recht geht die Herausgabe der Gegenleistung folglich nicht auf ein unmittelbar anfechtungsrechtlich bedingtes, materielles Anrecht des Anfechtungsgegners zurück. Dem Anfechtungsgegner wurde die Gegenleistung lediglich in denjenigen Fällen zugesprochen, in denen durch die Rückordnung der Gegenleistung eine anfechtungsrechtliche Bereicherung der Haftungsmasse abgewendet werden sollte.[15]

Die angeführten Digestenstellen bildeten die Vorlage für spätere Anfechtungsregelungen.[16] Die weitere Untersuchung wird aufzeigen, dass die dem römischen Recht nachfolgenden Kodifikationen nahezu flächendeckend – lediglich jeweils mit leicht abgewandelter Wortwahl – inhaltlich vergleichbare Regelungen kannten: „[D]em Mitkontrahenten [soll] alles Dasjenige zu erstatten schuldig sein, was aus dem angefochtenen Geschäft zur Masse geflossen ist, insofern der Nutzen ganz oder zum Theil in der Masse erweislich noch vorhanden wäre."[17]

B. Preußisches Recht

Während in der Verordnung vom 26. April 1835 Rechte des Anfechtungsgegners noch nicht ausdrücklich kodifiziert waren und deshalb auf die Regeln der allgemeinen Gerichtsordnung zurückgegriffen wurde,[18] um einen wirtschaftlichen Ausgleich durch Rückgewähr der Gegenleistung nach dem römischen

---

13 *Grevesmühl*, Gläubigeranfechtung, S. 188 ff.

14 *Grevesmühl*, Gläubigeranfechtung, S. 189 f.

15 *Koch*, Preußische Konkursordnung, S. 120 Fn. 36; vgl. *Meischeider*, Anfechtungsrecht, S. 122.

16 Vgl. Hahn, Materialien IV, S. 153 (S. 150); *Windscheid*, Pandektenrecht, S. 682; *Puchta*, Pandekten, S. 562 in Fn. h).

17 *Consbruch*, Befugnis zur Anfechtung, S. 48.

18 Vgl. *Meier*, Geschichte des deutschen Konkursrechts, S. 107.

Vorbild herbeizuführen,[19] befanden sich mit §107 und §108 in der Preußischen Konkursordnung (PreußKO) gleich zwei Regelungsanordnungen, die Gegenrechte des Anfechtungsgegners im Zusammenhang mit der Konkursanfechtung vorsahen.[20]

I. §107 PreußKO

§107 PreußKO[21] ging unmittelbar auf D. 42, 8, 8 zurück.[22] „Hieraus ist die allgemeine Regel herzuleiten, daß die Gegenleistung von der Gläubigerschaft dann zurückgegeben werden muß, wenn sie noch [...] im Vermögen des Schuldners vorhanden ist."[23] Es ergaben sich keine nennenswerten Abweichungen von der römischen Rechtstradition.[24] Auch im preußischen Recht kam dem Anfechtungsgegner folglich ein Anrecht aus Billigkeit auf die Gegenleistung zu, um eine anfechtungsrechtliche Besserstellung der Masse bei der Anfechtung eines Austauschgeschäfts zu verhindern.[25]

II. §108 PreußKO

Das Wiederaufleben der Erfüllungsforderung als „zweites Recht" des Anfechtungsgegners ist in seiner ausdrücklichen Kodifikation ein deutlich jüngeres Phänomen.[26] Erst der preußische Gesetzgeber integrierte diese Regelungsanordnung ins Rechtsfolgenregime der Anfechtung.[27] Der neu eingeführte §108 PreußKO lautete: „Wenn der Empfänger einer anfechtbaren Zahlung das Empfangene zurückgeben muß, so tritt seine Forderung wieder in Kraft und er

[19] *Meischeider*, Anfechtungsrecht, S. 122; vgl. *Koch*, Preußische Konkursordnung, S. 120 Fn. 36.

[20] Vgl. *Meischeider*, Anfechtungsrecht, S. 122; *Kalisz*, Wiederaufleben, S. 50 f.

[21] „Dem Erwerber muß seine Gegenleistung vollständig erstattet werden. [...] Die Ansprüche, welche dem Erwerber hiernach zustehen, kann derselbe als Massegläubiger geltend machen."

[22] *Meischeider*, Anfechtungsrecht, S. 121 f.

[23] *Meischeider*, Anfechtungsrecht, S. 122.

[24] Siehe zur Legitimation der geringfügigen Abweichungen im Vergleich zum römischen Recht *Meischeider*, Anfechtungsrecht, S. 122; *Consbruch*, Befugnis zur Anfechtung, S. 48 f.; *Koch*, Preußische Konkursordnung, S. 119 in Fn. 35; *Goltdammer*, Kommentar, S. 269 f.

[25] *Meischeider*, Anfechtungsrecht, S. 122; vgl. *Koch*, Preußische Konkursordnung, S. 120 in Fn. 36.

[26] Einige Autoren sahen die Kodifizierung der Regelungswirkung von §108 PreußKO als nicht notwendig an. Es hätte sich von selbst verstanden, dass der Gedanke eines Bereicherungsverbots allgemein in §107 PreußKO kodifiziert gewesen sei. Das anfechtungsrechtliche Bereicherungsverbot hätte auch ohne ausdrückliche gesetzliche Regelung modifiziert bei einseitigen Geschäften gegolten. §108 PreußKO war bei diesem Verständnis nur deklaratorisch, vgl. *Koch*, Preußische Konkursordnung S. 120 in Fn. 36a; *Cosack*, Anfechtungsrecht, S. 284 f.

[27] §108 PreußKO fand sich in dem ursprünglichen Entwurf der PreußKO nicht wieder. Diese Norm wurde erst im Laufe des Gesetzgebungsverfahrens hinzugefügt, vgl. *Kalisz*, Wiederaufleben, S. 51; *Goltdammer*, Kommentar, S. 270 f.

kann dieselbe in dem Konkurse, jedoch nicht als Massegläubiger, geltend machen."

§ 108 PreußKO regelte das Gegenrecht des Anfechtungsgegners bei der isolierten Anfechtung eines Erfüllungsgeschäfts.[28] Da Erfüllungsgeschäfte grundsätzlich gegenleistungslos sind, passte § 107 PreußKO in diesen Konstellationen nicht unmittelbar.[29] Der Gesetzgeber wollte aber sicherstellen, dass auch bei der isolierten Anfechtung eines Erfüllungsgeschäfts die Masse durch die Anfechtung nicht übervorteilt wurde.[30] In diesen Fällen sollte § 108 PreußKO eine Begrenzung der Anfechtungswirkung auf den *status quo ante* herbeiführen.[31] Im Ausgangspunkt war der Erfüllungsgegenstand der Masse zugeordnet, und dem Anfechtungsgegner stand die Erfüllungsforderung zu. § 108 PreußKO stellte exakt diesen Zustand als Ergebnis der Anfechtung eines Erfüllungsgeschäfts wieder her, indem das Wiederaufleben der Erfüllungsforderung (in Kombination mit der Rückordnung der Leistung[32]) angeordnet wurde.

---

[28] Zur isolierten Anfechtung der Erfüllungshandlung konnte es im preußischen Recht beispielsweise in Fällen kommen, in denen das obligatorische Verhältnis vor der Krise entstanden und deshalb nur die Erfüllung anfechtbar war, vgl. *Consbruch*, Befugnis zur Anfechtung, S. 49; ROHG, Urteil vom 18. November 1874 – 849/74, ROHGE XV, 155, 156.

[29] Die Motive treten aus der Gesetzesbegründung deutlich hervor, vgl. *Goltdammer*, Kommentar, S. 270 f.: „Besteht nun die anfechtbare Rechtshandlung in der Tilgung einer Verbindlichkeit, so kann die mit Erfolg bewirkte Anfechtung doch nur die Folge haben, daß die getilgte Forderung an den Gemeinschuldner wieder auflebt. Es könnte nun ein Zweifel entstehen, wie denn die Vorschrift des §. 107 auf diesen Fall anzuwenden sei. Man könnte auf der einen Seite fragen: der Empfänger der Zahlung hat gar nichts *gegengeleistet*, er hat also gar keine Erstattung zu verlangen; man könnte aber auf der anderen Seite auch wieder so sagen: trifft gleich der Ausdruck ‚Gegenleistung' hier nicht recht zu, so muß doch der Grundsatz des §. 107 aufrecht gehalten werden, es muß also dem Empfänger der Zahlung dasjenige erstattet werden, was er an den Gemeinschuldner zu fordern hat, und zwar kann er nach der Vorschrift des letzten Alinea §. 107 seine […] Forderung als Massegläubiger geltend machen. Beide Auslegungen des Gesetzes würden unrichtig sein. Durch die Erstere würde dem Empfänger der Zahlung zu nahe getreten werden. Durch die Letztere verlöre die Anfechtung alle Bedeutung; denn der Empfänger der Zahlung erhielte, was ihm auf der einen Seite genommen würde, auf der anderen vollständig wieder zurück; er würde nach den Grundsätzen über Kompensation als Massegläubiger vollständig kompensiren [sic] können. Das Richtige ist offenbar nur das, was der vorgeschlagene Zusatz bestimmt ausspricht: der Empfänger einer mit Erfolg angefochtenen Zahlung muß wieder in die Lage gebracht werden, in der er vor Empfang der Zahlung sich befand; seine Forderung lebt wieder auf, er kann dieselbe aber nur wie jeder andere Gläubiger an die Konkursmasse geltend machen."

[30] Vgl. Preuß. Obertribunal, Entscheidung vom 29. Mai 1866, Striethorst, Band 62, S. 358, 363; *Goltdammer*, Kommentar, S. 270; *Kalisz*, Wiederaufleben, S. 51.

[31] *Wentzel/Klose*, Konkursordnung, S. 226 f.; vgl. zu diesem Gedankengang *Jaeger*, Lehrbuch, S. 156 f. Folge der Konstruktion über ein Wiederaufleben war, dass alle ursprünglich an die Erfüllungsforderung gekoppelten Rechte, z. B. bestellte Sicherheiten, fortbestanden, vgl. *Kalisz*, Wiederaufleben, S. 62 f.

[32] Siehe oben S. 12.

III. Anwendungsbereich von §§107, 108 PreußKO bei Austauschgeschäften

§§107, 108 PreußKO schlossen sich bei der Anfechtung eines Austauschgeschäfts nicht gegenseitig aus.[33] War lediglich die Erfüllungshandlung eines Austauschgeschäfts, aber nicht das gesamte Austauschgeschäft anfechtbar,[34] sah das Reichsoberhandelsgericht ein Nebeneinander der beiden Normen ausdrücklich vor.[35] *Status quo ante* der Haftungsmasse bei einer isolierten Anfechtung der Erfüllung eines Austauschgeschäfts ist der Wert der Leistung abzüglich der Konkursforderung des Anfechtungsgegners auf den Gewinn aus dem Austauschgeschäft. Um diesen Zustand wiederherzustellen, musste einerseits die Erfüllungsforderung wiederaufleben (§108 PreußKO), andererseits eine noch vorhandene Gegenleistung an den Anfechtungsgegner zurückfallen (§107 PreußKO).[36]

C. Prozeßordnung in bürgerlichen Rechtsstreitigkeiten für das Königreich Bayern

Die Prozeßordnung in bürgerlichen Rechtsstreitigkeiten für das Königreich Bayern (PrzO) kannte in Art. 1226 PrzO[37] und in Art. 1228 PrzO[38] zwei zur Preußischen Konkursordnung vergleichbare Regelungen.[39] Die Abschöpfung einer anfechtungsrechtlichen Bereicherung beim Austauschgeschäft, insbesondere durch die Herausgabe einer noch vorhandenen Gegenleistung, war auch in dieser Kodifikation Bestandteil des Rechtsfolgenregimes.

---

[33] ROHG, Urteil vom 18. November 1874 – 849/74, ROHGE XV, 155, 156.

[34] Vgl. *Consbruch*, Befugnis zur Anfechtung, S. 49; ROHG, Urteil vom 18. November 1874 – 849/74, ROHGE XV, 155, 156.

[35] ROHG, Urteil vom 18. November 1874 – 849/74, ROHGE XV, 155, 156: „Will man aber auch den Streitfall nicht nach §. 108 […] [PreußKO] allein, sondern zugleich nach den Bestimmungen des §. 107 […] [PreußKO] beurtheilen […].“

[36] Vgl. ROHG, Urteil vom 18. November 1874 – 849/74, ROHGE XV, 155, 156.

[37] Art. 1226 PrzO: […] Der Erwerber kann seine Gegenleistung in so weit aus der Masse zurückfordern, als sie selbst in dieser sich vorfindet oder die Masse um ihren Werth bereichert ist. Er kann die betreffenden Ansprüche, ohne sich in die Gant einzulassen, gegen die Masse geltend machen.

[38] Art. 1228 PrzO: Wenn der Empfänger einer ungiltigen Zahlung das Empfangene wieder zurückgeben muß, tritt seine Forderung wieder in Kraft. Er kann sie als Gantgläubiger geltend machen.

[39] Ein anderes Verständnis teilt *Jilek*, Priorität, S. 119. Sie geht davon aus, dass Art. 1228 PrzO nur dann zur Anwendung kam, wenn die Gegenleistung nicht mehr herausgegeben werden konnte.

D. Verständnis der Motive zur Konkursordnung

Auch die Konkursordnung kannte in den §§ 38, 39 KO Regelungen, die im Wortlaut und in der Struktur den §§ 107, 108 PreußKO bzw. Art. 1226, 1228 PrzO glichen. Jedoch legitimierten die Motive zur Konkursordnung im Vergleich zu vorangegangenen Kodifikationen die Gegenrechte des Anfechtungsgegners abweichend.

I. § 38 S. 1 KO

Nach der Vorstellung der Motive sollte die Anfechtung eine relative Nichtigkeit der gläubigerbenachteiligenden Rechtshandlung herbeiführen.[40] Auch sympathisierte der Konkursordnungsgesetzgeber mit den Strukturen eines Kausalprinzips im Zivilrecht.[41] Diese Systemwahl muss berücksichtigt werden, um die ursprünglich angedachte Regelungssystematik des Rechtsfolgenregimes der Konkursanfechtung nachvollziehen zu können.

Anders als im römischen Recht[42] wurde bei der Rechtsfolgenwirkung der Anfechtung nicht zwischen Leistung und Gegenleistung differenziert.[43] Die Rechtsfolgen der Anfechtung trafen beide Verfügungen über die Leistungsgegenstände gleichermaßen. Es trat eine „Gesamtnichtigkeit“ der Erfüllungshandlungen ein. Unter diesen Vorzeichen wird verständlich, warum in den Motiven ausgeführt wird: „Befindet sich eine Gegenleistung des Gegners unterscheidbar in der Konkursmasse, so würde nach den §§. 35 ff. [Aussonderung] ein Anspruch auf Rückforderung der ‚fremden‘ Sache, und wenn die Sache verkauft sein sollte, nach §. 38 [Ersatzaussonderung] ein Anspruch auf den [...] Erlös [...] begründet.“[44] Nach Vorstellung der Motive war das Endergebnis der Anfechtung eines Austauschgeschäfts, dass Leistung und Gegenleistung jeweils mit absoluter Wirkung (Aussonderungsrecht an der Gegenleistung) rückgeordnet wurden.[45] Das erzielte Ergebnis war trotz neuer Begründung – lässt man die Sonderfälle einer Masseunzulänglichkeit außen vor[46] – identisch zur vorherigen Rechtstradition. Nach einer Anfechtung befand sich in der Masse wieder die Leistung, jedoch nicht mehr die Gegenleistung. Eine wirtschaftliche Besserstellung der Masse durch die Anfechtung war in diesem System aufgrund des materiellen Zugriffsrechts des Anfechtungsgegners auf die Gegenleistung grundsätzlich ausgeschlossen.

---

[40] Hahn, Materialien IV, S. 122 f. (S. 112).

[41] Vgl. *Otto*, Anfechtung von Rechtshandlungen, S. 179; *v. Sarwey/Boßer*, Konkurs-Ordnung, § 38 KO Rn. 1; Jaeger/*Henckel*, § 129 InsO Rn. 109.

[42] D. 42, 7, 8; vgl. oben S. 9 ff.

[43] Vgl. Hahn, Materialien IV, S. 152 f. (S. 149).

[44] Vgl. Hahn, Materialien IV, S. 152 f. (S. 149).

[45] Hahn, Materialien IV, S. 152 f. (S. 149).

[46] Vgl. unten S. 129 ff.

II. § 38 S. 2 KO

§ 38 S. 2 KO stand in unmittelbarem Zusammenhang mit dem in den Motiven erstmals vorgesehenen materiellen Anrecht des Anfechtungsgegners auf die Gegenleistung.[47] Die Gegenleistung kam nach der Vorstellung der Motive dem Anfechtungsgegner nicht mehr aus Billigkeit zu, um eine anfechtungsrechtliche Bereicherung zu vermeiden, sondern aufgrund eines eigenen, von der Anfechtung hervorgerufenen Anrechts. Dies führte zur Folgefrage, wie das Zugriffsrecht des Anfechtungsgegners auf die Gegenleistung in den Fällen ausgestaltet war, in denen die Gegenleistung bzw. ihr Wert nach einer erfolgreichen Anfechtung nicht mehr in der Masse vorhanden war.

Diese Konstellation wollte der Gesetzgeber in § 38 S. 2 KO regeln.[48] § 38 S. 2 KO statuierte ein Anrecht des Anfechtungsgegners auf einen sich unmittelbar aus der Anfechtung ableitenden Ersatzanspruch, wenn er sein Zugriffsrecht auf die Gegenleistung aufgrund des ersatzlosen Ausscheidens nicht mehr verwirklichen konnte.[49] Dieser Ersatzanspruch wurde als Konkursforderung eingestuft, weil die Motive eine weitergehende insolvenzrechtliche Privilegierung dieses Anrechts mit der Funktion der Anfechtung (Anreicherung der Haftungsmasse) als nicht vereinbar erachteten.[50]

III. § 39 KO

§ 39 KO ging auf Art. 1228 PrzO bzw. § 108 PreußKO zurück. Ebenso wie die Vorgängernorm adressierte § 39 KO Fallgestaltungen, in denen lediglich Erfüllungshandlungen angefochten wurden. Dass in diesen Fällen dem Anfechtungsgegner die Erfüllungsforderung als Konkursforderung zukommen sollte, „wird einer weiteren Begründung nicht bedürfen; es ist eine Folge des Grundsatzes, daß der Gegner den aus der Entkräftung des Rechtsgeschäfts folgenden Anspruch als Konkursforderung geltend machen kann. Es empfiehlt sich jedoch, den Rechtssatz auszusprechen (vergl. auch Bayerische Prozeßordnung § 1228), da das Aufleben der Forderung nur gezwungen unter den Gesichtspunkt einer Erstattung der Gegenleistung gebracht werden könnte.“[51]

---

[47] Vgl. oben S. 15. § 38 S. 2 KO hatte kein historisches Vorbild, da die Konkursanfechtung bis dato die Bestandskraft der Übertragung der Gegenleistung nicht beeinflusste, vgl. oben S. 9 ff.

[48] Vgl. Hahn, Materialien IV, S. 153 (S. 149).

[49] Vgl. Hahn, Materialien IV, S. 153 (S. 149).

[50] Vgl. Hahn, Materialien IV, S. 153 (S. 149).

[51] Hahn, Materialien IV, S. 154 (S. 150).

E. Verständnis ab Inkrafttreten der Konkursordnung

I. Abkehr von den Motiven und Rückbesinnung auf das historische Verständnis

Die Vorstellung, die noch die Motive geprägt hatte, dass durch eine erfolgreiche Anfechtung die Gegenleistung eine massefremde Sache wurde und damit der Anfechtungsgegner aussonderungsberechtigt war, haben nur wenige Stimmen vertreten.[52] Schon früh war in der Rechtswissenschaft ins Bewusstsein getreten, dass aufgrund des Trennungs- und Abstraktionsprinzips trotz Anfechtbarkeit über die Gegenleistung bestandskräftig verfügt werden konnte.[53] Es hatte sich herauskristallisiert, dass die Verfasser der Motive bei der Einordnung des Anspruchs auf die Gegenleistung in ihrer Begründung einem Irrtum unterlegen waren.[54] Es setzte sich das Verständnis durch, dass eine erfolgreiche Konkursanfechtung kein eigenes materielles Anrecht des Anfechtungsgegners auf die Gegenleistung erzeugte.[55] Da die Anfechtung die Verfügung über die Gegenleistung nicht beeinträchtigte, mussten die Rechte des Anfechtungsgegners in § 38 KO abweichend zu der Begründung in den Motiven legitimiert werden.

1. § 38 S. 1 KO

Die Kommentatoren der damaligen Zeit griffen bei der Interpretation von § 38 S. 1 KO auf den aus dem römischen Recht kommenden Ausgleichsgedanken zurück, um den Rückfall der Gegenleistung an den Anfechtungsgegner zu legitimieren. Es setzte sich in der Rechtswissenschaft wieder das Verständnis durch, dass im Rechtsfolgenrecht der Anfechtung ein Anrecht des Anfechtungsgegners auf die Gegenleistung verankert war, um eine überschießende Anfechtungswirkung im wirtschaftlichen Endergebnis zu vermeiden.[56] Obwohl inhaltlich der historische Gedanke ohne Modifikationen aufgegriffen wurde, führte die Literatur begrifflich nicht die Formulierungen des preußischen Rechts weiter. Es wurde nicht mehr von einem Ausgleich durch die Gegenleistung aus Billigkeitsgesichtspunkten gesprochen,[57] sondern von einem Bereicherungs-

---

[52] Siehe aber *Rintelen*, Konkursrecht, S. 175 f.

[53] Vgl. *Fitting*, Reichs-Konkursrecht, S. 227 in Fn. 26.

[54] Vgl. *Otto*, Anfechtung von Rechtshandlungen, S. 179; *v. Sarwey/Boßer*, Konkurs-Ordnung, § 38 KO Rn. 1; *Fitting*, Reichs-Konkursrecht, S. 227 in Fn. 26; *v. Sarwey*, Konkurs-Ordnung, S. 174 ff.

[55] Vgl. *Otto*, Anfechtung von Rechtshandlungen, S. 179; *v. Sarwey/Boßer*, Konkurs-Ordnung, § 38 KO Rn. 1.

[56] *Kleinfeller*, Konkursordnung, S. 205; *v. Wilmowski*, Reichs-Konkursordnung, § 38 KO Rn. 1, 3; vgl. *v. Völderndorff*, Konkursordnung, S. 411 f.

[57] Vgl. *Koch*, Preußische Konkursordnung, S. 120 in Fn. 36; *Meischeider*, Anfechtungsrecht, S. 122.

anspruch des Anfechtungsgegners auf die Gegenleistung aufgrund eines entfallenen Rechtsgrundes.

„Der Erstattungsanspruch beruht auf dem Gedanken *ungerechtfertigter Bereicherung*. Die Gläubigeranfechtung soll den die Gläubiger benachteiligenden Erfolg des anfechtbaren Aktes wieder ausgleichen, nicht aber dahin führen, daß die Konkursmasse größer wird, als sie ohne die anfechtbare Entäußerung sein würde. Befindet sich aber die vom Rückgewährschuldner vollzogene Gegenleistung ganz oder teilweise in Natur oder dem Werte nach in der Konkursmasse, nachdem die anfechtbare Leistung zur Konkursmasse zurückgewährt ist, dann erscheint die letztere ohne rechtlichen Grund auf Kosten des Anfechtungsgegners bereichert. Sobald die Rückgewähr vollzogen ist, entfällt – im Verhältnisse zwischen Konkursmasse und Anfechtungsgegner – der rechtliche Grund (causa) für das Verbleiben der Gegenleistung in der Masse. Der Erstattungsanspruch hat daher die Natur der *condictio causa finita* (§ 812 I 2 Fall 1 BGB.) und bildet einen Masseschuldanspruch im Sinne des § 59 Nr. 3 KO.“[58]

Blickt man hinter die verwendeten Begrifflichkeiten, wird deutlich, dass bei § 38 S. 1 KO *Jaeger* nicht davon ausging, dass die Konkursanfechtung das Grundgeschäft entfallen ließ und deshalb kein Behaltensgrund für die Gegenleistung bestand.[59] Vielmehr verbirgt sich hinter dem Bereicherungsanspruch ohne Rechtsgrund in der Sache der historisch gewachsene Gedanke der Verhinderung einer überschießenden Anfechtungsfolge.[60] Eine Besserstellung erzeugte die Anfechtung im Ausgangspunkt durch die vollständige Rückführung der Leistung in die Masse, ohne dass der Umfang der bestehenden Gläubigerbenachteiligung berücksichtigt wurde.[61] Im wirtschaftlichen Endergebnis sollte jedoch eine überschießende Rechtsfolgenwirkung durch die Rückordnung der Gegenleistung vermieden werden.[62] § 38 S. 1 KO wurde als Teil eines Abwicklungsmodells interpretiert, das die Rechtsfolge der Anfechtung begrenzen sollte.

---

[58] *Jaeger*, Kommentar[3], § 38 KO Rn. 2; ähnlich *Jaeger*, Kommentar[2], § 38 KO Rn. 2.

[59] Vgl. *Otto*, Anfechtung von Rechtshandlungen, S. 180.

[60] *Jaeger*, Kommentar[2], § 39 KO Rn. 1: Erst wenn „der Empfänger einer anfechtbaren Leistung das Empfangene zur Masse zurückerstattet, entfällt der rechtliche Grund dafür, daß eine von ihm bewirkte Gegenleistung in der Masse verbleibt“. Die Identität – trotz unterschiedlicher Begrifflichkeiten – in der Sache von einem Ausgleich aus Billigkeit und von einem Bereicherungsanspruch aufgrund eines fehlenden Rechtsgrundes erkannten nicht alle Kommentatoren auf Anhieb, vgl. etwa die Kritik an der Deutung von § 38 S. 1 KO als Bereicherungsrechtsanspruch ohne Rechtsgrund bei *Fitting*, Reichs-Konkursrecht, S. 226. Diese geäußerten Zweifel hatten zur Folge, dass *Jaeger* sich veranlasst gefühlt hatte, in einer späteren Auflage die sachlichen Wertungen, die hinter seiner Begriffswahl standen, zu verdeutlichen. *Jaeger*, Kommentar[5], § 38 KO Rn. 2: „Mit Unrecht bezweifelt *Fitting* aaO., daß bei Annahme schuldrechtlicher Wirksamkeit der Gläubigeranfechtung von einem Wegfalle des rechtlichen Grundes die Rede sein könne. Er übersieht, daß wir erst nach dem Vollzuge der Rückgewähr [...] und nur im Verhältnisse zwischen Rückgewährschuldner und Masse von einem Wegfalle des Grundes reden.“

[61] Bei der Wahl des Abwicklungsmodells wurde sich schon damals gegen eine Teilanfechtung auf das Maß der Gläubigerbenachteiligung ausgesprochen, vgl. aber *Cosack*, Anfechtungsrecht, S. 276; *Senst*, Verwaltung von Konkursen, S. 197.

[62] Vgl. *Jaeger*, Kommentar[5], § 38 KO Rn. 2.

Dieses Rechtsfolgenmodell führte zu einem Anspruch des Anfechtungsgegners auf die Gegenleistung, der sich allerdings gegen die Konkursmasse richtete. Ansprüche gegen den sich in der Krise befindenden Schuldner treten grundsätzlich in den Wettstreit mit allen anderen bestehenden Ansprüchen der Gläubiger und werden im Ausgangspunkt nur quotal befriedigt. Um eine vollständige Abschöpfungswirkung der ausgemachten Bereicherung zu erzeugen, musste der Ausgleichsanspruch eine Privilegierung erfahren.[63] Diese ordnete § 38 S. 1 KO an. Wurde erkannt, dass die tatsächliche Bereicherung nicht in der Gegenleistung, sondern in der durch die Anfechtung zurückgeordneten Leistung zu sehen war, bereitete es keine Schwierigkeiten, das Anrecht auf die Gegenleistung als Masseverbindlichkeit zu qualifizieren, denn unbestritten waren solche bereichernden Massezuflüsse über § 59 Nr. 3 KO privilegiert, die erst nach Verfahrenseröffnung die Masse erreichten.[64]

2. *§ 38 S. 2 KO*

§ 38 S. 2 KO führte der Gesetzgeber in das Rechtsfolgenrecht der Konkursanfechtung ein, weil er ursprünglich davon ausgegangen war, dass die Anfechtung dem Anfechtungsgegner ein eigenes Anrecht auf die Gegenleistung zusprach.[65] Nachdem jedoch ausgeschlossen werden konnte, dass die Anfechtung unmittelbar zu einem Recht des Anfechtungsgegners an der Gegenleistung führte, musste der Anwendungsbereich von § 38 S. 2 KO neu definiert werden.[66] In den Kommentierungen zur Konkursordnung wurde der Widerspruch zwischen § 38 S. 2 KO und § 3 KO hervorgehoben und in der Folge § 38 S. 2 KO als Ausnahme von § 3 KO interpretiert.[67] § 3 KO schloss grundsätzlich Ansprüche aus dem Konkursverfahren aus, die nach Verfahrenseröffnung entstanden waren.[68] Davon abweichend sollte § 38 S. 2 KO Ansprüche, die sich als Folge der Konkursanfechtung aus dem Bürgerlichen Gesetzbuch ergaben, unabhängig von ihrem Entstehungszeitpunkt im Konkursverfahren zulassen.[69] Der Anwendungsbereich von § 38 S. 2 KO war folglich nicht negativ zu deuten, d. h.,

---

[63] Ausführlich unten S. 129 ff.

[64] Siehe zur Rechtfertigung der Privilegierung von Bereicherungsansprüchen in der Insolvenz zunächst nur *J. F. Hoffmann*, Prioritätsgrundsatz, S. 338 ff.; ausführlich unten S. 25 ff.

[65] Siehe oben S. 16.

[66] Abweichend zum herrschenden Verständnis hat *Henckel* vertreten, dass § 38 S. 2 KO den speziellen Fall regelte, dass die Gegenleistung zwar den Schuldner erreicht habe, allerdings nicht in die Haftungsmasse weitergegeben wurde, d. h., noch beim Schuldner eine Bereicherung anzutreffen war, Jaeger[9]/*Henckel*, § 38 KO Rn. 13; vgl. auch *v. Campe*, Insolvenzanfechtung, S. 301.

[67] *Jaeger*, Kommentar[5], § 38 KO Rn. 7; *ders.*, Kommentar[8], § 38 KO Rn. 7; *Baur/Stürner*, Insolvenzrecht, Rn. 20.12.

[68] Vgl. *Jaeger*, Kommentar[8], § 38 KO Rn. 7; *Baur/Stürner*, Insolvenzrecht, Rn. 20.12.

[69] Vgl. *Senst*, Verwaltung von Konkursen, S. 198; *v. Wilmowski*, Reichs-Konkursordnung, § 38 KO Rn. 4; *Kleinfeller*, Konkursordnung, S. 207.

dass das Anrecht des Anfechtungsgegners auf die Gegenleistung keine Masseverbindlichkeit darstellte, sondern die Norm wurde vielmehr als ein Privileg des Anfechtungsgegners eingeordnet.[70] Neben der Legitimation dieses vermeintlich ausgemachten Privilegs blieb allerdings auch offen, welche aus dem bürgerlichen Recht kommenden Ansprüche auf die Gegenleistung durch § 38 S. 2 KO tatsächlich privilegiert werden sollten.[71]

3. § 39 KO

Mangels unmittelbar bestehender Berührungspunkte nahm das gewandelte Verständnis von § 38 KO keinen Einfluss auf die Interpretation und den Anwendungsbereich von § 39 KO.

II. Weiterentwicklung zum heutigen Rechtsfolgenverständnis

Im weiteren Geltungszeitraum der Konkursordnung wurde der Anwendungsbereich von § 38 KO abweichend von dem historischen Verständnis und auch abweichend von der ursprünglichen Deutungsweise der Motive definiert. Dies führte zu einem tiefgreifenden Wandel im Rechtsfolgenregime der Anfechtung, der wirtschaftliche Veränderungen im Ergebnis bei der Anfechtung eines Austauschgeschäfts herbeiführte. Als Ursache für das gewandelte Verständnis von § 38 KO konnten in erster Linie zwei Faktoren ausgemacht werden: die Reduzierung des Anwendungsbereichs von § 38 KO bei der Anfechtung von Austauschgeschäften als Folge des eingeführten Trennungs- und Abstraktionsprinzips im Zivilrecht sowie das Verblassen des historisch gewachsenen Gedankens der Abschöpfung von überschießenden Rechtsfolgenwirkungen bei der Interpretation von § 38 KO. Letzterer Aspekt stand in unmittelbarem Zusammenhang mit dem ebenfalls gewandelten vorherrschenden Verständnis der Rechtsfolgenwirkung bei einer Anfechtung des Verpflichtungsgeschäfts.[72]

1. Gewandelter Anwendungsbereich von § 38 KO bei der isolierten Anfechtung des Verfügungsgeschäfts

Die erste Veränderung war, dass der Anwendungsbereich von § 38 KO bei der Anfechtung von Austauschgeschäften eingeschränkt wurde. Entscheidendes Kriterium für die Anwendung von § 38 KO war nicht mehr der Austauschcharakter des Geschäfts, sondern ausschließlich, ob das Verpflichtungsgeschäft

---

[70] *Jaeger*, Kommentar[5], § 38 KO Rn. 7; *ders.*, Kommentar[8], § 38 KO Rn. 7; *Baur/Stürner*, Insolvenzrecht, Rn. 20.12.

[71] Es gelang nicht ohne Weiteres, Ansprüche zu finden, die im Umfeld der Anfechtung und erst nach Verfahrenseröffnung entstanden waren, siehe etwa *Jaeger*, Kommentar[3], § 38 KO Rn. 7.

[72] Siehe oben S. 94 ff.

oder aber das Verfügungsgeschäft Gegenstand der Anfechtung war.[73] Bisher konnte auch bei der Anfechtung eines Erfüllungsgeschäfts nicht ausgeschlossen werden, dass § 38 S. 1 KO neben § 39 KO zur Anwendung kam.[74] Dies änderte sich. Bei der Anfechtung eines Verfügungsgeschäfts fand nach unbestrittener Meinung fortan ausschließlich § 39 KO Anwendung, bei der Anfechtung eines Verpflichtungsgeschäfts hingegen § 38 KO.[75] Die beiden Normen wurden in ein sich gegenseitig ausschließendes Verhältnis gesetzt.

a) Einfluss des Trennungs- und Abstraktionsprinzips

Der geänderte Anwendungsbereich des § 38 KO beim Austauschgeschäft ist auf die Einführung des Trennungs- und Abstraktionsprinzips im Zivilrecht im Zusammenhang mit der Schaffung des Bürgerlichen Gesetzbuches zurückzuführen. Bis dato definierte die Rechtsordnung ein Austauschgeschäft rechtlich als eine Einheit. Nach der Integration des Trennungs- und Abstraktionsprinzips in das Zivilrecht unterteilte sich ein Austauschgeschäft fortan feingliedrig in zwei Verfügungsgeschäfte, die über das Verpflichtungsgeschäft verknüpft waren. Nur dem Grundgeschäft war aufgrund der Abrede *inter partes* eine Gegenleistung zugeordnet.[76] Die beiden Verfügungen, selbst wenn sie wirtschaftlich einem Austauschgeschäft entsprangen, standen in keinem gegenseitigen Verhältnis. Es ist davon auszugehen, dass bei der Bestimmung des Anwendungsbereichs von §§ 38, 39 KO das „vereinzelnde" Verständnis, gestützt auf die neu eingeführten Prinzipien, als maßgeblich angesehen wurde. Adressierte die Konkursanfechtung lediglich das einseitige Verfügungsgeschäft, wurde demnach ausschließlich § 39 KO zur Anwendung gebracht.

b) Verändertes wirtschaftliches Ergebnis bei der isolierten Anfechtung des Verfügungsgeschäfts

Der veränderte Anwendungsbereich von § 38 KO führte bei der isolierten Anfechtung des Verfügungsgeschäfts, welches *inter partes* einem Austauschgeschäft zugeordnet ist, im Vergleich zum vormaligen Verständnis zu abweichenden wirtschaftlichen Endergebnissen. Bei der Anfechtung einer Verfügung standen nach der Konkursanfechtung nun Leistung und Gegenleistung – abzüglich der nach § 39 KO wiederauflebenden Erfüllungsforderung – zur Gläubigerbefriedigung zur Verfügung. In der wirtschaftlichen Gesamtschau wurde die Gegenleistung nicht mehr als Korrektur einer über das Ziel hinausschießenden Rechtsfolgenwirkung abgeführt. Zum ersten Mal in der Geschichte des An-

[73] RG LZ 1910, 862, 863 Nr. 6; Kuhn/*Uhlenbruck*, § 38 KO Rn. 1; Jaeger[9]/*Henckel*, § 38 KO Rn. 2; Kilger[15]/*Kilger*, § 38 KO Rn. 1.

[74] Vgl. noch zum Verständnis der Preußischen Konkursordnung S. 14.

[75] Jaeger[9]/*Henckel*, § 38 KO Rn. 2; vgl. auch Fn. 89.

[76] *Böhle-Stamschräder*[3], § 38 KO Rn. 1.

fechtungsrechts gingen die Rechtsfolgen bei einer gesamtwirtschaftlichen Betrachtung über die Wiederherstellung der vormaligen Befriedigungsaussichten hinaus.[77]

2. Gewandeltes Verständnis von § 38 KO bei der Anfechtung des Verpflichtungsgeschäfts

Der Anwendungsbereich von § 38 KO wurde auf die Anfechtung des Verpflichtungsgeschäfts reduziert.[78] Allerdings änderte sich auch bei der Anfechtung des Verpflichtungsgeschäfts das herrschende Grundverständnis von § 38 KO.

a) Verblassen des Ausgleichsgedankens

Der Abschöpfungsgedanke einer überschießenden Anfechtungsfolge war zunehmend aus der Interpretation des § 38 KO verschwunden. Exemplarisch kann dieser Umschwung in dem von *Jaeger* begründeten Kommentar von der achten auf die neunte Auflage nachvollzogen werden. Noch bis zur achten Auflage wurde das Recht des Anfechtungsgegners auf die Gegenleistung nach § 38 S. 1 KO mit dem Ausgleichsgedanken begründet, um das wirtschaftliche Ergebnis der Anfechtung zu korrigieren.[79] Ursprünglich war noch deutlich betont worden, dass die Anfechtung das Grundgeschäft unberührt lasse.

„Der Erstattungsanspruch beruht auf dem Rechtsgrunde der *ungerechtfertigten Bereicherung*. Die Anfechtung soll die den Gläubigern nachteiligen Folgen des anfechtbaren Vorgangs wieder ausgleichen, nicht aber dahin führen, daß die Konkursmasse größer wird, als sie sein würde, wenn er unterblieben wäre. […] Sobald die Rückgewähr vollzogen ist, entfällt – im Verhältnis zwischen Konkursmasse und Anfechtungsgegner – der rechtliche Grund für das Verbleiben der Gegenleistung in der Masse. Der Erstattungsanspruch stellt daher eine condictio causa finita (§ 812 I 2 Fall 1 BGB) […] dar […]. Er entsteht, sobald die Rückgewähr erfolgt, nicht schon mit dem Anfechtungsanspruch.“[80]

Dem gegenübergestellt ist in der neunten Auflage – mit der Neuauflage ging ein Bearbeiterwechsel einher – zu lesen:[81]

„Spätestens mit der Konkurseröffnung entfällt also der Rechtsgrund für die beiden Leistungen […], weil der schuldrechtliche Vertrag schon infolge seiner Anfechtbarkeit ohne weiteres unwirksam ist.“[82] „Die durch die Anfechtbarkeit begründete Unwirksamkeit des Kausalgeschäftes bewirkt lediglich, daß die beidseitigen Leistungen ohne Rechtsgrund

[77] *Status quo ante* bei einem Austauschgeschäft ist grundsätzlich die Leistung abzüglich der Erfüllungsforderung.

[78] Die Anfechtung des Verpflichtungsgeschäfts konnte in der Sache zu einer „Doppelanfechtung“ führen, da man damals zumeist der noch herrschenden Einheitstheorie folgte; siehe zur heute überwundenen Einheitstheorie im Insolvenzanfechtungsrecht unten S. 96 ff.

[79] *Jaeger*, Kommentar[8], § 38 KO Rn. 1, 2.

[80] *Jaeger*, Kommentar[8], § 38 KO Rn. 2.

[81] Vgl. aber auch Jaeger/*Henckel*, § 144 InsO Rn. 6.

[82] Jaeger[9]/*Henckel*, § 38 KO Rn. 6 (am Ende).

erbracht worden sind und deshalb kondiziert werden können."[83] „Voraussetzung der Anwendung des [38 KO] Satzes 2 ist, daß der Anfechtungsgegner nach materiellem Recht einen Anspruch auf Erstattung seiner Gegenleistung hat. Diesen hat er jedenfalls nach § 812 BGB, weil die Anfechtbarkeit des Kausalgeschäfts dessen Unwirksamkeit herbeiführt."[84]

b) Entfall der causa *durch die Anfechtung des Verpflichtungsgeschäfts*

Das historisch gewachsene Argumentationsmuster der Abschöpfung einer anfechtungsrechtlichen Bereicherung als Begründung für das Zugriffsrecht des Anfechtungsgegners auf die Gegenleistung gemäß § 38 KO wurde aufgegeben. Ursache war, dass nach gewandeltem Verständnis bei der Anfechtung des Verpflichtungsgeschäfts ein eigener materiell-rechtlicher Anspruch des Anfechtungsgegners auf die Gegenleistung aus §§ 812 ff. BGB entstehen sollte, weil die Anfechtung des Verpflichtungsgeschäfts nun zur Unwirksamkeit der *causa* (Entfall des Rechtsgrundes) führte.[85]

Die Frage, ob der Anfechtungsgegner darüber hinaus auch einen Anspruch auf die Gegenleistung aus dem Gedanken einer überschießenden Rechtsfolgenwirkung hatte, war aufgrund der fehlenden Ergebnisrelevanz nicht mehr Teil der Diskussion um die Interpretation des § 38 S. 1 KO. Es ist eine strukturelle Parallele zwischen dem modernen Verständnis von § 38 KO und der Deutungsweise der Motive zu erkennen. Auch die Motive schenkten dem Gedanken einer Korrektur des wirtschaftlichen Ergebnisses einer Anfechtung durch § 38 KO keine weitere Beachtung, da sie dem Anfechtungsgegner bereits ein eigenes Anrecht – freilich aus einem, im Vergleich zum modernen Verständnis der Konkursordnung, abweichenden materiellen Grund – auf die Gegenleistung zugesprochen hatten.[86]

3. Zwischenergebnis

Der Wandel im Rechtsfolgenregime der Anfechtung bei Austauschgeschäften ging auf das in der Geschichte erstmalige Außerachtlassen der Austauschabrede bei der Anfechtung des Erfüllungsgeschäfts zurück. Dies führte zu einer Rechtsfolgenwirkung der Anfechtung, die über die Wiederherstellung der vormaligen Befriedigungsaussichten hinausging. Im weiterentwickelten Rechtsfolgenverständnis stellte sich die Frage einer bereichernden Rechtsfolgenwirkung bei der Anfechtung des Verpflichtungsgeschäfts nicht mehr, da durch die Anfechtung des Verpflichtungsgeschäfts ein eigenständiger Anspruch des Anfechtungsgegners auf die Gegenleistung bestand. Trotz einer gewandelten

---

[83] Jaeger[9]/*Henckel*, § 38 KO Rn. 6 (S. 1273 f.).

[84] Jaeger[9]/*Henckel*, § 38 KO Rn. 14.

[85] Siehe zunächst nur Jaeger[9]/*Henckel*, § 38 KO Rn. 6; umfassende Nachweise in Fn. 93; ausführlich zur Anfechtung des Verfügungsgeschäfts unten S. 93 ff.

[86] Vgl. oben S. 15 ff.

Rechtsfolgenstruktur blieb in dieser Fallgruppe das wirtschaftliche Endergebnis unverändert.

F. Insolvenzordnung

Das herrschende Rechtsfolgenverständnis zur Konkursanfechtung wurde als Vorlage für die Insolvenzanfechtung verwendet.[87] §§38, 39 KO wurden lediglich redaktionell verändert. Die Reihenfolge der Regelungsanordnungen wurde vertauscht und §§38, 39 KO wurden in einem Paragrafen zusammengefasst, §144 InsO.[88] Inhaltlich wurden keine Veränderungen vorgenommen. Auch nach Abkehr von der Einheitstheorie im Anfechtungsrecht wurde herrschend vertreten, dass sich die beiden Absätze des §144 InsO weiterhin gegenseitig ausschließen. Wird das Kausalgeschäft angefochten, soll nach herrschendem Verständnis §144 Abs. 2 InsO Anwendung finden. Wird lediglich isoliert das Erfüllungsgeschäft angefochten, soll hingegen §144 Abs. 1 InsO einschlägig sein.[89]

I. §144 Abs. 2 S. 1 InsO

1. Materiell-rechtlicher Hintergrund des Zugriffsrechts auf die Gegenleistung

Als Normzweck von §144 Abs. 2 S. 1 InsO wird grundsätzlich die Verhinderung einer Bereicherung angesehen.[90] Es werden jedoch nicht deutlich die Unterschiede zwischen einer anfechtungsrechtlichen Bereicherung und einer Bereicherung im Zusammenhang mit einem Entfall des Grundgeschäfts offengelegt. Nahezu[91] flächendeckend wird in der Rechtswissenschaft nur noch davon gesprochen, dass §144 Abs. 2 S. 1 InsO einen aus dem bürgerlichen Recht kommenden Bereicherungsanspruch privilegiere, der sich durch den Entfall der *causa* – der durch die Anfechtung eintrete – legitimiere: Mit der Anfechtung

[87] BT-Drs. 12/2443, S. 157; Jaeger/*Henckel*, §143 InsO Rn. 1, §144 InsO Rn. 1.

[88] §39 KO, der historisch lediglich den Sonderfall der isolierten Anfechtung einer Erfüllung regelte und deshalb in der Vergangenheit als Zweites im Gesetzestext aufgeführt wurde, steht nun an der Spitze der Rechte des Anfechtungsgegners, §144 Abs. 1 InsO. Dies ist wohl darauf zurückzuführen, dass nach dem gewandelten Verständnis dem Aufleben der Erfüllungsforderung quantitativ ein größerer Anwendungsbereich als der Privilegierung eines Bereicherungsanspruchs, der ausschließlich im Anwendungsbereich der Vorsatzanfechtung und bei einem Austauschgeschäft entsteht, zukommt, vgl. MüKo/*Kayser/Freudenberg*, §129 InsO Rn. 57.

[89] Vgl. Uhlenbruck/*Borries/Hirte*, §144 InsO Rn. 9; HK/*Thole*, §144 InsO Rn. 1; *Bredemeyer*, Insolvenzanfechtung, S. 152ff.; *Gogger*, Insolvenzrecht, S. 185f.; Jaeger/*Henckel*, §144 InsO Rn. 4; Schmidt/*Büteröwe*, §144 InsO Rn. 1.

[90] Vgl. MüKo/*Kirchhof/Piekenbrock*, §144 InsO Rn. 1; Uhlenbruck/*Borries/Hirte*, §144 InsO Rn. 8.

[91] Siehe aber *F. Bartels*, Insolvenzanfechtung, S. 232ff.; K/P/B/*dens.*, §129 InsO Rn. 398f.; vgl. auch *Bitter*, KTS 2016, S. 455, 465; *Häsemeyer*, JuS 1986, S. 851, 855.

des Verpflichtungsgeschäfts soll zumindest im Verhältnis zwischen Masse und Anfechtungsgegner die Obligation unwirksam werden,[92] sodass daraus ein eigenes Anrecht des Anfechtungsgegners auf die Gegenleistung nach §§ 812 ff. BGB entstehe, weil der Behaltensgrund durch die Anfechtung entfalle.[93]

2. Privilegierung des Bereicherungsanspruchs als Masseverbindlichkeit

Das gewandelte Verständnis von § 144 Abs. 2 S. 1 InsO verändert den Gegenstand der abzuschöpfenden Bereicherung. Historisch wurde die vollständige Rückordnung der Leistung als (anfechtungsrechtliche) Bereicherung klassifiziert und lediglich die Neutralisation durch die Gegenleistung herbeigeführt.[94] Das moderne Verständnis sieht nun in der Gegenleistung selbst die Bereicherung. Der abweichende Bereicherungsgegenstand könnte Einfluss auf die Einordnung in das Privilegiensystem der Insolvenz haben. Zu überprüfen ist, ob eine Einordnung des Bereicherungsanspruchs als Masseverbindlichkeit gemäß § 144 Abs. 2 S. 1 InsO weiterhin zu legitimieren ist, denn die Gegenleistung befindet sich in aller Regel bereits bei Verfahrenseröffnung in der Masse.

Im Ausgangspunkt treten Bereicherungsgläubiger in der Krise in Konkurrenz mit allen anderen Gläubigern. Sie sind gerade nicht wie absonderungs- oder aussonderungsberechtigte Gläubiger privilegiert. Gegen eine Privilegierung hat sich der Gesetzgeber bewusst entschieden.[95] Hintergrund ist, dass zur Verifikation einer Bereicherungsforderung nicht auf die schwer zu manipulierende und einfach zu ermittelnde absolute Rechtslage zurückgegriffen werden kann.[96] Vielmehr muss die Bereicherung über die schuldrechtliche Ebene ermittelt werden. Um Verkehrsschutz zu gewährleisten, kann in der Insolvenz auf-

---

[92] Vgl. BGH NZI 2012, 562, 564 Rn. 32; BGH NJW 2015, 164, 165 Rn. 11; dazu ausführlich unten S. 94 ff.

[93] Vgl. BGH NJW 2015, 164, 165 Rn. 11: „Folge der Anfechtung ist also, dass der Vertrag als nicht bestehend behandelt wird."; BeckOK/*Schoon*, § 144 InsO Rn. 13: „[…] wenn das *Verpflichtungsgeschäft isoliert* angefochten wird […] bricht die Grundlage für den Leistungsaustausch zwischen Schuldner und Anfechtungsgegner weg […]"; MüKo/*Kayser/Freudenberg*, § 129 InsO Rn. 57: „Wird allein das *Grundgeschäft* erfolgreich angefochten, verliert es seine rechtfertigende Wirkung und es erfolgt die Rückabwicklung der daraus erbrachten Leistungen zu Gunsten der Insolvenzmasse nach allgemeinen Vorschriften, insbesondere gemäß §§ 812 ff. BGB."; Braun/*Riggert*, § 144 InsO Rn. 6: „Ist das Verpflichtungsgeschäft selbst isoliert angefochten worden (Abs. 2), so besteht anders als bei der Anfechtung nur des Erfüllungsgeschäftes keine rechtliche Grundlage mehr für den Leistungsaustausch zwischen Schuldner und Anfechtungsgegner. Mangels eines Vertrages ist auch kein rechtlicher Grund dafür vorhanden, die von dem Anfechtungsgegner gewährte Gegenleistung der Insolvenzmasse zu belassen; diese ist um die Gegenleistung ungerechtfertigt bereichert."; Schmidt/*Büteröwe*, § 144 InsO Rn. 7: „Bei der Anfechtung des Verpflichtungsgeschäftes entfällt die Grundlage für den Leistungsaustausch. Damit gibt es auch keinen Grund mehr, die vom Anfechtungsgegner der Insolvenzmasse gewährte Leistung in dieser zu belassen."

[94] Siehe oben S. 17 ff.

[95] *J. F. Hoffmann*, Prioritätsgrundsatz, S. 285 in Fn. 265.

[96] *J. F. Hoffmann*, Prioritätsgrundsatz, S. 285.

grund der bestehenden Manipulationsgefahr nicht ohne Weiteres auf die Parteiabrede zurückgegriffen werden.[97]

Ausgewählte Bereicherungsforderungen können jedoch eine Privilegierung zur Masseverbindlichkeit erfahren, § 55 Abs. 1 Nr. 3 InsO. Die Privilegierung einer Bereicherungsforderung soll jedenfalls dann erfolgen, wenn der Insolvenzverwalter den in Rede stehenden bereichernden Vermögenswert selbst in Empfang genommen hat. In diesen Fällen wird es als zulässig erachtet, dass der Insolvenzverwalter sich mit der korrespondierenden *causa* auseinandersetzt. Zieht der Insolvenzverwalter den Gegenstand ohne Behaltensgrund in die Masse, tritt die Bereicherung aufgrund eines dem Verwalter zurechenbaren Verhaltens ein. § 55 Abs. 1 Nr. 3 InsO legitimiert sich durch ein Verwalterhandeln im weiteren Sinne.[98] Pauschalierend kann als Unterscheidungsmerkmal für die Zulässigkeit einer Privilegierung von einer Bereicherung *vor* und einer Bereicherung *nach* Verfahrenseröffnung gesprochen werden.[99]

Bei der Insolvenzanfechtung gelangt die Gegenleistung in der Regel schon *vor* der Verfahrenseröffnung in die Masse, sodass dieser Legitimationsansatz die in § 144 Abs. 2 S. 1 InsO angeordnete Privilegierung, anders als bei dem historischen Verständnis,[100] nicht stützt.[101] Dieses mögliche Legitimationsdefizit wird in der Rechtswissenschaft nahezu nicht thematisiert.[102] Die herrschende Meinung zieht sich wohl auf das Argument zurück, dass in der *lex lata* nun mal ein Privileg kodifiziert sei.[103] Dieses Vorgehen ist fragwürdig, da, wie die Gesetzgebungsgeschichte gezeigt hat, die kodifizierte Privilegierung auf einem abweichenden Grundgedanken fußt, der sich ursprünglich, anders als die moderne Interpretation, im Einklang mit der insolvenzrechtlichen Privilegienordnung befunden hatte.[104]

---

[97] *J. F. Hoffmann*, Prioritätsgrundsatz, S. 339 in Fn. 539; siehe auch unten S. 64 ff.

[98] *J. F. Hoffmann*, Prioritätsgrundsatz, S. 339.

[99] BGHZ 155, 199, 205; BGH ZIP 2015, 434, 436 Rn. 16; 2015, 738, 739 Rn. 11; HK/*Lohmann* § 55 InsO Rn. 25; Uhlenbruck/*Sinz* § 55 InsO Rn. 85.

[100] Siehe oben S. 17 ff.

[101] *J. F. Hoffmann*, Prioritätsgrundsatz, S. 363.

[102] Siehe aber *J. F. Hoffmann*, Prioritätsgrundsatz, S. 362 ff.

[103] Die herrschende Meinung könnte als Argument an dieser Stelle anführen, dass in der Sache entscheidend sei, ob der Insolvenzverwalter eine Beziehung zu der Bereicherung habe, d. h. Kenntnis davon, dass gerade dieser Vermögenswert die Masse bereichert. Durch die Anfechtung des Grundgeschäfts schaffe der Insolvenzverwalter selbst die Ursache für die Bereicherungsforderung, vgl. z. B. *Gerhardt*, Gläubigeranfechtung, S. 317 f. Dem Insolvenzverwalter müsse bekannt sein, dass in der Folge der Anfechtung des Verpflichtungsgeschäfts sich die Gegenleistung nach herrschendem Verständnis nun ohne Rechtsgrund in der Masse befinde. Folge dieser zweifelhaften – jedoch immerhin um eine dogmatische Fundierung des herrschenden Ansatzes bemühte – Argumentation wäre, dass § 144 Abs. 2 S. 1 InsO kein eigenständiges Privileg bildet, sondern vielmehr schon § 55 Abs. 1 Nr. 3 InsO die Privilegierung des Gegenanspruchs zur Masseverbindlichkeit anordnen würde. § 144 Abs. 2 S. 1 InsO wäre demnach als deklaratorisch einzustufen.

[104] Siehe oben S. 19.

II. *§144 Abs. 2 S. 2 InsO*

Unter der Prämisse, dass die Anfechtung des Verpflichtungsgeschäfts die *causa* beseitigt, bereitet die Einordnung von §144 Abs. 2 S. 2 InsO als Gegenspieler von §144 Abs. 2 S. 1 InsO keine Schwierigkeiten. Kann der Anfechtungsgegner nicht die Gegenleistung selbst herausverlangen, kommt ihm ein Ersatzanspruch zu. Weil nach herrschendem Verständnis der Anspruch nach §§812ff. BGB erst nach der formellen Insolvenz entstehen soll,[105] müsste die Partizipation mit diesem Anspruch am Insolvenzverfahren eigentlich ausgeschlossen sein.[106] Regelungsgehalt von §144 Abs. 2 S. 2 InsO sei, dass der aus dem bürgerlichen Recht kommende Bereicherungsanspruch (nun in Gestalt eines Wertersatzanspruchs) eine Privilegierung erfahre und im Insolvenzverfahren trotz der Entstehung nach der formellen Insolvenz teilnehme.[107] Allerdings ist fraglich, ob es überhaupt einer Privilegierung bedarf, weil bei der Rückabwicklung eines nichtigen bzw. aufgelösten Vertrages in der Insolvenz schon gar keine Neugläubigerstellung entstehen könnte.[108]

III. *§144 Abs. 1 InsO*

§144 Abs. 1 InsO soll nach dem herrschenden Verständnis unverändert Anwendung finden, wenn ein Erfüllungsgeschäft angefochten wird.[109] Hintergrund der Norm ist der aus dem preußischen Recht kommende Gedanke,[110] dass auch bei einer anfechtbaren Erfüllungshandlung eine überschießende Rechtsfolgenwirkung der Anfechtung abgewendet werden soll. Die Anfechtung würde ihr funktionales Ziel überschreiten, wenn die Haftungsmasse den Leistungsgegenstand zurückerhielte und zudem von der Erfüllungspflicht befreit werden würde.[111] Deshalb wird die Rechtsfolgenwirkung der Anfechtung in diesen Fallgestaltungen durch das Wiederaufleben der Erfüllungsforderungen gemäß §144 Abs. 1 InsO wirtschaftlich beschränkt.[112]

G. Wirtschaftliches Gesamtergebnis der Insolvenzanfechtung

Die Rechte der Masse und die Gegenrechte des Anfechtungsgegners nach einer erfolgreichen Anfechtung sind zu einem wirtschaftlichen Gesamtergebnis zu-

[105] Schmidt/*Büteröwe*, §144 InsO Rn. 12; Uhlenbruck/*Borries/Hirte*, §144 InsO Rn. 14; vgl. auch Jaeger/*Henckel*, §144 InsO Rn. 31.
[106] Uhlenbruck/*Borries/Hirte*, §144 InsO Rn. 14; vgl. Jaeger/*Henckel*, §144 InsO Rn. 31.
[107] Uhlenbruck/*Borries/Hirte*, §144 InsO Rn. 14; vgl. Jaeger/*Henckel*, §144 InsO Rn. 31.
[108] Vgl. auch Jaeger/*Henckel*, §144 InsO Rn. 31.
[109] Uhlenbruck/*Borries/Hirte*, §144 InsO Rn. 14; *Bredemeyer*, Insolvenzanfechtung, S. 152ff.; *Gogger*, Insolvenzrecht, S. 185f.; Schmidt/*Büteröwe*, §144 InsO Rn. 1.
[110] Vgl. oben S. 12f.
[111] Vgl. HK/*Thole*, §144 InsO Rn. 3.
[112] Vgl. *Jaeger*, Lehrbuch, S. 156f.

sammenzusetzen. Zu differenzieren ist zwischen der isolierten Anfechtung des Verfügungsgeschäfts und der „Doppelanfechtung“. Zur Veranschaulichung des wirtschaftlichen Gesamtergebnisses wird auf das in der Einleitung gebildete Beispiel zurückgegriffen:[113] Angefochten wird ein Austauschgeschäft, bei dem der Leistung der Wert 100 und der Gegenleistung der Wert 99 zukommt. Die Insolvenzgläubiger werden eine Quote von zwei Prozent erhalten.

I. Isolierte Anfechtung des Verfügungsgeschäfts

Wird lediglich das Verfügungsgeschäft eines Austauschgeschäfts angefochten, soll nach §143 Abs. 1 S. 1 InsO die Leistung gegenständlich und vollständig in die Masse zurückfallen.[114] Die Erfüllungsforderung des Anfechtungsgegners soll nach §144 Abs. 1 InsO wiederaufleben.[115] Sie ist nur eine Insolvenzforderung. Wirtschaftliches Gesamtergebnis ist, dass nach einer erfolgreichen Anfechtung des Verfügungsgeschäfts Leistung und Gegenleistung (199) abzüglich der quotal zu erfüllenden Forderung des Anfechtungsgegners (2) zur Befriedigung der Gläubiger zur Verfügung stehen. Dies ergibt einen wirtschaftlichen Gesamtwert der Haftungsmasse von 197.

II. „Doppelanfechtung“

Eine „Doppelanfechtung“ beinhaltet sowohl die Anfechtung des Verfügungsgeschäfts als auch die Anfechtung des Verpflichtungsgeschäfts. Die Anfechtung des Verfügungsgeschäfts führt weiterhin zum Rückfall der Leistung in die Masse, §143 Abs. 1 InsO. Die zusätzliche Anfechtung des Verpflichtungsgeschäfts soll das Grundgeschäft entfallen lassen.[116] Dadurch wird einerseits das Wiederaufleben der Erfüllungsforderung verhindert: Aus einer nicht existenten schuldrechtlichen Abrede können auch keine Forderungen geltend gemacht werden. Weitere Folge der unwirksamen *causa* soll andererseits sein, dass Leistung und Gegenleistung im Sinne der §§812ff. BGB rechtsgrundlos erbracht wurden und nach allgemeinen zivilrechtlichen Grundsätzen zurückgefordert werden können.[117] Aus Sicht der Masse ist dies wirtschaftlich kein spürbarer Gewinn, da der Leistungsgegenstand schon allein durch §143 Abs. 1 InsO in die Masse zurückfällt.[118] §143 Abs. 1 InsO ist aufgrund seines – im

[113] Siehe oben S. 4.
[114] Siehe oben S. 9.
[115] Vgl. oben S. 27.
[116] Ausführlich unten S. 36 f., 93 ff.
[117] Vgl. oben S. 24 ff.
[118] Bei §§143, 144 InsO soll sich die Anwendung der Saldotheorie verbieten, vgl. BGH NJW 2010, 2125; Uhlenbruck/*Borries/Hirte*, §144 InsO Rn. 13; MüKo/*Kirchhof/Piekenbrock*, §144 InsO Rn. 27; *Bredemeyer*, Insolvenzanfechtung, S. 155; *v. Campe*, Insolvenzanfechtung, S. 302 f.; *Becker*, Insolvenzrecht, Rn. 1050. Dies ist aus Sicht der herrschenden Meinung nach-

Einzelnen umstrittenen[119] – (teil)verdinglichten Charakters in einer „Doppelinsolvenz" auch das stärkere Recht.[120] Der Entfall der *causa* führt jedoch nach herrschendem Verständnis zu wechselseitigen Bereicherungsansprüchen, sodass gemäß §§812ff. BGB der Anfechtungsgegner durch die Anfechtung des Verpflichtungsgeschäfts einen Anspruch auf die Gegenleistung erhält.[121] Wie sich dieser Bereicherungsanspruch des Anfechtungsgegners in der Insolvenz verhält, soll davon abhängig sein, ob die Gegenleistung bzw. ihr verkörperter Wert noch in der Masse anzutreffen ist.

1. Noch vorhandene Gegenleistung, §144 Abs. 2 S. 1 InsO

Befindet sich die Gegenleistung oder ein Surrogat noch in der Masse, stuft die herrschende Meinung den Anspruch nach §§812ff. BGB gemäß §144 Abs. 2 S. 1 InsO als Masseverbindlichkeit ein.[122] Es ergibt sich folgendes wirtschaftliches Gesamtergebnis einer „Doppelanfechtung": Zur Gläubigerbefriedigung – jedenfalls wenn keine Masseunzulänglichkeit vorliegt[123] – steht nur die Leistung zur Verfügung. Diese hat einen wirtschaftlichen Wert von 100. Die Erfüllungsforderung des Anfechtungsgegners soll nach herrschendem Verständnis – jedenfalls im Insolvenzverfahren – keine Berücksichtigung finden.[124]

2. Nicht mehr vorhandene Gegenleistung, §144 Abs. 2 S. 2 InsO

Anders fällt nach herrschender Meinung das wirtschaftliche Ergebnis einer „Doppelanfechtung" aus, wenn die Gegenleistung nicht mehr in der Masse vorhanden ist. In diesem Fall ist der aus dem Bürgerlichen Gesetzbuch kommende Bereicherungsanspruch nach §144 Abs. 2 S. 2 InsO dahingehend privi-

---

vollziehbar. Mit §143 InsO steht §144 Abs. 2 S. 1 InsO, §§812ff. BGB kein Bereicherungsanspruch gegenüber. Eine automatische Saldierung nach den Grundsätzen der Saldotheorie scheidet aus, weil strukturell §143 InsO nicht die Rückabwicklung eines einheitlichen, nichtigen Schuldverhältnisses vornimmt, d.h., teleologisch die Saldotheorie nicht anwendbar ist. Eine Aufrechnung ist unter Beachtung der insolvenzrechtlichen Besonderheiten allerdings möglich, vgl. Uhlenbruck/*Borries/Hirte*, §144 InsO Rn. 13; Nerlich/Römermann/*Nerlich*, §144 InsO Rn. 11. Voraussetzung ist, dass §144 Abs. 2 S. 1 InsO nicht nur quotal (Masseunzulänglichkeit), sondern vollständig befriedigt wird, vgl. Andres/Leithaus/*Leithaus*, §144 InsO Rn. 5.

[119] Siehe Kap. 4, Fn. 8.

[120] Alle Anfechtungstheorien gewähren der Masse in einer „Doppelinsolvenz" ein Aussonderungsrecht an der Leistung, vgl. BGHZ 156, 350; 178, 171, 176 Rn. 15; BGH NZI 2009, 429, 432 Rn. 41; *Gerhardt*, Gläubigeranfechtung, S. 334ff.; Jaeger/*Henckel*, §143 InsO Rn. 86; HK/*Thole*, §129 InsO Rn. 91; *Jauernig/Berger*, Zwangsvollstreckungs- und Insolvenzrecht, §51 Rn. 45; abweichend *J. F. Hoffmann*, Prioritätsgrundsatz, S. 241ff., 330; siehe auch unten S. 64f.

[121] Siehe nur MüKo/*Kayser/Freudenberg*, §129 InsO Rn. 57; weitere Nachweise in Fn. 93.

[122] Vgl. oben S. 25f.

[123] Vgl. unten S. 130ff.

[124] Ausführlich unten S. 94ff.

legiert, dass dieser, obwohl er eigentlich erst nach Verfahrenseröffnung entstanden ist, dennoch zur Tabelle im Insolvenzverfahren angemeldet werden kann (Wert: 1,98).[125] Wirtschaftliches Endergebnis ist, dass den Gläubigern zur Befriedigung die Leistung abzüglich der quotal zu erfüllenden Forderung auf die Gegenleistung zusteht. Dies ergibt einen Gesamtwert der Haftungsmasse von 98,02.

III. Bestehende Ungereimtheiten

Das gebildete Beispiel zeigt die enormen wirtschaftlichen Unterschiede im Endergebnis einer Anfechtung eines Austauschgeschäfts auf. Der Wert der Haftungsmasse divergiert zwischen 98,02 über 100 bis hin zu 197. Zu untersuchen ist, ob sich die ausgemachten Abweichungen rechtfertigen lassen oder ob Widersprüche im Gesamtgefüge des Rechtsfolgenrechts der Insolvenzanfechtung bestehen.

1. Wirtschaftliche Schwäche der „Doppelanfechtung"

Der Vergleich der wirtschaftlichen Ergebnisse der „Doppelanfechtung" (98,02; 100) mit der isolierten Anfechtung des Verfügungsgeschäfts (197) hat gezeigt, dass die Masse in letzterem Fall besser steht. Dieser Befund wirft allerdings Fragen auf. Mit einer „Doppelanfechtung" geht einher, dass auch ein Verpflichtungsgeschäft besteht, das die Voraussetzungen des §133 InsO erfüllt, d. h., eine vorsätzlich gläubigerbenachteiligend begründete Rechtshandlung vorliegt. Ziel der „Doppelanfechtung" ist es, die Gläubiger – neben der Anfechtung des Verfügungsgeschäfts – zusätzlich vor dem sogar vorsätzlich gläubigerbenachteiligend begründeten Verpflichtungsgeschäft zu schützen.[126] Diese erweiterte Zielsetzung spiegelt sich jedoch wirtschaftlich nicht in den Anfechtungsfolgen wider.[127] Entgegen der intendierten Schutzrichtung stehen die Gläubiger bei der isolierten Anfechtung des Verfügungsgeschäfts besser als bei der „Doppel-

---

[125] Vgl. oben S. 27.

[126] *J. F. Hoffmann*, Prioritätsgrundsatz, S. 362 f.; *Becker*, Insolvenzrecht, Rn. 1044.

[127] Diese paradoxe Rechtsfolge wurde auch im österreichischen Insolvenzrecht vom dortigen Schrifttum ausgemacht. *König*, Die Anfechtung, Rn. 16/23: „Im Klartext: Wird nur die Tilgung als solche angefochten, kommt als Gegenrecht des Anfechtungsgegners nur §41 Abs 2, 2. Fall, KO, nicht aber ein Recht auf eine ‚Gegenleistung' in Betracht, wird das Grundgeschäft als solches angefochten, gilt §41 Abs 1 und 2, 1. Fall, KO. Ist also sowohl durch das Grundgeschäft als auch durch die Tilgung ein Anfechtungstatbestand erfüllt, so wird der Masseverwalter etwa dann nur die Tilgung [...] anfechten, wenn die Gegenleistung des Anfechtungsgegners ‚noch unterscheidbar vorhanden' oder die Masse bereichert ist (§41 Abs 1 KO). Letzterer kann diesfalls nämlich diese seine [sic] Gegenleistung nicht aussondern oder als Masseforderung geltend machen, sondern ist auf die Konkursforderung für seine wiederauflebende Forderung verwiesen." Siehe zum österreichischen Anfechtungsfolgenrecht auch Kap. 5, Fn. 121.

anfechtung".[128] Diese Erkenntnis hat zur Konsequenz, dass in vielen Fällen der Insolvenzverwalter sogar insolvenzzweckwidrig und damit im Bereich des § 60 InsO handeln würde, wenn er die Anfechtung des Verpflichtungsgeschäfts anregte.[129]

2. Widersprüchlichkeiten bei der Definition einer Gläubigerbenachteiligung

Allerdings ist anzuzweifeln, ob in solchen Konstellationen überhaupt die Voraussetzungen für eine Anfechtung vorliegen. Es könnte – bezogen auf die Anfechtung des Verpflichtungsgeschäfts – an einer Gläubigerbenachteiligung fehlen. Ein Austauschvertrag ist nach der landläufigen Meinung gläubigerbenachteiligend und damit anfechtbar, wenn sich Leistung und Gegenleistung in einem nachteiligen Wertverhältnis befinden.[130] Diese Definition ist aber mit dem herrschenden Verständnis von § 144 Abs. 2 S. 1 InsO nicht kompatibel.

Laut der Gesetzesbegründung werden „die Gläubiger [...] benachteiligt, wenn ihre Befriedigung beeinträchtigt wird".[131] Die Gläubigerbenachteiligung orientiert sich unmittelbar an den Befriedigungsaussichten. Wie allerdings aufgezeigt wurde, verbessert sich die Quote in der Gesamtbetrachtung durch eine „Doppelanfechtung" nicht, wenn ein nur marginal unausgeglichenes Verpflichtungsgeschäft vorliegt, sondern erst unter der qualifizierten Voraussetzung, dass die quotale Befriedigung der Erfüllungsforderung auf die Leistung wirtschaftlich wertvoller ist als die Gegenleistung.[132] Demnach müsste sich eigentlich bei der Anfechtung des Austauschvertrags dieser Aspekt auch in der Definition der Gläubigerbenachteiligung wiederfinden. Bezogen auf die Anfechtung des Verpflichtungsgeschäfts läge Gläubigerbenachteiligung bei § 133 InsO demnach erst dann vor, wenn die Gegenleistung weniger wert wäre als die quotale Befriedigung des Erfüllungsanspruchs auf die Leistung.[133] Ein entsprechend modifizierter Gläubigerbenachteiligungsbegriff bei der Anfechtung des Verpflichtungsgeschäfts könnte eine insolvenzzweckwidrige Anfechtung verhindern.[134]

---

[128] Vgl. *F. Bartels*, Insolvenzanfechtung, S. 233 f.

[129] *Jensen*, Grundfragen, S. 252 f. Trotzdem ist immer noch im Schrifttum zu lesen, dass es sich empfehle, als Insolvenzverwalter auf die Anfechtung von beiden Geschäften hinzuwirken, vgl. MüKo/*Kayser/Freudenberg*, § 129 InsO Rn. 64.

[130] Vgl. BT-Drs. 12/2443, S. 157; BGHZ 105, 168, 187; BGH ZIP 2011, 824 Rn. 8; HK/*Thole*, § 129 InsO Rn. 44; Uhlenbruck/*Borries/Hirte*, § 129 InsO Rn. 160; Jaeger/*Henckel*, § 129 InsO Rn. 77.

[131] BT-Drs. 12/2443, S. 157.

[132] Vgl. oben S. 30 f.

[133] Verkompliziert wird die Betrachtung allerdings in der Gesamtschau, da diese Aussage nur zutreffend ist, wenn die Voraussetzungen des § 144 Abs. 2. S. 1 InsO vorliegen, also sich die Gegenleistung bzw. ihr Surrogat noch in der Masse befindet.

[134] Das modifizierte Gläubigerbenachteiligungsverständnis würde zur gespaltenen Auslegung des Gläubigerbenachteiligungsbegriffes bei § 129 InsO führen – allerdings nicht zwischen Vorsatzanfechtung und besonderer Insolvenzanfechtung (vgl. aber *J. F. Hoffmann*, Prio-

3. Widersprüchlichkeiten beim Vergleich mit neutralen Austauschgeschäften

Folgt man der herrschenden Meinung, irritiert das wirtschaftliche Ergebnis, wenn ein neutrales Austauschgeschäft einem nur partiell unausgeglichenen gegenübergestellt wird. Wirtschaftlich ausgeglichene Austauschgeschäfte werden herrschend als nicht gläubigerbenachteiligend bewertet (neutrale Vermögensumschichtung).[135] Den Gläubigern steht somit bei einem neutralen Geschäft nur die Gegenleistung zur Befriedigung zur Verfügung (100), die einen identischen wirtschaftlichen Wert wie die Leistung (100) aufweist. Die Haftungsmasse ist bei einer wirtschaftlichen Gesamtbetrachtung bei einem neutralen Austauschgeschäft nicht geschmälert worden (unverändert bei 100). Ebenfalls ein Wert von 100 steht den Gläubigern zur Befriedigung bei der „Doppelanfechtung" eines partiell unausgeglichenen Geschäfts – in Konstellationen, in denen die Gegenleistung noch in der Haftungsmasse vorhanden ist – zur Verfügung.[136]

Der Umfang der zur Gläubigerbefriedigung bereitstehenden Haftungsmasse wandelt sich jedoch bei der isolierten Anfechtung des Verfügungsgeschäfts eines partiell unausgeglichenen Austauschgeschäfts. Dort setzt sich die Haftungsmasse nach einer erfolgreichen Anfechtung aus Leistung und Gegenleistung abzüglich der quotal zu erfüllenden Erfüllungsforderung zusammen.[137] Die herrschende Meinung versäumt es, zu begründen, wie sich diese enorme wirtschaftliche Differenz zwischen neutralem (100) und nur partiell ausgeglichenem Austauschgeschäft (197) rechtfertigen lässt. Ist das wirtschaftliche Ergebnis der isolierten Anfechtung des Verfügungsgeschäfts richtig, muss offen die Frage gestellt werden, ob die herrschende Meinung nicht auch das neutrale Austauschgeschäft als gläubigerbenachteiligend und für anfechtbar erklären müsste. Dies würde zu dem Ergebnis führen – §142 InsO zunächst unberücksichtigt lassend –, dass der Masse nach einer erfolgreichen isolierten Anfechtung des Verfügungsgeschäfts bei einem neutralen Austauschgeschäft die beiden Leistungsgegenstände zugesprochen werden würden.[138]

---

ritätsgrundsatz, S. 51), sondern zwischen der Anfechtung des Verfügungsgeschäfts und der Anfechtung des Verpflichtungsgeschäfts, jeweils nach §133 InsO.

[135] RGZ 116, 134, 136f.; BGHZ 124, 76, 79; 128, 184, 187; *v. Campe*, Insolvenzanfechtung, S. 43; *J. F. Hoffmann*, Prioritätsgrundsatz, S. 70; MüKo/*Kayser/Freudenberg*, §129 InsO Rn. 108; Schmidt/*K. Schmidt*, §129 InsO Rn. 70; *Baur/Stürner*, Insolvenzrecht Rn. 18.26; ausführlich unten S. 53ff.

[136] Vgl. oben S. 29.

[137] Vgl. oben S. 28.

[138] Im Endergebnis abzüglich der quotal zu befriedigenden Erfüllungsforderung des Anfechtungsgegners.

4. Divergierende Ergebnisse bei der „Doppelanfechtung" abhängig vom Verbleib der Gegenleistung

Ferner variiert das Gesamtergebnis einer „Doppelanfechtung", je nachdem, ob die Gegenleistung in der Masse noch vorhanden oder aber ausgeschieden ist. Im Anwendungsbereich des § 144 Abs. 2 S. 2 InsO steht zur Gläubigerbefriedigung nur ein Vermögenswert zur Verfügung, der unter dem Ausgangswert liegt (98,02). Ist die Gegenleistung noch vorhanden, liegt das wirtschaftliche Ergebnis der „Doppelanfechtung" hingegen bei dem *status quo ante* (100).

H. Vergleichende Betrachtung der Rechtsfolgenwirkungen von § 3 AnfG und § 133 InsO

Im Anfechtungsgesetz findet sich mit § 3 AnfG ein Pendant zu § 133 InsO.[139] Beide Normen sind Bestandteil des allgemeinen Anfechtungsrechts und verfolgen eine identische Zielsetzung.[140] Anders als im Insolvenzanfechtungsrecht wird bei der Vorsatzanfechtung eines partiell unausgeglichenen Austauschgeschäfts nach dem Anfechtungsgesetz in der Literatur weitverbreitet auf Unstimmigkeiten im Rechtsfolgenregime der herrschenden Meinung hingewiesen.[141] Im Mittelpunkt steht der Vorwurf, dass bei § 3 AnfG der Anfechtungsgegner schlechter stünde als bei § 133 InsO.[142]

Unmittelbare Rechtsfolge der Anfechtung ist nach § 11 AnfG, dass der Anfechtungsgegenstand dem Schuldner zugeordnet wird und damit in der Zwangsvollstreckung zur Verfügung steht.[143] Das wirtschaftliche Endergebnis einer Anfechtung nach dem Anfechtungsgesetz ergibt sich allerdings erst in der Gesamtschau mit den Gegenrechten des Anfechtungsgegners.

---

[139] MüKo/*Kirchhof*, § 3 AnfG Rn. 1; NK/*Haertlein*, § 3 AnfG Rn. 2; *Gaul*/Schilken/Becker-Eberhard, Zwangsvollstreckungsrecht, § 35 Rn. 58; *Nerlich/Niehus*, Anfechtungsgesetz, § 3 AnfG Rn. 4; *Schoppmeyer*, ZIP 2009, S. 600, 604 f.; *Huber*, JuS 2019, S. 1148, 1151.

[140] MüKo/*Kirchhof*, § 3 AnfG Rn. 1; NK/*Haertlein*, § 3 AnfG Rn. 2; *Schoppmeyer*, ZIP 2009, S. 600, 605; vgl. zur Zielsetzung der allgemeinen Anfechtung Kap. 2, Fn. 2.

[141] *Koziol*, Gläubigeranfechtung, S. 68; *Eckardt*, ZInsO 2004, S. 888, 891 f.; *Huber*, Anfechtungsgesetz, § 12 AnfG Rn. 7 f.; *Dauernheim*, Anfechtungsrecht, S. 212; MüKo/*Kirchhof*, § 12 AnfG Rn. 6; *Cosack*, Anfechtungsrecht, S. 271; *Riehl*, Gruchot 53 (1909), S. 161, 196; vgl. *Jaeger*, Gläubigeranfechtung, § 8 AnfG Rn. 2 (S. 282).

[142] Ausführlich unten S. 37 ff.

[143] NK/*Haertlein*, § 11 AnfG Rn. 3.

I. Rechte des Anfechtungsgegners

1. Isolierte Anfechtung des Verfügungsgeschäfts

a) Erfüllungsforderung

Auch im Anfechtungsgesetz führt die Rückordnung der Leistung in Parallele zu § 144 Abs. 1 InsO[144] zum Wiederaufleben der Erfüllungsforderung des Anfechtungsgegners gegen den Schuldner, vgl. § 12 AnfG.[145]

b) Anrecht auf die Gegenleistung gem. §§ 812 ff. BGB

Zusätzlich zur Erfüllungsforderung soll dem Anfechtungsgegner – anders als im Insolvenzanfechtungsrecht bei der isolierten Anfechtung des Verfügungsgeschäfts[146] – nach der Rückordnung der Leistung auch ein Anrecht auf die Gegenleistung zukommen. Dem Anfechtungsgegner wird ein Bereicherungsanspruch nach den §§ 812 ff. BGB zugesprochen.[147] Da das Verpflichtungsgeschäft in dieser Fallkonstellation außen vor bleibt, kann dieser Bereicherungsanspruch nicht wie bei der Insolvenzanfechtung auf den Entfall der *causa* gestützt werden.[148] Das Zugriffsrecht auf die Gegenleistung entstünde, weil durch die Erfüllung des Anspruchs gemäß § 11 AnfG der rechtliche Grund für die Leistung des Anfechtungsgegners an den Schuldner entfalle.[149] In der Sache ist dies ein Fingerzeig auf das Argumentationsmuster, das in den Anfängen der Konkursordnung zur Anwendung gebracht wurde, um § 38 Abs. 1 KO zu legitimieren:[150] Die Anfechtung könne nur einen Zugriff auf die Leistung in Höhe der Gläubigerbenachteiligung, d. h. in Höhe der Wertdifferenz von Leistung und Gegenleistung, rechtfertigen. Damit die Anfechtung bei einem aufgrund von gegenständlichen Interessen notwendigen vollumfänglichen Zugriff auf die Leistung zu keiner überschießenden Rechtsfolgenwirkung führt, soll dem Anfechtungsgegner als Ausgleich die Gegenleistung zufließen. Der Gedanke, dass dem Anfechtungsgegner als Baustein eines Abwicklungsmodells ein Berei-

---

[144] MüKo/*Kirchhof*, § 12 AnfG Rn. 8; *Huber*, Anfechtungsgesetz, § 12 AnfG Rn. 5; NK/*Haertlein*, § 12 AnfG Rn. 5.

[145] Entgegen den verbreitet anzutreffenden Formulierungen (vgl. MüKo/*Kirchhof*, § 12 AnfG Rn. 9; *Jaeger*, Gläubigeranfechtung, § 8 AnfG Rn. 13 (S. 287); *Nerlich/Niehus*, Anfechtungsgesetz, § 12 AnfG Rn. 6) lebt diese allerdings nicht nur anteilig, sondern vollständig auf – allerdings gekoppelt an eine bestehende Zug-um-Zug-Rückgabeverpflichtung des teilweise verbliebenen Anfechtungsgegenstandes; ausführlich unten S. 35.

[146] Vgl. oben S. 28.

[147] *Warneyer/Bohnenberg*, Kommentar, § 8 AnfG, S. 212; NK/*Haertlein*, § 12 AnfG Rn. 4; MüKo/*Kirchhof*, § 12 AnfG Rn. 17; *Huber*, Anfechtungsgesetz, § 12 AnfG Rn. 4; *Dauernheim*, Anfechtungsrecht, S. 212 f.

[148] Vgl. oben S. 24 f.

[149] *Warneyer/Bohnenberg*, Kommentar, § 8 AnfG, S. 212; NK/*Haertlein*, § 12 AnfG Rn. 4; MüKo/*Kirchhof*, § 12 AnfG Rn. 17; *Huber*, Anfechtungsgesetz, § 12 AnfG Rn. 4.

[150] Vgl. oben S. 12 ff., 17 ff.

cherungsanspruch aufgrund einer andernfalls überschießenden Rechtsfolgenwirkung bei der Anfechtung eines Verfügungsgeschäfts zuzusprechen ist und gerade nicht, weil die Anfechtung ein materiell-rechtliches Zugriffsrecht des Anfechtungsgegners auf die Gegenleistung auslöst, ist im Anwendungsbereich des Anfechtungsgesetzes in der Rechtswissenschaft folglich noch präsent. Der Ausgleichsanspruch richtet sich allerdings nicht gegen den anfechtenden Gläubiger (Dritten), sondern gegen den Schuldner.[151]

c) Verhältnis von Erfüllungsforderung und Bereicherungsanspruch

Bei der Anfechtung des Verfügungsgeschäfts fallen im Anwendungsbereich des Anfechtungsgesetzes dem Anfechtungsgegner durch die Rückordnung der Leistung bei einem Austauschgeschäft sowohl die Erfüllungsforderung als auch ein Bereicherungsanspruch zu. Das Verhältnis der nebeneinander bestehenden Ansprüche ist zu ermitteln. Durch die Anfechtung entsteht eine Situation, die einer „Schlechtleistung“ des Schuldners gleicht. Der Anfechtungsgegner hat zwar eine Erfüllungsleistung erhalten, jedoch ist der Erfüllungsgegenstand mit der anfechtungsrechtlichen Belastung „bemakelt“ und weicht damit von dem Sollzustand ab, sodass die erhaltene Leistung hinter der schuldrechtlichen Abrede zurückbleibt.[152] Die Situation der anfechtungsbedingten „Schlechtleistung“ bleibt auch dann aufrechterhalten, wenn der Anfechtungsgegner nach einem abgeschlossenen Anfechtungsprozess die Leistung dem Gläubiger zur Verfügung stellt und dann einen anteiligen Ausgleich durch die Gegenleistung nach §§ 812 ff. BGB erhält. Die Gegenleistung ist als Substitut für die ursprüngliche „Schlechtleistung“ zu werten, sodass der Anfechtungsgegner weiterhin so steht, als ob der Schuldner zwar erfüllt habe, jedoch nicht mit einem vollwertigen Erfüllungsgegenstand. Nach der Abwicklung der Anfechtung hat der Anfechtungsgegner weiterhin das Anrecht auf eine abredegemäße Erfüllung. Allerdings ist zu beachten, dass die Durchsetzung der „mangelfreien“ Erfüllung durch die ursprüngliche „Schlechtleistung“ modifiziert ist. Da weiterhin der „Erfüllungsversuch“ vermögensmäßig dem Anfechtungsgegner zuzuordnen ist (ursprünglich in Form der mit der Anfechtbarkeit „belasteten Leistung“, nun in Gestalt der Gegenleistung), kann dieser seine ganze Erfüllungsforderung in voller Höhe nur realisieren, wenn er entsprechend dem Gedanken des § 439 Abs. 5 BGB im Gegenzug die ursprüngliche „Schlechtleistung“ an die Masse auskehrt.[153]

---

151 *Huber*, Anfechtungsgesetz, § 12 AnfG Rn. 7.

152 Vgl. NK/*Haertlein*, § 12 AnfG Rn. 4; MüKo/*Kirchhof*, § 12 AnfG Rn. 17.

153 In dem gebildeten Beispiel hat A ein Anrecht auf das Auto 1 (Wert 100). Ursprünglich erhält A dieses, allerdings mit der Anfechtbarkeit belastet. Er muss dem Gläubiger nach der erfolgreichen Anfechtung das Auto zur Verfügung stellen, bekommt im Gegenzug – als Kompensation für eine überschießende Rechtsfolgenwirkung der Anfechtung – die Gegenleistung (Auto 2). Weiterhin hat er einen Anspruch auf Auto 1. Dieses erhält er aber nur nach dem Gedanken des § 439 Abs. 5 BGB Zug-um-Zug gegen Herausgabe von Auto 2. Aufgrund der an-

2. „Doppelanfechtung" gestützt auf § 3 AnfG?

Durch die Anfechtung des Verpflichtungsgeschäfts gemäß §133 InsO wird dem Anfechtungsgegner die Verwirklichung seiner Erfüllungsforderung im Insolvenzverfahren grundsätzlich verwehrt.[154] Zu untersuchen ist, ob auch mit §3 AnfG Einfluss auf das Verpflichtungsgeschäft genommen werden kann und deshalb im Anwendungsbereich des Anfechtungsgesetzes ebenso eine „Doppelanfechtung" möglich ist.

a) Anfechtung des Verpflichtungsgeschäfts gem. § 133 InsO

§133 InsO bzw. §3 AnfG kommen in unterschiedlichen Fallkonstellationen zur Anwendung. Obwohl die Vorsatzanfechtung in ihrem Kern ein allgemeiner Anfechtungsgrund ist und deshalb in der Legitimation unabhängig von der materiellen Insolvenz,[155] trägt §133 InsO auch zur Verwirklichung der Gläubigergleichbehandlung bei:[156] Das durch die Anfechtung zurückgewonnene Schuldnervermögen wird unter Achtung der Gläubigergleichbehandlung an die Gläubiger neu verteilt.

Allerdings könnte der Schuldner durch das Einräumen neuer Forderungen das tatsächliche Endergebnis der Verteilung des Schuldnervermögens beliebig ausgestalten, wenn die Insolvenzordnung auch vorsätzlich gläubigerbenachteiligend begründete Verbindlichkeiten im Insolvenzverfahren gleichrangig berücksichtigen würde. Es bestünde ein Schlupfloch, das es dem Schuldner ermöglichen würde, letztendlich die Verteilung der Haftungsmasse zu beeinflussen.[157] Um diese Gestaltungsoption des Schuldners auszuschalten, kann der Insolvenzverwalter auch das Verpflichtungsgeschäft gemäß §133 InsO anfechten. Rechtsfolgenwirkung ist, dass der vorsätzlich gläubigerbenachteiligend begründeten Forderung in der insolvenzbedingten Verteilung keine Relevanz zukommt, d. h., unredliche Forderungen nicht im gleichen Rang wie redliche

---

gespannten Vermögenssituation beim Schuldner ist eine Zug-um-Zug-Abwicklung von Leistung und Gegenleistung eher theoretischer Natur, vgl. *Huber*, Anfechtungsgesetz, §12 AnfG Rn. 7.

[154] Ausführlich unten S. 93 ff.

[155] *Schoppmeyer*, ZIP 2009, S. 600, 602 f.; *ders.*, NZI 2005, S. 185, 187 ff.; vgl. *Raebel*, KTS 2015, S. 285, 286 in Fn. 5; *Foerste*, JZ 2019, S. 168, 170; *J. F. Hoffmann*, KTS 2019, S. 481, 482 f.

[156] *Schoppmeyer*, ZIP 2009, S. 600, 603; *ders.*, NZI 2005, S. 185, 189.

[157] Auch wenn die Ausgangslage vergleichbar ist, eröffnen vorsätzlich benachteiligend abgegebene Schenkungsversprechen in der Insolvenz keine Handlungsoptionen des Schuldners, um Einfluss auf die tatsächliche Verteilung der Haftungsmasse zu nehmen. Hintergrund ist, dass Schenkungsversprechen bereits ohne Anfechtung des Verpflichtungsgeschäfts nicht in Konkurrenz mit den allermeisten Gläubigerforderungen treten. Sie werden nur nachrangig (vorletzte Stelle im Nachrang) befriedigt, vgl. §39 Abs. 1 Nr. 4 InsO. Aufgrund des Nachrangs nehmen Ansprüche auf eine unentgeltliche Leistung am Insolvenzverfahren faktisch nicht teil; siehe auch Kap. 4, Fn. 34.

Forderungen befriedigt werden.[158] Die Rückstufung bzw. ein Ausschluss vorsätzlich benachteiligend begründeter Forderungen aus dem Verteilungsprozess in der Insolvenz sollen nach herrschendem, aber anzuzweifelndem Verständnis durch die Unwirksamkeit der *causa* erzielt werden.[159]

b) Anfechtung des Verpflichtungsgeschäfts gem. § 3 AnfG?

Eine erfolgreiche Anfechtung des Verfügungsgeschäfts führt im Anfechtungsgesetz zur unmittelbaren Befriedigung des die Anfechtung anstrengenden Gläubigers. Die Gefahr, dass der Schuldner durch neu eingeräumte Gläubigerstellungen die Befriedigung nach dem angeordneten Verteilungsschlüssel untergräbt, besteht im Anwendungsbereich des Anfechtungsgesetzes nicht, weil der Umfang der Gläubigerbefriedigung von etwaigen bestehenden Forderungen anderer Gläubiger gegen den Schuldner nicht beeinflusst wird. Hintergrund ist die bilaterale Struktur des Anfechtungsgesetzes. Der Dritte kann nach einer erfolgreichen Anfechtung selbst auf den Anfechtungsgegenstand im Rahmen der Zwangsvollstreckung zugreifen. Es wird nicht wie bei der Insolvenzordnung der Insolvenzverwalter zwischengeschaltet. Anderen Gläubigern steht keine unmittelbare Zugriffsmöglichkeit auf den Anfechtungsgegenstand offen.[160] Aufgrund dieser Struktur ist im Anwendungsbereich des Anfechtungsgesetzes kein Schutz des anfechtenden Gläubigers durch eine „Doppelanfechtung" notwendig.

II. Vergleich von § 3 AnfG und § 133 InsO

Die Rechtsfolgenstruktur von § 3 AnfG und § 133 InsO unterscheidet sich nach dem herrschenden Verständnis: Bei § 3 AnfG kommen dem Anfechtungsgegner flächendeckend ein Ausgleichsanspruch nach §§ 812 ff. BGB und der ursprüngliche Erfüllungsanspruch zu.[161] Bei § 133 InsO steht bei einer isolierten Vorsatzanfechtung des Verfügungsgeschäfts dem Anfechtungsgegner seine wiederauflebende Erfüllungsforderung zu, aber kein Anrecht auf die Gegenleistung,[162] bei der „Doppelanfechtung" hingegen ein Zugriffsrecht auf die Gegenleistung, jedoch kein „durchsetzbarer"[163] Erfüllungsanspruch.[164] Ob diese divergierenden Rechtsfolgenregime tatsächlich auch zu unterschiedlichen wirtschaftlichen Endergebnissen führen, ist abhängig von der Leistungsfähigkeit

158 Vgl. zunächst nur *Allgayer*, Gläubigeranfechtung, Rn. 665; ausführlich unten S. 93 ff.

159 Siehe unten S. 94 ff.

160 Aufgrund der Vermögenssituation des Schuldners wird sich der Anfechtungsgegner in der Regel nicht ohne Weiteres aus dem Schuldnervermögen befriedigen können. Ihm bleibt meist nur die Option, einen Insolvenzantrag zu stellen, *Huber*, Anfechtungsgesetz, § 12 AnfG Rn. 7 f. Siehe zu der Gefahr eines „Anfechtungskarussells" z. B. *Foerste*, JZ 2019, S. 168, 171 f.

161 Vgl. oben S. 34 ff.

162 Vgl. oben S. 28.

163 Siehe unten S. 93 ff.

164 Vgl. oben S. 28 ff.

der unterschiedlichen Abwicklungsmodelle in einer angespannten Vermögenssituation des Schuldners.

Der Einfluss dieser strukturellen Unterschiede auf das wirtschaftliche Ergebnis einer Anfechtung wird sich in der Praxis in Grenzen halten, da sich der Anfechtungsgegner durch eine Insolvenzantragstellung in den Anwendungsbereich der Insolvenzanfechtung „flüchten“ kann.[165] Für die hier vorgenommene dogmatische Analyse des Anfechtungsrechts ist die Untersuchung der Auswirkungen der divergierenden Rechtsfolgenstruktur auf das wirtschaftliche Endergebnis der Anfechtung eines Austauschgeschäfts allerdings aufschlussreich.

1. Isolierte Anfechtung des Verfügungsgeschäfts

a) Forderung größer als die Gegenleistung aber kleiner als die/gleich der Leistung

In dem Fall, dass die Forderung des Dritten größer als der wirtschaftliche Wert der Gegenleistung, aber kleiner oder gleich dem Wert der Leistung ist, ist umstritten, ob dem Dritten eine Wahlmöglichkeit zukommt.[166] Dem Gläubiger soll es nach einzelnen Literaturstimmen offen stehen, ausschließlich in der Leistung Befriedigung zu suchen.[167] Greift er nur auf die Leistung zu, entsteht ein Ausgleichsanspruch des Anfechtungsgegners gemäß §§ 812 ff. BGB auf die Gegenleistung (je nach Forderungshöhe reduziert um etwaige bei ihm verbliebene Vermögenswerte der Leistung). Da beim Schuldner noch pfändbares Vermögen anzutreffen ist (jedenfalls die Gegenleistung), erfährt der Anfechtungsgegner einen Ausgleich für den Verlust der Leistung, soweit er diese über das Maß der Gläubigerbenachteiligung hinaus aufgegeben hat. Befriedigt der Gläubiger sich hingegen auch aus der Gegenleistung, reduziert sich die Forderungshöhe und damit auch der Umfang des Zugriffes auf die Leistung (§ 11 AnfG: „soweit“).[168] In beiden Varianten verliert der Anfechtungsgegner bei § 3 AnfG im wirtschaftlichen Endergebnis Vermögenswerte nur im Umfang der bestehenden Gläubigerbenachteiligung.

Anders bei § 133 InsO: In der Insolvenzordnung ist bei der isolierten Vorsatzanfechtung des Verfügungsgeschäfts kein wirtschaftlicher Ausgleich vorgesehen. Bei § 133 InsO gibt der Anfechtungsgegner die Leistung unabhängig vom Umfang der Gläubigerbenachteiligung vollständig und ersatzlos auf.[169]

---

[165] *Huber*, Anfechtungsgesetz, § 12 AnfG Rn. 8; vgl. *Foerste*, JZ 2019, S. 168, 171.

[166] Vgl. RGZ 22, 44, 48; *Warneyer/Bohnenberg*, Kommentar, § 2 AnfG S. 68 f.; MüKo/*Kirchhof*, § 2 AnfG Rn. 57; *Jaeger*, Gläubigeranfechtung, § 2 AnfG Rn. 29 (S. 151); *Huber*, Anfechtungsgesetz, § 2 AnfG Rn. 23; ausführlich unten S. 139 f.

[167] *Warneyer/Bohnenberg*, Kommentar, § 2 AnfG S. 68; MüKo/*Kirchhof*, § 2 AnfG Rn. 57.

[168] MüKo/*Kirchhof*, § 11 AnfG Rn. 35; NK/*Haertlein*, § 11 AnfG Rn. 3.

[169] Vgl. oben S. 28.

b) Forderung größer als die Leistung

In den Fällen, in denen die Gegenleistung noch beim Anfechtungsgegner vorhanden ist und die Forderung des Dritten in ihrer Höhe den wirtschaftlichen Wert der Leistung übersteigt, wird der Gläubiger sowohl in die beim Schuldner vorhandene Gegenleistung als auch nach erfolgreicher Anfechtung in die Leistung vollstrecken. Zwar hat der Anfechtungsgegner im Anfechtungsgesetz einen Anspruch aus §§ 812 ff. BGB gegen die Masse. Wirtschaftlich ist dieser allerdings aufgrund der Vermögenssituation des Schuldners wertlos.[170] Auch mit einem Zurückbehaltungsrecht soll sich der Anfechtungsgegner nicht schützen können.[171] Er verliert die Leistung faktisch ersatzlos und unabhängig von dem Umfang der Gläubigerbenachteiligung.[172] Trotz der strukturellen Unterschiede gleichen sich § 3 AnfG und § 133 InsO in diesen Konstellationen im Ergebnis. Hintergrund ist, dass das Abwicklungsmodell, das bei § 3 AnfG die Rechtsfolgenwirkung beschränken soll, aufgrund der in diesen Fällen bestehenden wirtschaftlichen Rahmenbedingungen einen Ausgleich nicht erfolgreich herbeiführen kann.

2. „Doppelanfechtung"

Durch das beidseitige Bestehen eines Zugriffsrechts auf die Gegenleistung nach §§ 812 ff. BGB, wenn auch aufgrund unterschiedlicher materieller Legitimationsgründe, ähnelt sich die Struktur von § 3 AnfG und § 133 InsO grundsätzlich bei der „Doppelanfechtung".

a) Forderung größer als die Gegenleistung aber kleiner als die/gleich der Leistung

In der Fallkonstellation, in der die Forderung größer als die Gegenleistung, aber kleiner als die/gleich der Leistung ist und die Gegenleistung noch in der Masse vorhanden ist, sind bei der „Doppelanfechtung" keine Unterschiede zwischen § 3 AnfG und § 133 InsO im wirtschaftlichen Ergebnis auszumachen. Durch das jeweils bestehende und wirtschaftlich realisierbare Anrecht auf die Gegenleistung verbleibt zur Gläubigerbefriedigung in beiden Fällen nur maximal der wirtschaftliche Vermögenswert der Leistung.

Unterschiede ergeben sich allerdings, wenn die Gegenleistung nicht mehr vorhanden ist. Dann wird im Umfeld der Insolvenz die zu verteilende Haftungsmasse nach § 144 Abs. 2 S. 2 InsO reduziert, bei § 3 AnfG erfährt der Anfechtungsgegner überhaupt keinen Ausgleich für die vollständige Zurverfügung-

---

170 *Huber*, Anfechtungsgesetz, § 12 AnfG Rn. 7.

171 Vgl. NK/*Haertlein*, § 12 AnfG Rn. 8; *Huber*, Anfechtungsgesetz, § 12 AnfG Rn. 6; siehe zu einem möglichen Zurückbehaltungsrecht unten S. 131 f.

172 Vgl. *Koziol*, Gläubigeranfechtung, S. 68; *Eckardt*, ZInsO 2004, S. 888, 891 f.

stellung der Leistung. Seine Erfüllungsforderung ist wirtschaftlich wertlos.[173] Auch ein Ausgleichsanspruch nach §§ 812 ff. BGB läuft in dieser Fallgestaltung leer. In der Literatur wird deshalb bei § 3 AnfG im Vergleich zu § 133 InsO eine Schlechterstellung des Anfechtungsgegners moniert.[174]

b) Forderung größer als die Leistung

Die größte wirtschaftliche Differenz tritt bei der „Doppelanfechtung" zutage, wenn die Forderung größer als der Wert der Leistung ist. Da der Dritte schon auf die Gegenleistung zugegriffen hat und darüber hinaus regelmäßig kein Vermögen beim Schuldner vorhanden sein wird, laufen die Rechte des Anfechtungsgegners gemäß § 12 AnfG im Umfeld von § 3 AnfG leer,[175] wohingegen bei § 133 InsO der Anfechtungsgegner entweder nach § 144 Abs. 2 S. 1 InsO oder, wenn die Gegenleistung nicht mehr in der Haftungsmasse ist, nach § 144 Abs. 2 S. 2 InsO eine ausgleichende Vermögensposition erhält.[176] Es kommt im Anwendungsbereich des Anfechtungsgesetzes insbesondere im Vergleich zu Konstellationen des § 144 Abs. 2 S. 1 InsO zu einer „wundersamen Vermehrung" des haftenden Vermögens auf Kosten eines Dritten.[177] Bei der Vorsatzanfechtung im Anfechtungsgesetz stehen Leistung und Gegenleistung zur Gläubigerbefriedigung bereit, bei § 133 InsO jedoch nur die Leistung.

3. Stellungnahme

Dass § 3 AnfG und § 133 InsO zu unterschiedlichen Endergebnissen führen, ist nicht überraschend, wenn die herrschend zugesprochene divergierende Rechtsfolgenstruktur erkannt wurde. Erstaunlich ist vielmehr, dass im Anfechtungsgesetz die Literatur eine „wundersame Vermehrung" der Haftungsmasse moniert, bei der isolierten Anfechtung des Verfügungsgeschäfts durch die Insolvenzanfechtung diesen Vorwurf allerdings nicht in gleicher Lautstärke wiederholt. Die Widersprüche im Anfechtungsrecht bestehen bei Lichte betrachtet nicht erst bei der Vorsatzanfechtung im Anfechtungsgesetz, wenn die Forderung in ihrer Höhe den Wert der Leistung übersteigt, sondern viel grundlegender immer dann, wenn der Anfechtungsgegner durch die Anfechtung im Endergebnis einen Vermögenswert aufgeben muss, der über den Umfang der Gläubigerbenachteiligung, d. h. über die Wertdifferenz von Leistung und Gegenleistung,

---

173 *Huber*, Anfechtungsgesetz, § 12 AnfG Rn. 7.

174 *Eckardt*, ZInsO 2004, S. 888, 892; *Huber*, Anfechtungsgesetz, § 12 AnfG Rn. 7; weitere Nachweise in Fn. 141.

175 *Huber*, Anfechtungsgesetz, § 12 AnfG Rn. 8.

176 Vgl. oben S. 28 ff.

177 *Koziol*, Gläubigeranfechtung, S. 68; *Eckardt*, ZInsO 2004, S. 888, 891 f.; *Huber*, Anfechtungsgesetz, § 12 AnfG Rn. 7 f.; *Dauernheim*, Anfechtungsrecht, S. 212; MüKo/*Kirchhof*, § 12 AnfG Rn. 6; *Cosack*, Anfechtungsrecht, S. 271; *Riehl*, Gruchot 53 (1909), S. 161, 196; vgl. *Jaeger*, Gläubigeranfechtung, § 8 AnfG Rn. 2 (S. 282).

hinausgeht. Dass es zu einer „wundersamen Vermehrung“ der Haftungsmasse kommt, ist wie von den Literaturstimmen aufgezeigt teilweise bei § 3 AnfG der Fall, allerdings ebenfalls und sogar flächendeckend auch im Insolvenzanfechtungsrecht bei der isolierten Anfechtung des Verfügungsgeschäfts.

Die bestehenden Wertungswidersprüche bei der Anfechtung eines Austauschgeschäfts im Anwendungsbereich des Anfechtungsgesetzes sind darauf zurückzuführen, dass die von der herrschenden Meinung vorgesehene, die Anfechtung beschränkende Komponente (Bereicherungsanspruch gegen den Schuldner) in vielen Fällen aufgrund der Krise beim Schuldner keinen wirtschaftlich spürbaren Einfluss auf das tatsächliche wirtschaftliche Endergebnis der Anfechtung nimmt.

Die Verankerung eines leistungsfähigeren Abwicklungsmodells im Anfechtungsgesetz ist der Rechtswissenschaft bisher nicht gelungen. Trotz der in der Literatur weitverbreitet ausgemachten und angeprangerten überschießenden Rechtsfolgenwirkung von § 3 AnfG wird die Anfechtung in ihrem wirtschaftlichen Endergebnis herrschend nicht wirkungsvoll beschränkt.[178] Die Stimmen in der Literatur ziehen sich meist argumentativ darauf zurück, dass Mechanismen,[179] die effektiv einer überschießenden Rechtsfolgenwirkung im Anfechtungsgesetz entgegentreten könnten, anders als die Insolvenzordnung (§ 144 Abs. 2 InsO), nun mal im Anfechtungsgesetz durch den Normsetzer nicht verankert wurden.[180] Problematisch an dieser Argumentation ist, dass § 144 Abs. 2 S. 1 InsO im Insolvenzanfechtungsrecht heute gar nicht mehr als beschränkendes Rechtsfolgenelement bei der Anfechtung des Verfügungsgeschäfts interpretiert wird.[181]

I. Befund

Das wirtschaftliche Ergebnis der Anfechtung von Austauschgeschäften hat sich im Laufe der Zeit gewandelt. Heute führt die Insolvenzanfechtung nur noch bei der „Doppelanfechtung“ – allerdings mehr oder weniger „zufällig“ – zu einer Wiederherstellung des *status quo ante*. In allen anderen Fällen erweitert die

[178] *Koziol*, Gläubigeranfechtung, S. 68; *Eckardt*, ZInsO 2004, S. 888, 891 f.; *Huber*, Anfechtungsgesetz, § 12 AnfG Rn. 7 f.; *Dauernheim*, Anfechtungsrecht, S. 212; MüKo/*Kirchhof*, § 12 AnfG Rn. 6; *Cosack*, Anfechtungsrecht, S. 271; *Riehl*, Gruchot 53 (1909), S. 161, 196; vgl. *Jaeger*, Gläubigeranfechtung, § 8 AnfG Rn. 2 (S. 282).

[179] *Eckardt*, ZInsO 2004, S. 888, 892: „ist systembedingt nicht zu ändern“; *Huber*, Anfechtungsgesetz, § 12 AnfG Rn. 8: „wegen der klaren Gesetzeslage […] [nicht zu] ändern“.

[180] *Huber*, Anfechtungsgesetz, § 12 AnfG Rn. 8; *Gaul*, FS Schwab, S. 111, 127 f.; *Dauernheim*, Anfechtungsrecht, S. 212; *Warneyer/Bohnenberg*, Kommentar, § 8 AnfG, S. 211 f.; *Jaeger*, Gläubigeranfechtung, § 8 AnfG Rn. 2 (S. 282); *Nerlich/Niehus*, Anfechtungsgesetz, § 12 AnfG Rn. 2; *Eckardt*, ZInsO 2004, S. 888, 892; vgl. *Plander*, KTS 1972, S. 158, 160.

[181] Vgl. oben S. 24 f.

Anfechtung die Befriedigungsaussichten der Gläubiger. Nicht nur der Wert der Leistung, sondern auch die Gegenleistung steht nach einer Insolvenzanfechtung des Verfügungsgeschäfts grundsätzlich zur Gläubigerbefriedigung bereit. Auch im Anwendungsbereich des Anfechtungsgesetzes tritt dieses Ergebnis regelmäßig ein. Zwar bestehen dort Strukturelemente, die eine Besserstellung der Haftungsmasse durch die Anfechtung abwenden sollen. Jedoch sind diese nur schwach ausgestaltet und nehmen daher oft keinen tatsächlichen Einfluss auf das wirtschaftliche Endergebnis der Anfechtung.

Bei der Insolvenzanfechtung wurde als Ursache für die inkonsistenten Rechtsfolgenwirkungen der herrschenden Meinung ausgemacht, dass einerseits bei den Anspruchsvoraussetzungen (Gläubigerbenachteiligung), jedoch nicht bei der Ermittlung der Rechtsfolgen, eine Gesamtbetrachtung der Verfügungen über die Leistung und die Gegenleistung vorgenommen wird. Und anderseits, dass das Anrecht des Anfechtungsgegners auf die Gegenleistung heute mit dem Entfall der *causa* bei der Anfechtung des Verpflichtungsgeschäfts in Verbindung gebracht wird und nicht mehr als anfechtungsrechtlicher Ausgleichsmechanismus gedeutet wird, der die Gegenleistung als Mittel einsetzt, um – insbesondere bei der isolierten Anfechtung eines Verfügungsgeschäfts – eine wirtschaftlich überschießende Rechtsfolgenwirkung der Anfechtung abzuwenden.

Das Ergebnis der vorgenommenen Analyse der Rechtsfolgenwirkung der Anfechtung von Austauschgeschäften gibt den Fortgang der weiteren Untersuchung vor: Ausgangspunkt des Vorwurfs einer widersprüchlichen Rechtsfolgenwirkung ist, dass die Anfechtung eines Austauschgeschäfts in vielen Fällen über die Wiederherstellung der ursprünglichen Befriedigungsaussichten hinausgehe und zu einer „wundersamen Vermehrung" des Schuldnervermögens über den *status quo ante* führe.[182] Eine solche weite Rechtsfolge sei mit der Teleologie des Anfechtungsrechts nicht vereinbar. Um diesen Vorwurf überprüfen zu können, muss der maximal zu rechtfertigende Umfang der Rechtsfolgenwirkungen einer Anfechtung ermittelt werden. Um die Unstimmigkeiten im Insolvenzanfechtungsrecht auszuräumen, ist es weiter einerseits erforderlich nachzuprüfen, ob eine Gesamtbetrachtung der beiden Verfügungsgeschäfte bei den Anfechtungsvoraussetzungen bzw. auf Rechtsfolgenebene zulässig ist. Anderseits muss sich mit der Rechtsfolgenwirkung der Anfechtung des Verfügungsgeschäfts gemäß § 133 InsO auseinandergesetzt werden. Schlussendlich sind die gesammelten Erkenntnisse zu einem leistungsfähigen Rechtsfolgenregime zusammenzusetzen.

---

[182] *Koziol*, Gläubigeranfechtung, S. 68.

2. *Kapitel*

Umfang der Anfechtungswirkung

A. Bedeutung der Ordnungsfunktion für den Umfang der Anfechtungswirkung

Auch wenn der Legitimationsgrund sowohl für die besondere Insolvenzanfechtung als auch für die allgemeine Anfechtung umstritten ist,[1] gilt als gesicherter gemeinsamer Nenner aller Anfechtungstatbestände, dass das Ziel jedes Anfechtungsgrundes der Schutz der Befriedigungsinteressen der Gläubiger ist.[2] Wird

[1] Vgl. z. B. *Thole*, Gläubigerschutz, S. 279 ff.; siehe für die besondere Insolvenzanfechtung *J. F. Hoffmann*, Prioritätsgrundsatz, S. 38 ff.

[2] Das Anfechtungsrecht unterteilt sich in die besondere Insolvenzanfechtung (vgl. §§ 130, 131 InsO) und die allgemeine Anfechtung (Vorsatz- und Schenkungsanfechtung), vgl. *Schoppmeyer*, NZI 2005, S. 185, 186; *Würdinger*, Zahlungsverkehr, S. 30 ff.; *Held*, Unentgeltliche Leistungen, S. 86; *Thole*, Gläubigerschutz, S. 287 ff. Im Anwendungsbereich der besonderen Insolvenzanfechtung ist materielle Insolvenz eingetreten, vgl. *J. F. Hoffmann*, Prioritätsgrundsatz, S. 36. Es besteht ein Verteilungskonflikt, der nach einem vom Gesetzgeber bestimmten Verteilungsschlüssel aufgelöst werden soll, der Gläubigergleichbehandlung. Die besondere Insolvenzanfechtung verhindert, dass der Schuldner „die Masse vorweg, nicht nach den Gesetzen, sondern nach seinem Belieben verteilt", *Klinck*, Insolvenzanfechtung, S. 19 unter Verweis auf *Wentzel/Klose*, Konkursordnung, S. 56. Soweit herrscht Einigkeit in der Rechtswissenschaft. Umstritten ist hingegen die Legitimation, wie es zu rechtfertigen ist, dass durch die besondere Insolvenzanfechtung der Grundsatz der Gläubigergleichbehandlung außerhalb der formellen Insolvenz als maßgeblich erklärt wird, siehe für eine Übersicht der vertretenen Begründungsansätze z. B. *J. F. Hoffmann*, a. a. O., S. 39 ff. Die detaillierte Rechtfertigung der besonderen Insolvenzanfechtung kann an dieser Stelle offenbleiben, da alle Legitimationsansätze im Ergebnis zur Achtung der Gläubigergleichbehandlung führen. Der allgemeinen Anfechtung wird hingegen die Aufgabe zugesprochen, die Haftungsordnung vor gewissen Formen nicht zu tolerierenden Schuldnerhandelns (insbesondere vor vorsätzlich gläubigerbenachteiligend begründeten Rechtshandlungen), die grundsätzlich in einem Zusammenhang mit einem Verteilungskonflikt stehen, zu schützen, vgl. *Thole*, a. a. O., S. 297 ff.; *Held*, a. a. O., S. 90 ff.; *Magnus*, Der Rückholanspruch, S. 147; *Bork*, ZIP 2014, S. 796, 803. Nur wenn dieser Verteilungskonflikt auch in einem Insolvenzverfahren mündet, fördert die allgemeine Anfechtung – quasi als Nebenfolge – auch die Gläubigergleichbehandlung. Dies ist jedoch nicht ihr Hauptanliegen, *Schoppmeyer*, ZIP 2009, S. 600, 602 f.; *ders.*, NZI 2005, S. 185, 187 ff.; vgl. *Raebel*, KTS 2015, S. 285, 286 in Fn. 5; *dens.*, FS Ganter, S. 339, 343; *Foerste*, JZ 2019, S. 168, 170; *J. F. Hoffmann*, KTS 2019, S. 481, 483 f.; a. A. *Zenger*, Anfechtung, S. 136. Auch die Schenkungsanfechtung, die systematisch Bestandteil der allgemeinen Anfechtung ist, lässt sich über den Gedanken eines von der Rechtsordnung nicht erwünschten Schuldnerhandelns legitimieren, *Held*, a. a. O., S. 80 ff.; HK/*Thole*, § 134 InsO Rn. 2; *ders.*, a. a. O., S. 298; *Heim*, Schneeballsystem, S. 36 ff.; allgemein zur Risikoerhöhung bei Unentgeltlichkeit *Fischer*, Die Unentgeltlichkeit im Zivilrecht, S. 17. Allerdings konkurriert diese Begründung mit einem Legitima-

durch eine gläubigerbenachteiligende Rechtshandlung die von der Rechtsordnung zur Gläubigerbefriedigung vorgesehene Haftungsmasse negativ beeinflusst, soll die Anfechtung dazu führen, dass diese Schlechterstellung der Gläubiger bzw. des Gläubigers revidiert wird.[3] Die Anfechtung soll Vermögenswerte zurückgewinnen, die dann im Einklang mit dem eigentlich maßgeblichen Verteilungsschlüssel neu verteilt werden können. Bei dieser zweiten Verteilungsrunde werden die Gläubiger dann entsprechend der vorgesehenen Verteilungsordnung befriedigt.

Um den Umfang der Anreicherung der Haftungsmasse durch die Anfechtung zu bestimmen, wird verbreitet auf zwei unterschiedliche, aus dem allgemeinen Zivilrecht kommende Modelle zurückgegriffen.[4] Einerseits auf ein Verständnis der Anfechtung, das sich an dem Nachteil orientiert, der durch die anfechtbare Rechtshandlung in der Masse eingetreten ist (Abflussprinzip). Nach diesem schadensersatzähnlichen Ansatz müsste die Haftungsmasse durch die Anfechtung so gestellt werden, als ob kein Masseabfluss erfolgt wäre. Ob bzw. in welcher Höhe beim Anfechtungsgegner eine Positionsverbesserung anzutreffen ist, würde in diesem System für den Umfang der Rechtsfolge keine Rolle spielen.

Die Befriedigungsaussichten könnten andererseits aber auch wiederhergestellt werden, indem der Empfänger des Masseabflusses die sich bei ihm befindende Positionsverbesserung der Haftungsmasse zur Verfügung stellt (Zuflussprinzip). Sollte die Anfechtung vielmehr einer bereicherungsrechtsähnlichen Ordnungsfunktion zugeordnet werden, würde sich die Rechtsfolgenwirkung am Zufluss orientieren, der den Anfechtungsgegner erreicht hat.[5]

Die beiden Systeme gelangen teilweise zu unterschiedlichen Ergebnissen, sodass der Bestimmung der Ordnungsfunktion der Anfechtung nicht nur rein akademische Relevanz zukommt.[6] Eher theoretischer Natur sind die Fallgestaltungen, in denen der eingetretene Nachteil größer als der Zufluss ist. Jedenfalls unterscheiden sich die beiden Ansätze bei der Integration von kausalen Vorteilen in das Rechtsfolgenregime, die die Haftungsmasse korrespondierend zum Masseabfluss erhalten hat.[7] Bei einer schadensersatzähnlichen Ordnungs-

tionsansatz, der die Schenkungsanfechtung mit dem Topos der „Schwäche des unentgeltlichen Erwerbs" als Erwerb zweiter Klasse rechtfertigen will, vgl. BT-Drs. 12/2443, S. 161; BGHZ 41, 298, 301; 58, 240, 243; BGH ZIP 2012, 1183, 1186 Rn. 37; *Prütting*, KTS 2005, S. 253, 254 f.; MüKo/*Kayser/Freudenberg*, §134 InsO Rn. 1; K/P/B/*Bork*, §134 InsO Rn. 2.

[3] *Bruski*, Voraussetzungen der Konkursanfechtung, S. 1.

[4] Grundlegend *Eckardt*, FS Gerhardt, S. 145 ff.; vgl. auch *Neyses*, Insolvenzanfechtung, S. 24 ff.; *K. Bartels*, KTS 2016, S. 181 ff.

[5] Vgl. *Eckardt*, FS Gerhardt, S. 145, 165 ff.; *Gerhardt*, Gläubigeranfechtung, S. 247 ff.; *Häsemeyer*, Insolvenzrecht, Rn. 21.104; *Cosack*, Anfechtungsrecht, S. 243 ff.; *Bitter*, KTS 2016, S. 455, 502; *K. Bartels*, KTS 2016, S. 181, 182.

[6] Vgl. *Neyses*, Insolvenzanfechtung, S. 24; *Eckardt*, FS Gerhardt, S. 145, 147 ff.; *K. Bartels*, KTS 2016, S. 181, 182.

[7] Siehe unten S. 49, 51 ff., insbesondere S. 53 ff.

funktion orientiert sich die Anfechtungswirkung am Umfang des eingetretenen Nachteils. Parallel zur schadensersatzrechtlichen Differenzhypothese[8] ist bei der Zuordnung zu einem Abflussprinzip die Masse durch die Anfechtung so zu stellen, als wäre kein gläubigerbenachteiligender Masseabfluss eingetreten, jedoch auch nicht besser. Bei Rechtsfiguren, die schadensersatzrechtsähnlich ausgestaltet sind, werden grundsätzlich kausale Vorteile nach den Grundsätzen der Vorteilsausgleichung reduzierend berücksichtigt, um eine überschießende Rechtsfolgenwirkung zu verhindern.[9] Orientiert sich hingegen die Anfechtung an dem Zufluss beim Anfechtungsgegner, würden kausale Vorteile zumindest nicht unmittelbar reduzierend Einfluss auf den Umfang der Gläubigerbenachteiligung bzw. auf die Ausgestaltung der Rechtsfolgen der Anfechtung nehmen.[10]

B. Bestimmung der Ordnungsfunktion der Anfechtung

In der Rechtswissenschaft wird seit Schaffung eines reichseinheitlichen (Konkurs)Anfechtungsrechts gestritten, welche Ordnungsfunktion der Anfechtung zuzuordnen ist.[11] Bei dieser Diskussion steht nicht im Mittelpunkt, ob eine unmittelbare Verwandtschaft des Anfechtungsrechts zum Schadensrecht[12] oder zum Bereicherungsrecht[13] besteht.[14] Es ist heute anerkannt, dass die Anfechtung als ein eigenständiger Mechanismus zum Schutz der Befriedigungsaussichten der Gläubiger zu charakterisieren ist[15] und allenfalls schadens- bzw. bereicherungsrechtsähnlich eingestuft werden kann.[16]

---

[8] Vgl. *Häsemeyer*, Insolvenzrecht, Rn. 21.19; *Guski*, Sittenwidrigkeit, S. 149 f.; *Bitter*, KTS 2016, S. 455, 467; *F. Bartels*, Insolvenzanfechtung, S. 167; *v. Campe*, Insolvenzanfechtung, S. 43 f.

[9] Vgl. *Bitter*, KTS 2016, S. 455, 464; *C. Paulus*, FS Fischer, S. 445, 453 spricht davon, dass es „Allgemeinwissen" sei, dass die Anfechtung nicht zur Bereicherung der Masse diene; ähnlich BGH ZIP 2019, S. 233 Rn. 16. Das Bereicherungsverbot kann bei einem schadensersatzähnlichen Ansatz allerdings in Einzelfällen überwunden werden, vgl. für das Anfechtungsrecht *Neyses*, Insolvenzanfechtung, S. 31; allgemein zu Einschränkungen des Bereicherungsverbots im Schadensersatzrecht Soergel/*Ekkenga/Kuntz*, Vor § 249 BGB Rn. 292 ff.; *Wendehorst*, Anspruch und Ausgleich, S. 132 ff.

[10] Siehe unten S. 51 ff.

[11] Vgl. *Cosack*, Anfechtungsrecht, S. 242 f.; *Eckardt*, FS Gerhardt, S. 145, 146.

[12] Siehe jedoch *Fridgen*, Rechtsfolgen der Insolvenzanfechtung, S. 161 f., der die Vorsatzanfechtung als Gefährdungshaftung interpretiert.

[13] *Gerhardt*, Gläubigeranfechtung, S. 177 ff., der den Versuch unternimmt, die Anfechtung als Eingriffskondiktion zu deuten.

[14] Vorstöße, die Anfechtung in ihrem Kern schadens- bzw. bereicherungsrechtlich zu deuten, konnten sich nicht durchsetzen, vgl. *K. Bartels*, KTS 2016, S. 181, 184 f.; *Wacke*, ZZP 83 (1970), S. 418, 422 ff.

[15] Vgl. *F. Bartels*, Insolvenzanfechtung, S. 152.

[16] Vgl. *v. Caemmerer*, FS Rabel, S. 333, 368; *Eckardt*, FS Gerhardt, S. 145, 176 ff.; *Oertmann*, ZZP 33 (1904), S. 1, 29; *Würdinger*, Zahlungsverkehr, S. 142; *K. Bartels*, KTS 2016, S. 181, 195.

I. Schadensersatzähnliche Ordnungsfunktion (Abflussprinzip)

Weitverbreitet ist in der Rechtsprechung und in dem Schrifttum zu lesen, dass die Rechtsfolgenwirkung der Anfechtung auf die Wiederherstellung desjenigen Zustandes ziele, der bestünde, wenn die anfechtbare Rechtshandlung nicht vorgenommen worden wäre.[17] Zur Masse sei zurückzugewähren, was durch die anfechtbare Handlung dem Vermögen des Gemeinschuldners entzogen worden sei, nicht etwa das, was in das Vermögen des Anfechtungsgegners gelangt sei.[18] Diese Formulierungen stellen den Abfluss in den Mittelpunkt und sind ein Fingerzeig auf eine schadensersatzähnliche Ordnungsfunktion der Anfechtung. Allerdings wird der herrschend attestierte Fokus der Anfechtung auf den eingetretenen Nachteil in der Haftungsmasse nicht weitergehend begründet.[19] Es liegt die Vermutung nahe, dass die für ein Abflussprinzip charakteristischen Formulierungen historische Wurzeln haben.[20] Das Anfechtungsrecht hatte über viele Jahrhunderte einen deliktischen Wesenszug.[21] Der Anfechtung konnte deshalb in der Vergangenheit unstreitig ein schadensersatzähnlicher Charakter attestiert werden.[22] Jedoch hat das Anfechtungsrecht auf dem Weg zur heutigen Form einen tiefgreifenden Wandel erfahren.[23] Aufgrund der stattgefundenen Weiterentwicklung kann ohne Reflexion nicht weiterhin eine schadensersatzähnliche Deutung der Anfechtung angenommen werden. Vielmehr muss die Ordnungsfunktion des modernen Anfechtungsrechts neu ermittelt werden.

---

[17] BT-Drs. 12/2443, S. 157; BGH NJW 1995, 659, 662; 1996, 2231, 2232; 1997, 1857, 1859; BGH ZIP 2011, 1114, 1115 Rn. 9; BAG ZIP 2014, 233, 234 Rn. 11; MüKo/*Kayser/Freudenberg*, Vor §129 InsO Rn. 2; *Kindl*, NZG 1998, S. 321, 322; HK/*Thole*, §129 InsO Rn. 1; Uhlenbruck/*Borries/Hirte*, Vor §129 InsO Rn. 1; *Foerste*, Insolvenzrecht, Rn. 331.

[18] RGZ 16, 23, 26; BGH WM 1955, 407, 409; BGH NJW 1989, 1037, 1038; *Thole*, Gläubigerschutz, S. 530; *Fridgen*, Rechtsfolgen der Insolvenzanfechtung, S. 23; *Neyses*, Insolvenzanfechtung, S. 29ff.; *Kayser*, ZIP 2015, S. 449, 453; siehe für weitere Nachweise *Eckardt*, FS Gerhardt, S. 145, 152.

[19] Vgl. *Neyses*, Insolvenzanfechtung, S. 25, die ab S. 29ff. für ein Abflussprinzip argumentiert; siehe auch Fn. 31.

[20] *Eckardt*, FS Gerhardt, S. 145, 156ff.; *Bitter*, KTS 2016, S. 455, 506f.; siehe auch *Neyses*, Insolvenzanfechtung, S. 27 in Fn. 13.

[21] Vgl. *Gerhardt*, Gläubigeranfechtung, S. 46ff.; *Gaugler*, Die paulianische Anfechtung, Band 1, S. 15ff.; *Petersen*, ZZP 10 (1887), S. 17, 55ff.; *Eckardt*, FS Gerhardt, S. 145, 158.

[22] *Eckardt*, FS Gerhardt, S. 145, 158; *Jaeckel*, Anfechtung von Rechtshandlungen, S. 181; *Grützmann*, Das Anfechtungsrecht, S. 78ff.

[23] Im gemeinen Recht galt das deliktische Verständnis nicht mehr ohne Einschränkungen. Vielmehr war eine Dreiteilung erkennbar: Nur in den Fällen, in denen der Anfechtungsgegner als *particeps fraudis* kollusiv an der gläubigerbenachteiligenden Rechtshandlung teilgenommen hat, wurde die Anfechtung als eine solche *ex delicto* eingestuft. Hatte der Anfechtungsgegner hingegen nur Wissen von der Anfechtbarkeit, jedoch keinen Willen zur Gläubigerbenachteiligung oder war gar insgesamt redlich, wurde die Anfechtung nicht deliktisch eingeordnet, vgl. *Eckardt*, FS Gerhardt, S. 145, 158ff.; *Bitter*, KTS 2016, S. 455, 506; vgl. zum gewandelten Verständnis der Vorsatzanfechtung BGHZ 104, 355, 360; *K. Bartels*, KTS 2016, S. 181, 183ff.

II. Bereicherungsrechtsähnliche Ordnungsfunktion (Zuflussprinzip)

1. Kein Verschuldenserfordernis

Funktion und Anliegen der Anfechtung ist nach herrschender Deutung die vollständige Wiederherstellung der vormaligen Befriedigungsaussichten.[24] Dieses Ziel kann nur dann in jeder Situation vollständig erreicht werden, wenn die Neutralisation des in der Masse eingetretenen Nachteils im Mittelpunkt steht und der Umfang einer anfechtungsrechtlichen Ausgleichspflicht sich unabhängig von der Positionsverbesserung beim Anfechtungsgegner bestimmt. Allerdings ist bei dieser Betrachtungsweise nicht ausgeschlossen, dass die Restitution unter Rückgriff auf das Stammvermögen des Anfechtungsgegners erfolgt, wenn der erhaltene Vermögenszufluss in seiner Höhe hinter dem Umfang der Ausgleichspflicht zurückgeblieben ist. Der Rückgriff (auch) auf das Kernvermögen des Anfechtungsgegners ist für eine schadensersatzähnliche Ordnungsfunktion charakterstiftend.[25] Aufgrund der weitreichenden Inanspruchnahme des Anfechtungsgegners bedarf ein solcher Rückgriff auf den Vermögensstamm einer besonderen Rechtfertigung. Die Rechtsordnung lässt einen Zugriff auf das Stammvermögen grundsätzlich nur bei Vorliegen eines Versprechens oder eines Verschuldens im weiteren Sinne zu.[26] Heute ist allerdings anerkannt, dass selbst die Vorsatzanfechtung nicht (mehr) deliktisch geprägt ist und auch der Gedanke eines Verschuldens des Anfechtungsgegners dem Anfechtungsrecht fremd ist.[27] Die Abwesenheit eines Legitimationsgrundes, der auch den weitreichenden Rückgriff auf das Stammvermögen rechtfertigen könnte, spricht gegen die Zuordnung der Anfechtung zu einer schadensersatzähnlichen Ordnungsfunktion.[28]

2. Erforderliche Positionsverbesserung beim Anfechtungsgegner

Für eine Bereicherungsähnlichkeit spricht ferner, dass im Anfechtungsrecht anerkannt ist, dass Anfechtungsgegner nur derjenige sein kann, der eine Positionsverbesserung erlangt hat.[29] Eine Nachteilsverursachung ist gerade nicht aus-

---

[24] BT-Drs. 12/2443, S. 157.

[25] Vgl. *Eckardt*, FS Gerhardt, S. 145, 190.

[26] Vgl. *K. Bartels*, KTS 2016, S. 181, 199 f.; *Deutsch*, Fahrlässigkeit und erforderliche Sorgfalt, S. 421 ff.; *v. Bar*, Gemeineuropäisches Deliktsrecht 2, Rn. 226 ff.; *Larenz/Canaris*, Schuldrecht II 2, § 75 I 2 (S. 351).

[27] BGHZ 104, 355, 360; *K. Bartels*, KTS 2016, S. 181, 198; *Eckardt*, FS Gerhardt, S. 145, 167 f.; vgl. *Bitter*, KTS 2016, S. 455, 503.

[28] *Eckardt*, FS Gerhardt, S. 145, 167 ff.; *K. Bartels*, KTS 2016, S. 181, 198; *Bitter*, KTS 2016, S. 455, 507; a. A. *Neyses*, Insolvenzanfechtung, 29 f. Sie legitimiert den Zugriff auf das Stammvermögen wenig überzeugend damit, dass „das Anfechtungsrecht dem Interesse der Gläubigergesamtheit am Erhalt der Haftungsmasse bei Vorliegen der objektiven wie subjektiven Voraussetzungen der §§ 129 [InsO] ff. größere Bedeutung zu[misst] als dem Interesse des Anfechtungsgegners […].“

[29] BGHZ 142, 284, 288; *Eckardt*, FS Gerhardt, S. 145, 164 ff.; *K. Bartels*, KTS 2016,

reichend, sondern es bedarf einer Begünstigung des Anfechtungsgegners, die mit dem Eintritt eines Nachteils in der Haftungsmasse korrespondiert.[30] Davon macht auch BGHZ 174, 314 keine Ausnahme.[31] „Ist dies aber so, so ist nach wie vor kein durchgreifender Einwand gegen die schon von *Cosack*[32] vorgetragene Argumentation ersichtlich: Setzt man voraus, dass der Anfechtungsgegner überhaupt etwas erlangt hat, dann ist es inkonsequent, bei der Bemessung des Umfangs seiner Haftung davon abzusehen, *wie viel* er erlangt hat.“[33]

3. Wortlaut und Systematik des § 143 Abs. 1 InsO

Darüber hinaus spricht der Wortlaut von §143 Abs. 1 S. 1 InsO von „zurückgewährt“ und rückt damit das vom Anfechtungsgegner Erlangte in den Mittelpunkt.[34] Ferner ist mittlerweile §143 Abs. 1 S. 2 InsO ein Fingerzeig für eine bereicherungsrechtliche Ordnungsfunktion der Anfechtung.[35] Die Konkursordnung kannte keine ausdrückliche Regelung, wie zu verfahren war, wenn eine Rückordnung der Leistung *in natura* ausschied.[36] In Einklang mit dem damals herrschenden Abflussdenken wurde vertreten, dass der in der Masse eingetretene Nachteil vollständig durch eine Ausgleichszahlung in Geld zu ersetzen sei.[37]

S. 181, 199; *Gerhardt*, Gläubigeranfechtung, S. 247; *Cosack*, Anfechtungsrecht, S. 245; Jaeger/*Henckel*, §143 InsO Rn. 99, 106; *Gaul*/Schilken/Becker-Eberhard, Zwangsvollstreckungsrecht, §35 Rn. 55; a. A. *Fridgen*, Rechtsfolgen der Insolvenzanfechtung, S. 67.

30 Vgl. *Eckardt*, FS Gerhardt, S. 145, 165; *K. Bartels*, KTS 2016, S. 181, 200.

31 In dem Urteil ging es u. a. um die Frage, wer bei dem Einsatz eines Leistungsmittlers Anfechtungsgegner ist: A schuldet dem materiell insolventen S Geld. S hat A ermächtigt bzw. angewiesen, den Betrag nicht an ihn selbst auszuzahlen, sondern an einen Dritten. Der BGH kommt zu dem Ergebnis, dass der Insolvenzverwalter wahlweise gegen den Dritten oder den A vorgehen kann (Gesamtschuldner), vgl. BGHZ 174, 314, 317 Rn. 17ff. Dieses Wahlrecht wird in der Literatur entweder kritisiert, da das Anfechtungsrecht einem Zuflussprinzip folge (*Bitter*, Bankrechtstag 2013, S. 37, 62ff.) und deshalb nur der Dritte Anfechtungsgegner sein könne. Oder aber dieses Urteil wird als Kernargument dafür verwendet, der Anfechtung eine schadensrechtsähnliche Ordnungsfunktion zuzusprechen (*Neyses*, Insolvenzanfechtung, S. 35); vgl. auch *K. Bartels*, KTS 2016, S. 181, 199. Zu beachten ist allerdings, dass – wie in der Urteilsbegründung selbst angeführt – an der Voraussetzung, dass für die Rolle als Anfechtungsgegner die Erlangung eines Gegenstands aus dem Vermögen des Schuldners notwendig ist, nicht gerüttelt wird. Denn „Vermögensgegenstand kann jede vermögenswerte Position sein, also auch die Befreiung von einer Verbindlichkeit durch Erfüllung der selben“, BGHZ 174, 314, 317 Rn. 23. Im Ergebnis hat der Anfechtungsgegner eine Positionsverbesserung erfahren, sodass die Fallgruppe der Leistungsmittler den Ansatz einer bereicherungsrechtlichen Ordnungsfunktion der Anfechtung nicht ausschließt.

32 Vgl. *Cosack*, Anfechtungsrecht, S. 245.

33 *Eckardt*, FS Gerhardt, S. 145, 165; a. A. *Neyses*, Insolvenzanfechtung, S. 34f.; Jaeger/*Henckel*, §143 InsO Rn. 106.

34 BT-Drs. 12/2443, S. 167; vgl. *K. Bartels*, KTS 2016, S. 181, 198.

35 *Eckardt*, FS Gerhardt, S. 145, 170ff.; *K. Bartels*, KTS 2016, S. 181, 198.

36 *v. Campe*, Insolvenzanfechtung, S. 293; *Eckardt*, FS Gerhardt, S. 145, 169f.; HK/*Thole*, §143 InsO Rn. 23.

37 BGH KTS 1955, 140f.; *Gerhardt/Merz*, Probleme der Gläubigeranfechtung, S. 147; vgl. Jaeger[9]/*Henckel*, §37 KO Rn. 87.

Der Gesetzgeber hat sich bei der Schaffung der Insolvenzordnung allerdings von diesem Gedanken distanziert:

„Für den Fall, daß eine Rückgewähr in Natur nicht möglich ist, hat der Anfechtungsgegner nach der gegenwärtig in Rechtsprechung und Literatur herrschenden Auffassung auch dann vollen Wertersatz zu leisten, wenn er die Unmöglichkeit der Rückgewähr oder die Verschlechterung des anfechtbar erworbenen Gegenstandes nicht verschuldet hat. Es ist jedoch nicht gerechtfertigt, dem Anfechtungsgegner eine schärfere (Zufalls)Haftung aufzuerlegen als bösgläubigen Bereicherungsschuldnern und unrechtmäßigen Besitzern, die gemäß § 819 Abs. 1, § 818 Abs. 4, § 292 Abs. 1, §§ 989, 990 BGB lediglich für die schuldhafte Unmöglichkeit der Herausgabe oder Verschlechterung des Gegenstands haften. Die angestrebte Gleichbehandlung wird durch die Verweisung des Absatzes 1 Satz 2 auf das Bereicherungsrecht erreicht.“[38]

Der Gesetzgeber hat sich jedenfalls bei Sekundäransprüchen gegen die herrschende Ansicht der Konkursordnung, dass sich die Wertersatzpflicht ausschließlich an dem Abfluss orientiert, gestellt. Es ist zu bezweifeln, dass der Gesetzgeber bei primärer und sekundärer Anfechtungswirkung mit zweierlei Maß messen wollte.[39] Der Wortlaut in § 143 Abs. 1 S. 1 InsO und die Systematik des § 143 Abs. 1 S. 2 InsO sind starke Indizien für die Zuordnung der Anfechtung zu einer bereicherungsrechtsähnlichen Ordnungsfunktion.

4. Verbot der Vorteilsausgleichung nach schadensersatzrechtlichem Vorbild im Anfechtungsrecht

Auch passt nicht ins Bild einer schadensersatzähnlichen Ordnungsfunktion der Anfechtung,[40] dass sich eine Vorteilsausgleichung im Anfechtungsrecht nach herrschender Meinung verbiete.[41] In einem Mechanismus, der dem Abflussprinzip zugeordnet ist, ist grundsätzlich die Ausgleichspflicht auf die Neutralisation des eingetretenen Nachteils beschränkt.[42] Jeder Vorteil, der den Nachteil mindert, reduziert im Ausgangspunkt auch die Notwendigkeit eines Ausgleichs.[43] Dass herrschend einerseits das Anfechtungsrecht dem Abfluss-

---

[38] BT-Drs. 12/2443, S. 167.

[39] *Eckardt*, FS Gerhardt, S. 145, 170 ff.; *K. Bartels*, KTS 2016, S. 181, 198; vgl. *Häsemeyer*, Insolvenzrecht, Rn. 21.104; a. A. *Neyses*, Insolvenzanfechtung, S. 30; *Thole*, Gläubigerschutz, S. 535; Jaeger/*Henckel*, § 129 InsO Rn. 108.

[40] *K. Bartels*, KTS 2016, S. 181, 200.

[41] RGZ 100, 88, 90; BGHZ 97, 87, 95; BGH ZIP 2012, 1183, 1185 Rn. 30; 2016, 426, 428 Rn. 19; Jaeger/*Henckel*, § 143 InsO Rn. 164; *ders.*, FS Deutsch, S. 967, 979 ff.; *Häsemeyer*, Insolvenzrecht, Rn. 21.22; MüKo/*Kayser/Freudenberg*, § 129 InsO Rn. 175 f.; K/P/B/*Jacoby*, § 143 InsO Rn. 77; vgl. *Bitter*, KTS 2016, S. 455 mit zahlreichen Nachweisen in Fn. 28, 57, 58; kritisch *Raebel*, FS Ganter, S. 339, 349; *Fridgen*, Rechtsfolgen der Insolvenzanfechtung, S. 100 ff.; siehe auch unten S. 54.

[42] *K. Bartels*, KTS 2016, S. 181, 200; siehe zum Widerspruch, den die herrschende Meinung hervorruft unten S. 54 f.

[43] Vgl. Soergel/*Ekkenga/Kuntz*, Vor § 249 BGB Rn. 279 ff.

prinzip zugeordnet wird, zugleich aber eine Vorteilsausgleichung kategorisch abgelehnt wird, stellt einen Widerspruch dar.[44]

III. Stellungnahme

Die Analyse des modernen Anfechtungsrechts ergab, dass diesem heute eine bereicherungsrechtsähnliche Ordnungsfunktion (Zuflussprinzip) zuzusprechen ist.[45] Die Argumente sind erdrückend: Der Wortlaut, die Systematik, der Wille des Gesetzgebers und der Umgang mit Folgefragen wenden sich gegen ein Abflussprinzip. Maßgeblich für die Bestimmung des Umfangs der Anfechtungswirkung ist somit grundsätzlich der Zufluss beim Anfechtungsgegner. Das Ergebnis der durchgeführten Analyse wird dadurch bestärkt, dass inzwischen auch der BGH in Abkehr von in der Vergangenheit getätigten Aussagen formuliert: „Zurückzugewähren ist aber nur der beim Gläubiger eingetretene Erfolg (§ 143 Abs. 1 Satz 1 InsO).“[46]

C. Einfluss der Gläubigerbenachteiligung auf den Umfang der Anfechtungswirkung

I. Actus contrarius – *nachträglicher Entfall der Gläubigerbenachteiligung*

Die Gläubigerbenachteiligung und damit die Notwendigkeit einer Anfechtung entfallen nachträglich, wenn der Anfechtungsgegner die erhaltene Positionsverbesserung der Haftungsmasse wieder zur Verfügung stellt.[47] Diese Gegenbewegung (*actus contrarius*) fasst die Rechtsprechung unter dem Schlagwort der „vorweggenommenen Befriedigung des individuellen Rückgewähranspruchs“ zusammen.[48] Voraussetzung ist, dass der Zuflussempfänger mit der Intention einer Rückgängigmachung die erhaltene Positionsverbesserung dem Schuldner zurückordnet.[49] Auslöser für die Rückgewähr muss jedoch nicht die Kenntnis

---

[44] *K. Bartels*, KTS 2016, S. 181, 200; vgl. Jaeger[9]/*Henckel*, § 37 KO Rn. 87.

[45] *K. Bartels*, KTS 2016, S. 181, 210; *Eckardt*, FS Gerhardt, S. 145, 190; *Häsemeyer*, Insolvenzrecht, Rn. 21.104; *Bitter*, KTS 2016, S. 455, 465; vgl. auch Uhlenbruck/*Borries/Hirte*, § 143 InsO Rn. 21; *Gerhardt*, Gläubigeranfechtung, S. 177 ff.

[46] BGHZ 216, 136, 146 Rn. 42; siehe auch BGH NZI 2020, 687 Rn. 15.

[47] RGZ 14, 311, 313 f.; 37, 97, 100 ff.; BGHZ 173, 328, 342 Rn. 57; BGH NZI 213, 397 Rn. 3; NZI 2015, 937, 938 Rn. 15; 2018, 216, 217 Rn. 10 ff.; 2019, 392, 393 Rn. 11; 2019, 591 Rn. 12 ff.; Gottwald/*Huber*, § 46 Rn. 70; MüKo/*Kayser/Freudenberg*, § 129 InsO Rn. 178; Schmidt/*K. Schmidt*, § 129 InsO Rn. 53; *Kreft*, KTS 2012, S. 405, 415 f.; vgl. *Bork*, FS Kayser, S. 65, 71 ff.; siehe auch unten S. 112 f.

[48] BGHZ 173, 328, 342 Rn. 57; BGH NZI 213, 397 Rn. 3; NZI 2015, 937, 938 Rn. 15; 2018, 216, 217 Rn. 10 ff.; 2019, 392, 393 Rn. 11; 2019, 591 Rn. 12 ff.

[49] BGH NZI 2007, 718, 719 Rn. 19; 2018, 216, 217 Rn. 11; vgl. *Bork*, FS Kayser, S. 65, 71 f.

der Anfechtbarkeit sein. Es soll ausreichen, wenn der *actus contrarius*-Gedanke die Motivationslage beherrscht.[50]

II. Rückkopplung an die Befriedigungsaussichten der Gläubiger

Die Zuordnung der Anfechtung zu einer bereicherungsrechtsähnlichen Ordnungsfunktion (Zuflussprinzip) gibt die Positionsverbesserung des Anfechtungsgegners als maximal denkbare Rechtsfolgenwirkung vor.[51] Allerdings ist auch die Zielsetzung der Anfechtung bei der Bestimmung des Umfangs der Anfechtungswirkung zu berücksichtigen. Die tatsächliche Rechtsfolgenwirkung der Anfechtung ist neben dem Zufluss auch an die Befriedigungsaussichten, d. h., an das Maß der bestehenden Gläubigerbenachteiligung der Gläubiger zu koppeln. Nicht jede erhaltene Positionsverbesserung aus dem schuldnerischen Vermögen ist anfechtbar.

1. Befriedigung im Einklang mit dem maßgeblichen Verteilungsschlüssel

Das Maß der Gläubigerbenachteiligung ist das Ergebnis einer Analyse, ob, und wenn ja, in welchem Umfang die betrachtete Rechtshandlung die Befriedigungsaussichten der Gläubiger verkürzt hat, d. h., der Anfechtungsgegner einen Zufluss aus der Haftungsmasse entgegen dem angeordneten Verteilungsschlüssel erhalten hat. Ist dem Dritten lediglich dasjenige zugeflossen, was ihm nach dem Verteilungsschlüssel zusteht, ist eine Rückordnung nicht angesagt, da bei einer potenziellen, anfechtungsbedingten Neuverteilung wieder dieser Wert auf ihn entfallen würde – die Gläubiger stehen in diesem Fall trotz Zuflusses beim Anfechtungsgegner nicht im Sinne des Anfechtungsrechts schlechter.[52]

2. Alternierendes Verhältnis von Zufluss und Vorteil

Auch verbessert die Anfechtung die Befriedigungsaussichten der Gläubiger nicht, wenn die abschöpfbare Positionsverbesserung beim Anfechtungsgegner in einem alternierenden Verhältnis mit dem eingetretenen Vorteil in der Haftungsmasse steht.[53] Eine alternierende Beziehung drückt sich darin aus, dass die Rechtsordnung entweder den abgeflossenen Leistungsgegenstand oder aber den zugeflossenen Vorteil der Haftungsmasse zuordnet. Charakteristikum der Alternität ist, dass es ausgeschlossen ist, dass die Rechtsordnung dem Schuldnervermögen beide Positionen zeitgleich zuspricht und dadurch den Gläubigern

[50] BGH NZI 2018, 216, 217 Rn. 12; 2019, 591 Rn. 14.
[51] Vgl. oben S. 50.
[52] Vgl. *J. F. Hoffmann*, Prioritätsgrundsatz, S. 71 f. Gleiches gilt für Verfügungen über wirtschaftlich wertlose Gegenstände, vgl. RGZ 15, 62, 65; 21, 95, 99; 64, 339, 340; BGH NZI 2009, 512, 513 Rn. 20; *Häsemeyer*, Insolvenzrecht, Rn. 21.21; *Kreft*, KTS 2012, S. 405, 414.
[53] Ausführlich zum Merkmal der Alternität unten S. 55 ff.

erlauben würde, sowohl im abgeflossenen Gegenstand als auch im erhaltenen Vorteil Befriedigung zu suchen. Kann die Anfechtung durch die Rückordnung der abgeflossenen Position die Befriedigungsaussichten nicht verbessern, ist ein (voller) Zugriff auf den Anfechtungsgegenstand nicht mit dem Schutz der Befriedigungsaussichten der Gläubiger zu rechtfertigen[54] und die Anfechtungswirkung muss ausscheiden bzw. auf ein Maß zurückgeschnitten werden, in dem sie die Gläubigerbefriedigung fördert.[55] Folglich beeinflussen kausale Vorteile, insoweit sie in einer alternierenden Beziehung mit der potenziell anfechtbaren Rechtshandlung stehen, den Anwendungsbereich und das Rechtsfolgenregime der Anfechtung.[56]

[54] Vgl. zur Legitimation der Anfechtung Fn. 2.

[55] Die Literaturstimmen (*Thole*, NZI 2009, S. 800, 801 f.; *Raebel*, FS Ganter, S. 339, 341, *ders.*, KTS 2015, S. 285, 286 ff., *Würdinger*, Zahlungsverkehr, S. 94 f., 410 f.; K/P/B/*Brinkmann*, Anh. § 145 InsO Rn. 25; vgl. auch *Holzmann*, Regressrisiko, S. 92 ff.; *Ganter*, FS Görg, S. 169, 174), die unter dem Stichwort der „relativen Benachteiligung" dafür eintreten, unabhängig von dem Umfang der Gläubigerbenachteiligung jeglichen Zufluss beim Anfechtungsgegner abzuschöpfen, können nicht überzeugen, denn alleinige Funktion (vgl. unten S. 114 ff., 136 ff.) der Anfechtung ist es, die Befriedigungsaussichten der Gläubiger zu sichern, siehe nur *J. F. Hoffmann*, Prioritätsgrundsatz, S. 68 f. in Fn. 285; *Klinck*, KTS 2014, S. 197, 201 f.; *F. Bartels*, Insolvenzanfechtung, S. 169 f.

[56] Ausführlich zu Berücksichtigung von Vorteilen im Anfechtungsrecht unten S. 53 ff.

3. Kapitel

Umfang der Gläubigerbenachteiligung bei Austauschgeschäften

A. Neutrales Austauschgeschäft

Sind Leistung und Gegenleistung bei einem Austauschgeschäft wirtschaftlich gleichwertig, soll nach einhelliger Meinung eine Anfechtung grundsätzlich ausscheiden. Umstritten ist allerdings die Begründung: Scheitert die Anfechtung, weil keine Gläubigerbenachteiligung vorliegt oder aber nur, wenn das im Ausgangspunkt gläubigerbenachteiligende Austauschgeschäft durch §142 InsO als anfechtungsfrei privilegiert wird?[1]

I. Keine Gläubigerbenachteiligung bei neutralen Austauschgeschäften

Die herrschende Meinung integrierte eine wertäquivalente Gegenleistung bei einem Austauschgeschäft über die Figur der neutralen Vermögensumschichtung in das Anfechtungsrecht.[2] Ein neutrales Austauschgeschäft sei nicht anfechtbar, weil aufgrund der erhaltenen Gegenleistung bei einer wirtschaftlichen Gesamtbetrachtung keine Schlechterstellung der Gläubiger eintrete.[3] Da schon die Anfechtungsvoraussetzung der Gläubigerbenachteiligung fehle, ergebe sich der Anfechtungsausschluss beim neutralen Austauschgeschäft unabhängig vom Bargeschäftsprivileg.[4] Die dahinterstehende Begründung, warum sich bei einer wirtschaftlichen Gleichwertigkeit der Leistungsgegenstände die Befriedigungsaussichten der Gläubiger nicht verschlechtern sollen, konnte die herrschende Meinung bisher noch nicht widerspruchsfrei liefern.

---

[1] Vgl. einerseits *J. F. Hoffmann*, Prioritätsgrundsatz, S. 70; *Klinck*, Insolvenzanfechtung, S. 378 f.; *Bitter*, KTS 2016, S. 455, 485 f. und andererseits HK/*Thole*, §129 InsO Rn. 64; K/P/B/*F. Bartels*, §129 InsO Rn. 92; *dens.*, Insolvenzanfechtung, S. 186; siehe auch *Würdinger*, Zahlungsverkehr, S. 206 f.; Uhlenbruck/*Borries/Hirte*, §129 InsO Rn. 93; *Mehring*, FS Kayser, S. 581 ff.

[2] RGZ 27, 98, 100; 116, 134, 136; BGHZ 70, 177, 185; 128, 184, 187; 129, 236, 240 f.; BGH ZIP 2002, 489, 490 f.; *J. F. Hoffmann*, Prioritätsgrundsatz, S. 70; *K. Schmidt*, WM 1983, S. 490, 493; MüKo/*Kayser/Freudenberg*, §129 InsO Rn. 117; Uhlenbruck/*Borries/Hirte*, §129 InsO Rn. 238; vgl. *F. Bartels*, Insolvenzanfechtung, S. 175 f.; *Bitter*, KTS 2016, S. 455, 485 f.; *Eckardt*, ZInsO 2004, S. 888, 889.

[3] Siehe Nachweise in Fn. 2.

[4] Vgl. *J. F. Hoffmann*, Prioritätsgrundsatz, S. 70; *Klinck*, Insolvenzanfechtung, S. 378 f.; *Bitter*, KTS 2016, S. 455, 485 f.

1. Abflussprinzip – Vorteilsausgleichung

Bei einer schadensersatzähnlichen Einordnung der Anfechtung fehlt es bei einem neutralen Austauschgeschäft an der Gläubigerbenachteiligung, weil die wertäquivalente Gegenleistung den durch den Abfluss der Leistung herbeigeführten Nachteil vollständig neutralisiert. Die Gegenleistung ist bei diesem Grundverständnis der Anfechtung anstelle der Leistung in die Haftungsmasse getreten. Sie ist ein kausaler Vorteil, der nach dem Grundsatz der Vorteilsausgleichung die Anfechtungswirkung reduziert bzw. entfallen lässt. In einem Mechanismus, der einem Abflussprinzip systematisch zugeordnet ist, beschränkt sich die Anfechtungswirkung grundsätzlich auf die Neutralisation des tatsächlich noch bestehenden Nachteils.

Die Berücksichtigung einer gleichwertigen Gegenleistung im Anfechtungsrecht auf die Grundsätze der Vorteilsausgleichung zu stützen, bereitet der herrschenden Meinung allerdings Probleme, da flächendeckend vertreten wird, dass sich im Anfechtungsrecht eine Vorteilsausgleichung nach schadensrechtlichem Vorbild grundsätzlich verbiete.[5] Der Gedanke eines Anfechtungsausschlusses bei einem Austauschgeschäft von wirtschaftlichen Äquivalenten, der auf eine neutrale Vermögensumschichtung zurückgeht, kollidiert folglich mit dem Verbot der Vorteilsausgleichung.[6]

Um trotzdem in einem Abflusssystem eine Gegenleistung reduzierend berücksichtigen zu können, wird in der Literatur vorgeschlagen, zwischen einer unzulässigen Vorteilsausgleichung und einer zulässigen Vorteilsanrechnung zu unterscheiden.[7] Diese Differenzierung soll eine Begründung ermöglichen, warum gegenleistungsähnliche Vorteile, die aus der Sphäre des Anfechtungsgegners in die Haftungsmasse fließen, trotz des herrschend anerkannten Verbots einer Vorteilsausgleichung anfechtungsbegrenzend wirken (zulässige Vorteilsanrechnung), andere kausale Vorteile, die die Masse erreichen, hingegen nicht (unzulässige Vorteilsausgleichung).[8] Diese begriffliche Unterscheidung kann die Rechtsprechung jedoch nur fallgruppenbasiert abbilden, bietet aber tatsächlich keine sachliche Begründung an.[9] In der Diskussion fehlt weiterhin ein

---

[5] RGZ 100, 88, 90; BGHZ 97, 87, 95; BGH ZIP 2012, 1183, 1185 Rn. 30; 2016, 426, 428 Rn. 19; Jaeger/*Henckel*, §143 InsO Rn. 164; *ders.*, FS Deutsch, S. 967, 979 ff.; *Häsemeyer*, Insolvenzrecht, Rn. 21.22; MüKo/*Kayser/Freudenberg*, §129 InsO Rn. 175 f.; K/P/B/*Jacoby*, §143 InsO Rn. 77; siehe auch *Bitter*, KTS 2016, S. 455 mit zahlreichen Nachweisen in Fn. 28, 57, 58; kritisch *Raebel*, FS Ganter, S. 339, 349; *Fridgen*, Rechtsfolgen der Insolvenzanfechtung, S. 100 ff.; siehe bereits oben S. 49 f.

[6] *Neyses*, Insolvenzanfechtung, S. 31 spricht sich bei der Anfechtung von Austauschgeschäften für eine Ausnahme des Bereicherungsverbots aus.

[7] Vgl. Gottwald/*Huber*, §46 Rn. 71 f.; HK/*Thole*, §129 InsO Rn. 45 in Fn. 233; siehe auch *Bitter*, KTS 2016, S. 455, 470.

[8] *Bitter*, KTS 2016, S. 455; *Eckardt*, ZInsO 2004, S. 888; vgl. oben S. 49 ff.

[9] *Bitter*, der selbst nicht der schadensersatzähnlichen Einordnung folgt (*Bitter*, KTS 2016, S. 455, 465, 517 f. Nr. 1), allerdings bemüht ist, die herrschende Meinung zu systematisieren,

überzeugendes Argument, warum nach herrschendem Verständnis die Gegenleistung anfechtungsausschließend wirkt.[10]

2. *Zuflussprinzip – Alternierendes Verhältnis der Leistungsgegenstände*

Die Analyse der Gläubigerbenachteiligung bei einem neutralen Austauschgeschäft fällt anders aus, wenn eine bereicherungsrechtsähnliche Ordnungsfunktion der Anfechtung angenommen wird. Oben wurde das die Anfechtung beschränkende Kriterium der Alternität eingeführt.[11] Eine alternierende Beziehung besteht dann, wenn die Rechtsordnung entweder den abgeflossenen Leistungsgegenstand oder aber den zugeflossenen Vorteil der Haftungsmasse zuordnet. Charakteristisch für die Alternität ist, dass dem Schuldnervermögen rechtlich beide Positionen nicht zeitgleich zugesprochen sein können, d.h., es den Gläubigern nicht gestattet wird, sowohl im abgeflossenen Gegenstand als auch im erhaltenen Vorteil Befriedigung zu suchen. Besteht ein alternierendes Verhältnis zwischen zwei wirtschaftlich gleichwertigen Gegenständen, fördert die Anfechtung die Befriedigungsaussichten der Gläubiger nicht, da eine Rückordnung des Anfechtungsgegenstandes mit dem Ausscheiden des wirtschaftlich gleichwertigen Vorteils aus der Haftungsmasse verbunden ist. Zu untersuchen

---

gelangt lediglich zu der Erkenntnis, dass Vorteile berücksichtigt werden, die „unmittelbar" auf einen Anfechtungsgegner zurückzuführen sind, *Bitter*, a. a. O., S. 477. Diese Beobachtung kann allerdings nicht erklären, warum gewisse unmittelbare Vorteile aus der Sphäre des Anfechtungsgegners letztendlich doch unter das Verbot der Vorteilsausgleichung fallen sollen, vgl. *Bitter*, a. a. O., S. 477 ff. Schlussendlich gelangt *Bitter* zu dem Ergebnis, dass „unmittelbare" Vorteile des Anfechtungsgegners „wie eine Gegenleistung" berücksichtigt werden, *Bitter*, a. a. O., S. 470, 477. Auch *Mehring*, FS Kayser, S. 581 ff. stellt fest, dass die höchstrichterliche Rechtsprechung die Anrechnung von korrespondierenden Vorteilen „nicht generell ablehnt, sondern auf solche Folgen beschränkt, welche ihrerseits an die angefochtene Rechtshandlung selbst anknüpfen, was freilich seinerseits ein ausfüllungsbedürftiges Kriterium darstellt", *Mehring*, a. a. O., S. 587. Er vertritt, dass das „Abgrenzungskriterium im Rechtsverhältnis des Schuldners zum Anfechtungsgegner zu suchen" sei, *Mehring*, a. a. O., S. 593, auch S. 600. Entscheidendes Differenzierungskriterium sei, ob sich der Anfechtungsgegner darauf berufen könne, dass „im Gegenzug für die von ihm bezogene Leistung [...] der Masse ein Vorteil erwachsen" sei, *Mehring*, a. a. O., S. 600, auch S. 596 f. Dass entscheidender Charakterzug dieser gegenleistungsähnlichen Vorteile die Alternität der Leistungsgegenstände darstellt, die sich regelmäßig aus dem Parteiwillen ergibt, haben die bisherigen Untersuchungen der Berücksichtigungsfähigkeit von Vorteilen im Anfechtungsrecht allerdings nicht aufgedeckt; siehe zum Merkmal der Alternität auch S. 51 f., 55 ff.

[10] Siehe die Untersuchungen von *Bitter*, KTS 2016, S. 455 ff., *Mehring*, FS Kayser, S. 581 ff. und *Eckardt*, ZInsO 2004, S. 888 ff. Ihnen gelingt es nicht, eine überzeugende Begründung zu finden, warum im Anfechtungsrecht nach herrschender Meinung trotz des bestehenden Verbots einer Vorteilsausgleichung letztendlich doch ausgewählte Vorteile berücksichtigt werden. Auch *Neyses*, Insolvenzanfechtung, S. 31 bleibt in der von ihr vorgetragenen Begründung für eine Aussetzung des Bereicherungsverbots (allerdings beim schlechten Schuldnergeschäft) allgemein, vgl. bereits Kap. 2, Fn. 28. In diesem Zusammenhang stellt *Thole*, Gläubigerschutz, S. 538 f. auf die Präventionswirkung der Anfechtung ab; vgl. zur Präventionswirkung der Anfechtung auch unten S. 114 ff., 136 ff.

[11] Vgl. oben S. 51 f.

ist, ob bei einem neutralen Austauschgeschäft Leistung und Gegenleistung in einer alternierenden Beziehung stehen und darin der Grund liegt, dass beim neutralen Austauschgeschäft keine Gläubigerbenachteiligung besteht und somit die Anfechtung ausscheidet.

a) Alternierende Beziehung der Leistungsgegenstände

aa) Klassisches Austauschgeschäft

Leistung und Gegenleistung eines Austauschgeschäfts befinden sich in einem Ausschließlichkeitsverhältnis, wenn die Rechtsordnung der Haftungsmasse zur Gläubigerbefriedigung in jeder Situation entweder die Leistung oder aber die Gegenleistung zuordnet. Charakteristisch für ein Austauschgeschäft ist es, dass die Vertragsparteien durch ihren Willen wechselseitig ihre Leistung an den Erhalt der Gegenleistung geknüpft haben.[12] Diesem Willen wohnt ein alternierendes Element inne.[13] Die Parteien wollen gerade nicht, dass die beiden Leistungsgegenstände bei einem Vertragspartner dauerhaft verbleiben. Dieser für ein Austauschgeschäft typische Wille ist auch grundsätzlich durch die Rechtsordnung geschützt. Bei einer Nichtleistung kann nach allgemeinen zivilrechtlichen Grundsätzen der nicht befriedigte Vertragspartner entweder die Leistung erzwingen oder seine eigene Leistungserbringung verweigern bzw. eine erbrachte Gegenleistung zurückholen.[14] Im rechtlichen Schlusspunkt der Abwicklung von einem Austauschgeschäft stellt die Rechtsordnung jedem Vertragspartner nur einen der beiden Leistungsgegenstände zur Verfügung.

Festzuhalten ist, dass bei einem Austauschgeschäft ein alternierendes Verhältnis von Leistung und Gegenleistung besteht, das sich aus der vertraglichen Abrede der beiden Parteien ergibt. Überträgt man diese Erkenntnis auf die Befriedigungsaussichten, ergibt sich, dass der Umfang des Schuldnervermögens, das zur Gläubigerbefriedigung bereitsteht, folglich entweder auf die Leistung oder die Gegenleistung begrenzt ist. Ein neutrales Austauschgeschäft ist demnach nicht anfechtbar, weil durch die Rückordnung der Leistung die Gegenleistung ausscheiden würde, sodass im wirtschaftlichen Ergebnis eine Anfechtung die Befriedigungsaussichten der Gläubiger nicht verbessern würde.

bb) Austausch von Sicherheiten

Das Argumentationsmuster der Alternität ist nicht auf klassische Austauschgeschäfte bestehend aus Leistung und Gegenleistung beschränkt. Auch beim

---

[12] Soergel/*Gsell*, Vor § 320 BGB Rn. 4; Jauernig/*Stadler*, § 311 BGB Rn. 13; BeckOK/*H. Schmidt*, § 320 BGB Rn. 8.

[13] „Funktionelles Synallagma", vgl. BGH NJW 2013, 3297, 3299 Rn. 20; MüKo/*Emmerich*, Vor § 320 BGB Rn. 16; *Mossler*, Bereicherung, S. 13.

[14] „Konditionelles Synallagma", vgl. MüKo/*Emmerich*, Vor § 320 BGB Rn. 15; Soergel/*Gsell*, Vor § 320 BGB Rn. 15; BeckOK/*H. Schmidt*, § 320 BGB Rn. 8.

Austausch von gleichwertigen Sicherheiten kann mit dem Argumentationstopos der Alternität ein Anfechtungsausschluss begründet werden. Beim Austausch von Sicherheiten besteht im Hintergrund ebenfalls eine vertragliche Absprache zwischen den Parteien. Diese Abrede stellt das Bindeglied zwischen den beiden Verfügungen über die Sicherheiten dar und klassifiziert diese als Austauschgeschäft. Charakteristisch ist auch hier, dass die Sicherheit nach dem Willen der Parteien nur im Austausch gegen eine andere Sicherheit weggegeben werden soll. Folglich liegt der Grund der fehlenden Anfechtbarkeit auch bei dieser Fallgruppe nicht darin, dass der Zufluss der zweiten Sicherheit den eingetretenen Nachteil in der Haftungsmasse, der auf den Abfluss der ersten Sicherheit zurückgeht, kompensiert.[15] Vielmehr scheidet auch beim Sicherheitenaustausch die Anfechtung aus, weil aufgrund des alternierenden Verhältnisses eine Rückordnung der ursprünglichen Sicherheit das Ausscheiden der ursprünglich neu erhaltenen Sicherheit aus der Haftungsmasse zur Folge hat. Eine Anfechtung würde die Befriedigungsaussichten der Gläubiger nicht fördern.

b) Einfluss der Leistungsreihenfolge

aa) Alternierende Beziehung der Leistungsgegenstände trotz einer Vorleistung

Bitter zweifelt an, dass eine „Kausalität“ (vergleichbar mit der Alternität) zwischen Leistung und Gegenleistung auch dann noch fortbesteht, wenn der Anfechtungsgegner vorgeleistet hat.[16] Folglich koppelt er den Entfall der Gläubigerbenachteiligung bei neutralen Austauschgeschäften an die Leistungsreihenfolge.[17] Das Ende der „Kausalität“ zwischen Leistung und Gegenleistung bei einer Vorleistung des Anfechtungsgegners begründet *Bitter* damit, dass außerhalb von § 320 BGB der Schuldner nicht mehr mit Gegenleistungswillen leiste, weil ihm psychisch der Wille zur Vermögensumschichtung durch die bereits erhaltene Leistung abhandengekommen sei. Solange die Einrede des nicht erfüllten Vertrages bestehe, also noch kein Leistungsaustausch erfolgt sei, leiste der Schuldner, um den ersten notwendigen Schritt zu gehen und den Leistungsaustausch anzustoßen. Er erbringe seine Leistung, um § 320 BGB zu überwinden. In diesen Situationen bestehe eine „Kausalität“ zwischen den Leistungsgegenständen. Durch die Vorleistung durchtrenne der Vertragspartner allerdings das Band des § 320 BGB. Leiste nun im Anschluss der Schuldner, intendiere er mit der Leistung, nicht mehr sein Vermögen umzuschichten. Er erbringe vielmehr seine

---

15 Vgl. aber BGHZ, 147, 233, 238 f.; BGH NZI 2008, 539, 540 Rn. 18; *Baur/Stürner*, Insolvenzrecht, Rn. 18.41; MüKo/*Kayser/Freudenberg*, § 129 InsO Rn. 108d; Uhlenbruck/*Borries/Hirte*, § 129 InsO Rn. 220 f.; siehe auch *Mehring*, FS Kayser, S. 581, 592 ff.

16 *Bitter*, KTS 2016, S. 455, 485 f. *Bitter* verwendet die Leistungsreihenfolge darüber hinaus in abgewandelter Form für ein weiteres Argument gegen einen Anfechtungsausschluss bei der Vorleistung des Anfechtungsgegners, vgl. unten S. 78.

17 Siehe auch *Gehrlein*, ZInsO 2017, S. 128, 133.

Leistung in dem Wissen, dass er diese Handlung nicht vollziehen müsse, um die Gegenleistung zu erhalten, da diese seinem Vermögen bereits zugeflossen sei.[18]

Bitter folgert im Ergebnis, dass nur dann die Anfechtbarkeit bei einem neutralen Austauschgeschäft aufgrund einer bestehenden „Kausalität" der Leistungsgegenstände entfalle, wenn keine Vorleistung des Anfechtungsgegners vorliege.[19] Zu einer Anfechtbarkeit kommt *Bitter* bei Vorleistung des Anfechtungsgegners letztendlich trotzdem nicht, da er mit dem Bargeschäftsprivileg die im Ausgangspunkt etablierte Anfechtbarkeit eines neutralen Austauschgeschäfts einfängt.[20]

Das alternierende Verhältnis von Leistung und Gegenleistung von der Reihenfolge des Leistungsaustauschs abhängig zu machen, überzeugt nicht.[21] Zutreffend ist, dass der Schuldner nach einer Vorleistung des Anfechtungsgegners nicht mehr leistet, um § 320 BGB zu durchbrechen. Dennoch bezieht sich die Intention der Leistungserbringung auch nach einer erhaltenen Vorleistung weiterhin auf das konkrete Austauschgeschäft. Der Schuldner ist sich weiterhin bewusst, dass er die Gegenleistung dauerhaft nur rechtlich anerkannt behalten können wird, wenn er seinen Teil der Abrede erfüllt. An dieser Tatsache rüttelt auch eine Vorleistung nicht. Der Schuldner ist nach einer Vorleistung nicht mehr von dem Willen geleitet, eine Vermögensumschichtung anzustoßen, jedoch davon, die erhaltene Leistung zu sichern, z. B. vor den Rechtsfolgen eines Rücktritts.[22] Die Vorleistung des Anfechtungsgegners nimmt daher keinen Einfluss auf den Willen des Schuldners, seinen Teil des Austauschgeschäfts zu erbringen. Der Charakter eines Austauschgeschäfts und das daran geknüpfte alternierende Verhältnis der Leistungsgegenstände wird durch die Leistungsreihenfolge nicht verändert.

bb) Umfang der Haftungsmasse bei einer Vorleistung des Anfechtungsgegners

Die hier vorgetragene Argumentation stützt sich auf die These, dass aufgrund der bestehenden Wechselwirkung der Leistungsgegenstände, die auf den Parteiwillen zurückgeht, ausgeschlossen ist, dass sowohl die Leistung als auch die Gegenleistung zur Gläubigerbefriedigung zur Verfügung stehen (Alternität). In Fällen der Vorleistung des Anfechtungsgegners kann sich allerdings durch den Eintritt der formellen Insolvenz ein Szenario ergeben, in dem sowohl Leistung

[18] *Bitter* stützt diese Ansicht auf Überlegungen von *Weintraud* (Saldotheorie, S. 56 ff., 62 f.) und *Leser* (Saldotheorie, S. 28) zu einem früheren Verständnis der Saldotheorie, *Bitter*, KTS 2016, S. 455, 486 in Fn. 138.

[19] *Bitter*, KTS 2016, S. 455, 485 f.

[20] *Bitter*, KTS 2016, S. 455, 485 f.; siehe aber zur Diskrepanz zwischen neutralen Geschäften und dem Anwendungsbereich von § 142 InsO unten S. 60 ff., 81 ff.

[21] Siehe zur Kritik an dem Argumentationstopos der Leistungsreihenfolge im Anfechtungsrecht auch S. 57 ff., 104 ff., 121 f.

[22] Vgl. MüKo/*Emmerich*, Vor § 320 BGB Rn. 15; Soergel/*Gsell*, Vor § 320 BGB Rn. 4, 15; BeckOK/*H. Schmidt*, § 320 BGB Rn. 8.

als auch Gegenleistung in der Haftungsmasse verbleiben und letztendlich zur Gläubigerbefriedigung bereitstehen. Hintergrund ist, dass durch die formelle Insolvenz die relative Zuordnung von Vermögenspositionen auch im Verhältnis zwischen den beiden Vertragspartnern ausgesetzt wird. Ab Verfahrenseröffnung ist allein die absolute Zuordnung der Leistungsgegenstände maßgeblich.[23] Die absolute Rechtslage nimmt jedoch keine Rücksicht auf den *inter partes* kundgetanen Willen zum ausschließlich wechselseitigen Leistungsaustausch. Rechtsbehelfe, die den *inter partes* vereinbarten Austauschcharakter sichern, entfalten ab formeller Insolvenz keine umfassende Wirkung mehr. Wenn die Zusammensetzung der Haftungsmasse letztendlich doch auch von der Leistungsreihenfolge abhängig ist, ist dann nicht doch, wie von *Bitter*[24] und auch *Gehrlein*[25] vertreten, das Vorliegen der Gläubigerbenachteiligung beim Austauschgeschäft abhängig von der zeitlichen Reihenfolge des Leistungsaustauschs?

Bei einer Vorleistung des Anfechtungsgegners fallen Leistung und Gegenleistung in die Insolvenzmasse. Beide Leistungsgegenstände sind in dieser Konstellation in der Haftungsmasse anzutreffen, weil der Leistungsaustausch bzw. die durch ein Rückabwicklungsregime angestrebte Korrektur hin zum Parteiwillen durch die formelle Insolvenz unterbrochen wird bzw. pausiert. Das mit einer Vorleistung auf sich genommene Insolvenzrisiko des zuerst leistenden Vertragspartners hat sich realisiert. Dieses Risiko hat einen wirtschaftlichen Wert, der bei einer Verwirklichung des Vorleistungsrisikos der Masse einen Vorteil einbringt. Zur Gläubigerbefriedigung stehen die Gegenleistung und zusätzlich der wirtschaftliche Wert des realisierten Vorleistungsrisikos bereit.

Auf letzteren Vermögenswert haben die Gläubiger jedoch kein grundsätzliches Anrecht. Deshalb werden die Befriedigungsaussichten der Gläubiger nicht nachteilig tangiert, wenn das Vorleistungsrisiko sich nicht realisiert, d. h., nach einer Vorleistung des Anfechtungsgegners der Schuldner vor Insolvenzeröffnung seinerseits leistet. Es ist vielmehr ein zufälliger Vorteil, der den Gläubigern widerfährt, wenn sich das Vorleistungsrisiko einmal realisieren sollte, d. h., der Schuldner seine Leistungspflicht vor formeller Insolvenz nicht erfüllt. In dieser Situation vergrößert sich die Haftungsmasse, weil der relative Anspruch des Anfechtungsgegners, mit dem die alternierende Beziehung geschützt ist, in der Insolvenz nicht umfassend befriedigt wird. Erst ab dem Moment der Realisierung des Vorleistungsrisikos ist allerdings der wirtschaftliche Wert der Haftungsmasse zugeordnet und anfechtungsrechtlich geschützt.

Im Ergebnis ist festzuhalten, dass eine Vorleistung des Anfechtungsgegners in Kombination mit der formellen Insolvenz dazu führen kann, dass sich schlussendlich Leistung und Gegenleistung kumulativ in der Haftungsmasse

[23] Vgl. unten S. 64 f.

[24] *Bitter*, KTS 2016, S. 455, 501; vgl. auch *dens./Heim*, ZIP 2010, S. 1569, 1575 f.; vgl. oben S. 57 f.

[25] *Gehrlein*, ZInsO 2017, S. 128, 133.

befinden und die alternierende Beziehung der Leistungsgegenstände teilweise ausgesetzt ist. Dieser Befund lässt aber keine Rückschlüsse auf die Ermittlung des alternierenden Verhältnisses der Leistungsgegenstände bei der Bestimmung der Gläubigerbenachteiligung zu, wenn sowohl die Leistung als auch die Gegenleistung bereits ausgetauscht sind. Unabhängig von der Reihenfolge des Leistungsaustauschs ist für die Ermittlung der Gläubigerbenachteiligung davon auszugehen, dass der Haftungsmasse entweder die Gegenleistung oder aber die Leistung von der Rechtsordnung zugeordnet ist (Alternität) und somit unabhängig von der Leistungsreihenfolge grundsätzlich nur ein Leistungsgegenstand zur Gläubigerbefriedigung im Insolvenzverfahren zur Verfügung steht.

3. Zwischenergebnis

Bei einem neutralen Austauschgeschäft scheidet die Anfechtung mangels Gläubigerbenachteiligung aus. Und zwar nicht, weil die Gegenleistung den durch den Abfluss der Leistung in der Masse entstandenen Nachteil kompensiert, sondern weil eine Rückordnung der Leistung in die Haftungsmasse aufgrund der alternierenden Beziehung der Leistungsgegenstände, die auf den Parteiwillen zurückgeht, zu einem Ausscheiden der Gegenleistung und somit im Ergebnis zu keiner Verbesserung der Befriedigungsaussichten führen würde. Die Alternität der Leistungsgegenstände steht bei einem Austauschgeschäft in keiner Verbindung zur Reihenfolge des Leistungsaustauschs.

II. Zulässigkeit einer Gesamtbetrachtung bei § 129 InsO

Das Verneinen einer Gläubigerbenachteiligung durch ein neutrales Austauschgeschäft auf den Gedanken eines alternierenden Verhältnisses der Leistungsgegenstände zu stützen, ist nicht über jeden Zweifel erhaben. Das Herzstück dieser Argumentation ist ein Rückgriff auf die Parteiabrede, welcher die Gesamtbetrachtung der Leistungsgegenstände ermöglicht. Die Leistungsgegenstände stehen in einem alternierenden Verhältnis, weil die Parteien dem Geschäft einen Austauschcharakter zugesprochen haben. Ob im Anfechtungsrecht allerdings außerhalb von §142 InsO – insbesondere bei der Ermittlung der Gläubigerbenachteiligung – eine wirtschaftliche Gesamtbetrachtung zulässig ist oder aber die beiden Verfügungen nur einzeln betrachtet werden dürfen, ist umstritten.[26]

1. Ergebnisrelevanz der Diskussion

Betrachtet man die Diskussion in der Rechtswissenschaft, könnte der Eindruck entstehen, dass es sich bei der Frage um die Zulässigkeit der Gesamtbetrachtung

[26] Siehe zunächst nur *F. Bartels*, Insolvenzanfechtung, S. 174ff.

bei §129 InsO lediglich um eine rechtskonstruktive Debatte ohne tatsächliche Ergebnisrelevanz handele. Es wird häufig das Gefühl vermittelt, dass unabhängig von einer abgelehnten oder zugelassenen Gesamtbetrachtung bei §129 InsO die Anfechtung letztendlich ausscheiden würde: Scheitere die Anfechtung nicht an der Hürde der Gläubigerbenachteiligung nach §129 InsO, privilegiere jedenfalls §142 InsO das neutrale Austauschgeschäft als anfechtungsfrei.[27]

Allerdings gilt es zu beachten, dass das Bargeschäftsprivileg gemäß §142 InsO nur einen begrenzten Anwendungsbereich hat:[28] Die Norm findet keine Anwendung im Anfechtungsgesetz, bei nicht unmittelbar vollzogenen Austauschgeschäften, nach herrschendem Verständnis bei §131 InsO und nur eingeschränkt bei §133 InsO. Auch bei einem partiell unausgeglichenen Austauschgeschäft verbietet sich ein Rückgriff auf §142 InsO. In diesen zahlreichen Fallgruppen ist die Debatte über die Zulässigkeit einer Gesamtbetrachtung im Anfechtungsrecht nicht nur rein akademischer Natur.

2. Gesamtbetrachtung der wechselseitigen Verfügungen

Das Merkmal der Gläubigerbenachteiligung wird nach herrschendem Verständnis nicht durch einen rechtlichen Zugriff, sondern durch eine wirtschaftliche Gesamtbetrachtung ermittelt.[29] Argumente für diesen Ansatz werden allerdings nicht vorgetragen. Freilich hat diese Ansicht auf ihrer Seite, dass in Fällen, in denen Leistung und Gegenleistung tatsächlich durch ein Austauschgeschäft verknüpft sind, eine Gesamtbetrachtung im Hinblick auf die Zielsetzung der Anfechtung zu stimmigen wirtschaftlichen Ergebnissen führt. Die Anfechtung sichert den Gläubigern so lediglich ihre ursprünglichen Befriedigungsaussichten, stellt die Masse aber darüber hinaus nicht auf Kosten des Anfechtungsgegners besser.

3. Einzelbetrachtung der wechselseitigen Verfügungen

Eine in letzter Zeit an Anhängern gewinnende Literaturmeinung stellt sich gegen die herrschende Meinung und vertritt, dass sich eine wirtschaftliche Gesamtbetrachtung außerhalb von §142 InsO im Anfechtungsrecht verbiete.[30] Maßgeblich sei auch bei §129 InsO eine juristische Bewertung, die gerade eine

---

27 Vgl. *Bitter*, KTS 2016, S. 455, 484 ff.; K/P/B/*F. Bartels*, §129 InsO Rn. 92; *dens.*, Insolvenzanfechtung, S. 179, 186; *Würdinger*, Zahlungsverkehr, S. 206 f.

28 Siehe zunächst nur *Eckardt*, ZInsO 2004, S. 888, 894; ausführlich unten S. 82 ff.

29 BGHZ 86, 349, 355; 124, 76, 79; BGH NZI 2018; 800, 801 Rn. 15; 2019, 392 Rn. 9; *v. Campe*, Insolvenzanfechtung, S. 43; *Jauernig/Berger*, Zwangsvollstreckungs- und Insolvenzrecht, §51 Rn. 29; HK/*Thole*, §129 InsO Rn. 44; MüKo/*Kayser/Freudenberg*, §129 InsO Rn. 77; Uhlenbruck/*Borries/Hirte*, §129 InsO Rn. 238.

30 K/P/B/*F. Bartels*, §129 InsO Rn. 92, 325; *ders.*, Insolvenzanfechtung, S. 186; *Würdinger*, Zahlungsverkehr, S. 206 f.; vgl. auch Uhlenbruck/*Borries/Hirte*, §129 InsO Rn. 93; siehe aber auch HK/*Thole*, §129 InsO Rn. 19, 44, 64.

wirtschaftliche Gesamtbetrachtung der wechselseitigen Verfügungen bei der Ermittlung der Gläubigerbenachteiligung nicht zulasse.[31] Vielmehr müssten die Verfügungsgeschäfte jeweils einzeln betrachtet werden. Von den Stimmen in der Literatur werden unterschiedliche Argumente angeführt.

a) *Abschließende Wirkung von § 142 InsO*

Würdinger vertritt, dass der Gesetzgeber durch die Kodifizierung des Bargeschäftsprivilegs in §142 InsO die Integration einer ausgeglichenen Gegenleistung und damit die Behandlung neutraler Austauschgeschäfte im Anfechtungsrecht abschließend geregelt habe.[32] Folglich müsse eine äquivalente Gegenleistung bei §129 InsO unberücksichtigt bleiben. Diese These ist anzuzweifeln. Es ist unzutreffend, dass der Gesetzgeber durch die Kodifizierung des Bargeschäfts abschließend bei §142 InsO den Einfluss einer Gegenleistung im Anfechtungsrecht regeln wollte.[33] Auch wenn die neutrale Vermögensumschichtung, die früher als Bargeschäft bezeichnet wurde,[34] und das Bargeschäftsprivileg historisch namensverwandt waren, verfolgten sie seit jeher unterschiedliche Ziele.[35]

b) *Verbot der Vorteilsausgleichung*

Schließlich könne die Gesamtbetrachtung durch die Hintertür eine „verkappte“ Vorteilsausgleichung im Anfechtungsrecht etablieren.[36] Eine Vorteilsausgleichung solle sich jedoch im Anfechtungsrecht verbieten.[37] Faktisch führe

[31] Vgl. zunächst nur *F. Bartels*, Insolvenzanfechtung, S. 174ff.

[32] *Würdinger*, Zahlungsverkehr, S. 207.

[33] Vgl. *J. F. Hoffmann*, Prioritätsgrundsatz, S. 55, 70; *Bitter*, KTS 2016, S. 455, 469, 485; *v. Campe*, Insolvenzanfechtung, S. 47f.

[34] Neutrale Austauschgeschäfte werden immer noch im insolvenzanfechtungsrechtlichen Kontext mit dem Begriff des Bargeschäfts in Verbindung gebracht. Traditionell ist ein Bargeschäft eine Transaktion, bei der das Verpflichtungs- und die beiden Verfügungsgeschäfte zeitlich zusammenfallen, vgl. *Flume*, BGB AT II, §12 II 4b (S. 170). Im insolvenzanfechtungsrechtlichen Kontext wurde allerdings davon abweichend der Begriff des Bargeschäfts lange Zeit für wirtschaftlich ausgeglichene Austauschgeschäfte verwendet, *Raschke*, Bargeschäft, S. 6ff. *K. Schmidt* (WM 1983, S. 490, 493) wies darauf hin, dass viel zutreffender der Begriff der neutralen Vermögensumschichtung sei, da auch außerhalb von Bartransaktionen ausgeglichene Leistungsverhältnisse bestehen könnten, vgl. auch *Klinck*, Insolvenzanfechtung, S. 373 in Fn. 24; *Würdinger*, Zahlungsverkehr, S. 206. Außerhalb von §142 InsO hat sich die Rechtswissenschaft inzwischen von dem historischen und zu engen Begriffsverständnis des Bargeschäfts gelöst, um ein neutrales Austauschgeschäft zu beschreiben. Bei §142 InsO wird allerdings nach wie vor vom Bargeschäft gesprochen, auch wenn der Anwendungsbereich weit über ein Bargeschäft nach der klassischen Definition des Zivilrechts hinausgeht, vgl. *Klinck*, a. a. O., S. 388f.

[35] Vgl. unten S. 81ff.

[36] Vgl. *F. Bartels*, Insolvenzanfechtung, S. 177; siehe auch *Eckardt*, ZInsO 2004, S. 888ff.

[37] Siehe nur *Bitter*, KTS 2016, S. 455ff. mit zahlreichen Nachweisen in Fn. 28, 57, 58; vgl. auch oben S. 49, 54.

das Verbot der Vorteilsausgleichung und die Anrechnung der Gegenleistung durch eine wirtschaftliche Gesamtbetrachtung bei § 129 InsO zu Friktionen, die nur durch wenig überzeugende „Kunstgriffe" überwunden werden könnten, wie z. B. die Differenzierung zwischen der unzulässigen Vorteilsausgleichung und der zulässigen Vorteilsanrechnung.[38] Das vorgebrachte Argument ist allerdings aufgrund der angenommenen bereicherungsrechtsähnlichen Sicht der Anfechtung nicht weiterführend, weil die Vorteilsausgleichung „ein Kind des Schadensrechts" ist.[39]

c) Definition der gläubigerbenachteiligenden Rechtshandlung nach dem allgemeinen Zivilrechtsverständnis

F. Bartels baut seine Argumentation gegen eine Gesamtbetrachtung u. a. darauf auf, dass Leistung und Gegenleistung auf zwei separate Verfügungen zurückgehen, die nach dem allgemeinen Zivilrechtsverständnis zwei einzelne Rechtshandlungen darstellen.[40] Die Anfechtung fokussiere sich allerdings nur auf diejenige Rechtshandlung, die zu einer Schlechterstellung der Gläubiger führe.[41] Ein eigener, anfechtungsrechtlicher Rechtshandlungsbegriff, der mehrere Rechtshandlungen nach allgemeinem Zivilrechtsverständnis verklammere, sei abzulehnen.[42] Es ist jedoch fraglich, ob der Rechtshandlungsbegriff in § 129 InsO zwingend dem des allgemeinen Zivilrechtes folgen muss und die Teleologie des Anfechtungsrechts, die Befriedigungsaussichten der Gläubiger zu schützen, auf eine Definition des Rechtshandlungsbegriffs im Anfechtungsrecht keinen Einfluss nehmen kann.[43]

d) Verstoß gegen das Trennungsprinzip

Aus dem Abstraktions- und dem Trennungsprinzip, die auch im Anfechtungsrecht gelten,[44] folgert *F. Bartels*: „Gilt das Trennungs- und Abstraktionsprinzip zwischen Verpflichtungs- und Verfügungsgeschäft, muss jedoch erst recht bei mehreren Verfügungsgeschäften strikt getrennt werden."[45] Dieser Aussage kann zugestimmt werden. Auch wenn es nicht die intendierte Stoßrichtung dieser Prinzipien ist,[46] wirken sich Mängel des einen Verfügungsgeschäfts nicht

---

[38] Vgl. Gottwald/*Huber*, § 46 Rn. 71 f.; HK/*Thole*, § 129 InsO Rn. 45 in Fn. 233; *Bitter*, KTS 2016, S. 455, 470; siehe auch oben S. 54 f.

[39] *Eckardt*, ZInsO 2004, S. 888; siehe zur Bestimmung der Ordnungsfunktion der Anfechtung oben S. 45 ff.

[40] *F. Bartels*, Insolvenzanfechtung, S. 139 ff., 146, 148.

[41] *F. Bartels*, Insolvenzanfechtung, S. 146.

[42] *F. Bartels*, Insolvenzanfechtung, S. 139 ff., 148, 174 f., 176.

[43] Im Ergebnis ähnlich *Thole*, Gläubigerschutz, S. 325.

[44] Vgl. *J. F. Hoffmann*, Prioritätsgrundsatz, S. 51; Jaeger/*Henckel*, § 129 InsO Rn. 109; zur heute nicht mehr vertretenen Einheitstheorie unten S. 96 ff.

[45] *F. Bartels*, Insolvenzanfechtung, S. 177.

[46] Vgl. *J. F. Hoffmann*, Prioritätsgrundsatz, S. 51.

auf das andere aus. Ein Argument aus der bestehenden Abstraktheit der beiden Verfügungen für die Zulässigkeit einer Gesamtbetrachtung im Anfechtungsrecht lässt sich allerdings nicht gewinnen.

4. Stellungnahme

Weder die herrschende Meinung noch die Literaturansicht können überzeugen, da die entscheidende Frage in der Diskussion um die Zulässigkeit der Gesamtbetrachtung im Anfechtungsrecht bei Austauschgeschäften nicht offen gestellt wird: Ist im Umfeld der Anfechtung die absolute Rechtslage oder ist die relativ wirkende Parteiabrede und damit der Austauschcharakter maßgeblich?

a) Absolute Rechtslage – Schutz vor Manipulationen

In der Insolvenz ist grundsätzlich die schwer zu manipulierende und – im Vergleich zur relativen – einfach zu ermittelnde absolute Rechtslage ausschlaggebend.[47] Die Summe aller Rechtspositionen, die dem Schuldner absolut zugewiesen sind, bildet die Haftungsmasse. Die sich aus der *causa* ergebenden Einwendungen müssen sich die Gläubiger grundsätzlich nicht entgegenhalten lassen und schmälern die Haftungsmasse nicht. Hintergrund der Maßgeblichkeit der absoluten Rechtslage im Insolvenzrecht ist der Schutz der Gläubiger vor etwaigen Manipulationen des Schuldners an Parteiabreden. Der Schuldner könnte mit dem Vertragspartner leicht vertragliche Absprachen verändern bzw. fingieren und so durch Manipulationen an Parteiabreden einen Abzug von Vermögenswerten aus der Haftungsmasse nachträglich herbeiführen.[48] Um die Gläubiger vor dieser Manipulationsgefahr zu schützen, d. h. aus Verkehrsschutzgesichtspunkten, müssen in der Insolvenz die Gläubiger vertragliche Absprachen über die Zuordnung des Schuldnervermögens – unabhängig davon, ob tatsächlich so vereinbart oder nachträglich manipuliert – im Ausgangspunkt nicht beachten.[49] Demnach müsste eigentlich auch der sich aus der relativ wirkenden *causa* ableitende Einwand unbeachtlich sein, dass sich die Befriedigung aus beiden Leistungsgegenständen bei einem Austauschgeschäft verbiete, da aufgrund des vereinbarten Austauschcharakters nur entweder Leistung oder Gegenleistung der Haftungsmasse zugeordnet sein kann.

b) Absolute Zuweisung des Anfechtungsgegenstandes zur Haftungsmasse

Die absolute Rechtslage tritt deutlich hervor, wenn die Frage der Vermögenszuordnung in der Insolvenz im Raum steht. Ob der Anfechtungsgegenstand

---

[47] *J. F. Hoffmann*, Prioritätsgrundsatz, S. 339.
[48] *J. F. Hoffmann*, Prioritätsgrundsatz, S. 339.
[49] Vgl. zur Relevanz der Parteiabrede für die Ermittlung der Quote *J. F. Hoffmann*, Prioritätsgrundsatz, S. 339 in Fn. 539.

dem Schuldner und damit den Gläubigern oder dem Vertragspartner absolut zugewiesen ist, lässt sich folglich aus der Konstellation einer „Doppelinsolvenz", d. h. in Fallgestaltungen, in denen sich sowohl der Schuldner als auch der Vertragspartner in einer Krise befinden, ableiten.

aa) Primäranspruch

In einer „Doppelinsolvenz" sprechen alle Anfechtungstheorien – auch die schuldrechtliche Theorie[50] – den Anfechtungsgegenstand dem Schuldner und nicht dem Vertragspartner zu.[51] Diese absolute Zuordnung des Anfechtungsgegenstandes (Leistung) zur Haftungsmasse zeigt sich an dem bestehenden Aussonderungsrecht des Insolvenzverwalters.[52] Festzuhalten ist, dass der Anfechtungsgegenstand, trotz einer meist tatsächlichen Übergabe an den Anfechtungsgegner, absolut der Haftungsmasse zugewiesen bleibt.

bb) Sekundäranspruch

Ebenso einhellig wird der Anspruch nach § 143 Abs. 1 S. 2 InsO in einer „Doppelinsolvenz" lediglich als Insolvenzforderung eingeordnet.[53] Allerdings bemisst sich die Höhe des Wertersatzanspruchs nach dem Umfang des Primäranspruchs. Auch im Anwendungsbereich § 143 Abs. 1 S. 2 InsO ist folglich ausschlaggebend, ob bei § 143 Abs. 1 S. 1 InsO vertragliche Einwendungen beachtlich sind.

c) Durchbrechung

Wenn der Anfechtungsgegenstand allerdings nach allen Anfechtungstheorien der Haftungsmasse absolut zugewiesen ist, müssten sich die Gläubiger bei einem Zugriff eigentlich den *inter partes* getroffenen Austauschcharakter nicht entgegenhalten lassen.[54] Der aus der *causa* abgeleitete Einwand, dass der Masse die Leistung im Zuge einer Anfechtung nicht zustehen würde, weil ihr nur alternierend Leistung oder Gegenleistung nach dem Willen der Vertragsparteien zukommen könne,[55] müsste unbeachtlich sein. Die Anfechtbarkeit dennoch an eine Gesamtbetrachtung zu koppeln,[56] stellt eine rechtfertigungsbedürftige Durchbrechung der Relativität dar.

---

[50] Ausführlich Jaeger/*Henckel*, § 143 InsO Rn. 78 ff.; siehe Kap. 4, Fn. 8.

[51] Vgl. HK/*Thole*, § 129 InsO Rn. 91; *dens.*, Gläubigerschutz, S. 540.

[52] Jaeger/*Henckel*, § 143 InsO Rn. 86; HK/*Thole*, § 129 InsO Rn. 91; weitere Nachweise in Kap. 1, Fn. 120.

[53] BGHZ 155, 199; Jaeger/*Henckel*, § 143 InsO Rn. 77; *J. F. Hoffmann*, Prioritätsgrundsatz, S. 242.

[54] Vgl. oben S. 64.

[55] Vgl. oben S. 55 ff.

[56] Vgl. Nachweise in Einl., Fn. 11 sowie in diesem Kap. Fn. 29.

aa) Bargeschäftsprivileg, § 142 InsO

Keine Schwierigkeiten bereitet es im Anwendungsbereich des § 142 InsO, einen Ausschluss der Anfechtung bzw. ein Zugriffsverbot der Gläubiger auf den Anfechtungsgegenstand unter Rückgriff auf die Parteiabrede zu begründen. Das Bargeschäftsprivileg geht – wie noch zu zeigen sein wird[57] – darauf zurück, dass die Gläubiger auf ihr eigentlich bestehendes Zugriffsrecht auf den Anfechtungsgegenstand im Anwendungsbereich des § 142 InsO verzichten, um partiell die wirtschaftliche Handlungsfähigkeit des Schuldners zu sichern. Die Norm bildet typisierend das Gläubigerinteresse ab. Der freiwillige Verzicht der Gläubiger auf einen im Ausgangspunkt ihnen absolut zugeordneten Gegenstand unter Rückkopplung an die Parteiabrede stellt keine rechtfertigungsbedürftige Durchbrechung der Relativität dar. Die Gläubiger können jederzeit über den ihnen zugesprochenen Verkehrsschutz disponieren und können anstelle der absoluten Rechtslage die Parteiabrede als maßgeblich erklären.[58]

bb) Gläubigerbenachteiligung, § 129 InsO

Zu § 142 InsO vergleichbare Argumentationsmuster, die auch bei § 129 InsO einen Rückgriff auf die *causa* legitimieren könnten, sind nicht auszumachen. Und dennoch verlässt die herrschende Meinung in der Sache bei der Bestimmung der Gläubigerbenachteiligung die absolute Rechtslage und greift auf die relativ wirkende *causa* durch die Vornahme einer Gesamtbetrachtung der beiden Verfügungen zurück, um beim neutralen Austauschgeschäft einen Anfechtungsausschluss herbeizuführen.[59] Dadurch werden die Gläubiger im Anfechtungsrecht möglichen Manipulationen an der Parteiabrede ausgesetzt, was grundsätzlich einen mit den bestehenden Strukturen brechenden Vorgang darstellt.

(1) Überschießende Rechtsfolgenwirkung

In Fallgestaltungen, in denen redlich eine Position im Schuldnervermögen dem Vertragspartner durch eine Abrede *inter partes* zugesprochen, das Geschäft allerdings noch nicht *erga omnes* vollzogen wurde, steht der Vertragspartner durch das Ausblenden der relativen Rechtslage bei einem auf die absolute Rechtslage gestützten Gläubigerzugriff wirtschaftlich schlechter. Die Anfechtung führt in diesen Konstellationen aus dem „relativen" Betrachtungswinkel zu einer überschießenden Rechtsfolgenwirkung: Leistung und Gegenleistung stehen zur Gläubigerbefriedigung zur Verfügung. Die Anfechtung soll entsprechend ihrer Zielsetzung allerdings eigentlich nur die Befriedigungsaus-

---

57 Siehe unten S. 81 ff.

58 Vgl. *Klinck*, Insolvenzanfechtung, S. 388.

59 BGH NZI 2019, 392 Rn. 9; *v. Campe*, Insolvenzanfechtung, S. 43; vgl. Nachweise in Einl., Fn. 11 sowie in diesem Kap. Fn. 29.

sichten sicherstellen, nicht die Haftungsmasse auf Kosten des Anfechtungsgegners besserstellen.[60] Die eingetretene Besserstellung der Insolvenzgläubiger in einer Situation, in der die Rechtszuordnung *inter partes* mit der *erga omnes* auseinanderfällt, ist – auch außerhalb des Anfechtungsrechts, z. B. im Bereicherungsrecht – allerdings eine unausweichliche Konsequenz der Aufspaltung in absolute und relative Rechtszuweisungen. Bei der Ausgestaltung der absoluten Rechtslage wurde die Möglichkeit einer Schlechterstellung der Vertragsparteien als Kehrseite des Schutzes der Dritten mit in die Abwägungsentscheidung, in welchem Umfang Verkehrsschutz etabliert werden soll, berücksichtigt.

(2) Bestehende Manipulationsgefahren

Es gilt zu analysieren, welchen Manipulationen sich die Gläubiger im Umfeld einer Insolvenzanfechtung von Austauschgeschäften ausgesetzt sehen können.

(a) Nachträgliche Verknüpfung von einseitigen Leistungen

Überträgt der Schuldner dem Vertragspartner im Rahmen eines Schenkungsversprechens einen Gegenstand und völlig unabhängig davon dieser dem Schuldner einen gleichwertigen Gegenstand, dann stehen diese beiden Transaktionen eigentlich in keiner Abhängigkeit. Die Leistung des Schuldners ist gläubigerbenachteiligend und wäre grundsätzlich anfechtbar. „Erfindet" der Schuldner nun allerdings eine *causa*, dann verbindet diese die beiden Verfügungen und es liegt ein wirtschaftlich vermeintlich neutrales Geschäft vor, das dann aufgrund der Gesamtbetrachtung nach herrschendem Verständnis unanfechtbar ist.

(b) Kombination von verschiedenen Austauschgeschäften

Auch denkbar ist, dass der Ausschluss der Anfechtung dadurch manipuliert wird, dass die Leistungsbeziehungen verschiedener Austauschgeschäfte kombiniert werden, z. B. wenn Schuldner und Anfechtungsgegner in laufenden Geschäftsbeziehungen stehen: In dem Monat vor dem Ausbruch der finanziellen Krise beim Schuldner wurden Waren im Wertverhältnis 60/50 ausgetauscht und in der Krise dann im Wertverhältnis 50/10. Jedenfalls das zweite Austauschgeschäft ist grundsätzlich anfechtbar. Die Parteien könnten nun aber behaupten, dem Leistungsaustausch vor der Krise sei ein Geschäft mit einer Wertrelation der Leistungsgegenstände von 60/10 zugrunde gelegen und in der Krise sei 50/50 abgewickelt worden. Das erste Geschäft sei nicht im kritischen Zeitraum vollzogen worden und damit nicht anfechtbar. Das zweite Geschäft sei wirtschaftlich ausgeglichen, sodass bei diesem eine Anfechtbarkeit ebenfalls nicht gegeben sei.

---

60 Siehe oben S. 51 f.

(c) Das „Erfinden" einer Gegenleistung

Schließlich könnten die Parteien für ein einseitiges oder ein partiell unausgeglichenes Geschäft eine vom Anfechtungsgegner niemals erbrachte Gegenleistung beliebig benennen, d. h. „erfinden", und so ein neutrales Austauschgeschäft fingieren.

(aa) Rückgriff auf einen im Schuldnervermögen bereits vorhandenen Gegenstand

Ein Anfechtungsausschluss könnte dadurch manipuliert werden, dass ein sich bereits in der Masse befindlicher Gegenstand als vermeintliche Gegenleistung des Anfechtungsgegners für eine im Ausgangspunkt eigentlich einseitige Leistung des Schuldners deklariert wird: S wendet einseitig A den Wert 100 zu. S und A behaupten allerdings nun in der Insolvenz, S habe im Gegenzug für die Leistung einen Ring erhalten. Tatsächlich befindet sich dieser allerdings schon seit Jahrzehnten im Eigentum des S.

(bb) Rückgriff auf einen im Schuldnervermögen nicht vorhandenen Gegenstand

Ebenso kann auch schlicht eine gleichwertige Gegenleistung „erfunden" werden und der Schuldner behaupten, dass diese nach dem Leistungsaustausch verbraucht oder untergegangen sei: S wendet dem A einseitig eine Leistung zu. S behauptet nun wahrheitswidrig, A hätte ihm im Gegenzug Rohstoffe geleistet, die allerdings inzwischen ersatzlos untergegangen seien.

(3) Gestaltungsspielraum des Normsetzers

Die Analyse hat aufgezeigt, dass die Gefahren einer Manipulation im Umfeld der Anfechtung von Austauschgeschäften, vor denen die absolute Rechtslage die Gläubiger grundsätzlich schützt, existent sind. Trotzdem sprechen der Normsetzer und die sich daran anschließende herrschende Meinung dem Anfechtungsgegner durch die Abkehr von der absoluten Rechtslage keinen Verkehrsschutz zu. Es werden vielmehr Einwände, die sich aus der manipulationsanfälligen *causa* ableiten, bei der Ermittlung der Gläubigerbenachteiligung im Anfechtungsrecht herrschend zugelassen.[61]

Die Differenzierung zwischen relativer und absoluter Rechtslage gewährleistet Verkehrsschutz.[62] Dem Normsetzer steht es frei, die Anwendungsorte

[61] Vgl. *v. Campe*, Insolvenzanfechtung, S. 43; *J. F. Hoffmann*, Prioritätsgrundsatz, S. 70; MüKo/*Kayser/Freudenberg*, §129 InsO Rn. 108; Schmidt/*K. Schmidt*, §129 InsO Rn. 70; *Baur/Stürner*, Insolvenzrecht Rn. 18.26.; weitere Nachweise in Einl., Fn. 11 sowie in diesem Kap. Fn. 29.

[62] Siehe dazu grundlegend *J. F. Hoffmann*, Prioritätsgrundsatz, S. 32 ff.

und den Umfang von Verkehrsschutzmechanismen zu bestimmen. Ihm kommt ein Gestaltungsspielraum zu.[63] Der Normsetzer muss nur einerseits ein Mindestmaß an Verkehrsschutz in der Rechtsordnung gewährleisten und andererseits eine gewisse Kohärenz im Gesamtgefüge wahren.[64] Im Mittelpunkt der Abwägung stehen Zweckmäßigkeitsfragen. Ein Zurückschneiden des Verkehrsschutzes der Gläubiger durch eine Gesamtbetrachtung im Anfechtungsrecht ist somit nicht *per se* ausgeschlossen.

Die hier entwickelte Systematik – die sich im wirtschaftlichen Ergebnis mit dem herrschenden Anfechtungsrechtsverständnis beim neutralen Austauschgeschäft deckt – baut auf einer punktuellen Durchbrechung der Relativität auf und ebnet durch den Einbezug der *causa* den Weg für eine alternierende Betrachtung der Leistungsgegenstände. Auch wenn dieses vom Normsetzer erzielte Abwägungsergebnis grundsätzlich einen Eingriff in die Grundsystematik des Privatrechts bedeutet, verletzt das partielle Außerachtlassen der absoluten Rechtslage keine Ermessensgrenzen.

Kehrseite der in diesem Zusammenhang zulässigen Durchbrechung scheint allerdings auf den ersten Blick zu sein, dass der Anfechtungsgegner sich Manipulationsgefahren im Zusammenhang mit der Parteiabrede ungeschützt ausgesetzt sieht. Dieser Befund wird allerdings nach einer vollständigen Untersuchung des Anfechtungsrechts zu relativieren sein. Bisher wurde nur ein Ausschnitt des Anfechtungsrechts analysiert. Es steht noch die Untersuchung aus, ob der Normsetzer die Gläubiger nicht durch andere, speziell im Anfechtungsrecht verankerte Verkehrsschutzmechanismen vor manipulierten Parteiabreden schützt, sodass der Verzicht auf den durch die absolute Rechtslage gewährten Schutz in der Gesamtschau durch andere, anfechtungsspezifische Verkehrsschutzmechanismen aufgefangen werden könnte. Auf die Frage nach alternativen Verkehrsschutzmechanismen im Anfechtungsrecht wird im Zusammenhang mit der Figur der mittelbaren Gläubigerbenachteiligung eingegangen.[65]

d) Zwischenergebnis

Die in der Rechtswissenschaft vorgetragenen Argumente im Zusammenhang mit der Diskussion, ob eine wirtschaftliche Gesamtbetrachtung im Anfechtungsrecht außerhalb von §142 InsO zulässig ist, überzeugen nicht. Entscheidende Frage ist vielmehr, ob bei der Bestimmung der Gläubigerbenachteiligung von Austauschgeschäften auf die *causa*, aus der der Austauschcharakter (Alternität) hervorgeht, zurückgegriffen werden darf. Ob die relative oder die abso-

---

[63] *J. F. Hoffmann*, Prioritätsgrundsatz, S. 33; vgl. auch *Hager*, Verkehrsschutz durch redlichen Erwerb, S. 81.

[64] *J. F. Hoffmann*, Prioritätsgrundsatz, S. 33.

[65] Vgl. unten S. 79ff.

lute Rechtslage maßgeblich ist, ist eine Frage des Umfangs des gewährten Verkehrsschutzes vor nachträglichen Manipulationen an der Parteiabrede, die im Ermessen des Normsetzers steht und von Zweckmäßigkeitserwägungen geprägt wird.[66] Die Beachtung der Austauschabrede im Rahmen der Gesamtbetrachtung bei der Ermittlung der Gläubigerbenachteiligung ist eine partielle – und im Gesamtgefüge der Rechtsordnung untypische – Durchbrechung der Relativität. Die Durchbrechung ist darin zu sehen, dass auch die Gläubiger bei einem Zugriff auf die Haftungsmasse die zwischen dem Schuldner und dem Anfechtungsgegner *inter partes* getroffene Vereinbarung beachten müssen. Aufgrund des verabredeten Austauschcharakters (Alternität) dürfen sie nur entweder auf die Leistung oder auf die Gegenleistung zugreifen. Wie schwer der Verlust der absoluten Rechtslage für die Gläubiger bei der Anfechtung eines Austauschgeschäfts wiegt, d. h., ob das Anfechtungsrecht tatsächlich keine Schutzmechanismen vor Manipulationen an der Parteiabrede bereithält, wurde noch nicht abschließend untersucht.[67]

5. *Nebeneinander von wirtschaftlicher Gesamtbetrachtung und Einzelbetrachtungslehre in der Rechtsprechung*

Nur auf den ersten Blick ist es ein Widerspruch, dass die Rechtsprechung im Zusammenhang mit der Gläubigerbenachteiligung einerseits eine wirtschaftliche Gesamtbetrachtung vornimmt[68] und andererseits in Urteilsbegründungen regelmäßig betont, dass eine Einzelbetrachtung vorzunehmen sei.[69] Zu erkennen gilt es, dass der „Vereinzelungsgedanke“ der Rechtsprechung eine abweichende Thematik adressiert und keine Aussage zu der hier grundlegend diskutierten Frage trifft, ob eine Verknüpfung der einzelnen Rechtshandlungen durch den Rückgriff auf eine *causa* zulässig ist.[70] Die Rechtsprechung definiert mit der Einzelbetrachtungslehre lediglich den Anfechtungsgegenstand.[71] Anfechtungsgegenstand sei jeweils nur der kleinste Baustein in einer wirtschaftlichen Beziehung. Bei einem Bündel von Transaktionen seien die einzelnen Rechtshandlungen zu separieren und jeweils nur einzeln auf ihre Anfechtbarkeit zu untersuchen, z. B. sei ein Rahmenvertrag nicht als Ganzes anfechtbar, sondern

[66] Vgl. oben S. 68 f.

[67] Siehe aber unten S. 79 ff.

[68] BGHZ 86, 349, 355; 124, 76, 79; BGH NZI 2018, 800, 801 Rn. 15; 2019, 392 Rn. 9; vgl. oben S. 61.

[69] BGHZ 174, 228, 234 Rn. 18; 182, 317, 322 Rn. 13; BGH ZIP 2008, 2272, 2274 Rn. 20; 2010, 793 Rn. 10; 2012, 636, 637 Rn. 12; 2015, 2328, 2330 Rn. 18; *Ganter*, NZI 2010, S. 835, 837 in Fn. 22; *ders.*, FS Görg, S. 169, 178 ff.; *Bitter*, KTS 2016, S. 455, 479 ff.; K/P/B/*F Bartels*, § 129 InsO Rn. 87 ff.

[70] *Bitter*, KTS 2016, S. 455, 479 f.

[71] BGHZ 174, 228, 234 Rn. 18; BGH NJW 1987, 1812, 1813; vgl. *Bitter*, KTS 2016, S. 455, 480.

die ihm zugrunde liegenden Rechtshandlungen nur jeweils isoliert.[72] Die Regelungswirkung der Einzelbetrachtungslehre der Rechtsprechung endet allerdings, wenn der Anfechtungsgegenstand bestimmt wurde. Wie die anfechtungsrechtliche Beziehung des Anfechtungsgegenstandes zu etwaigen Vorteilen ist, thematisiert die Einzelbetrachtungslehre nicht.[73] Im Ergebnis gehen der „Vereinzelungsgedanke" bei der Bestimmung des Anfechtungsgegenstandes und die zulässige Gesamtbetrachtung eines Austauschgeschäfts bei der Evaluation einer Gläubigerbenachteiligung ohne Friktionen zusammen.

III. Ermittlung der Masseneutralität

Neben dem alternierenden Verhältnis ist weiteres Charakteristikum eines neutralen Austauschgeschäfts die wirtschaftliche Äquivalenz von Leistung und Gegenleistung. Das anfechtungsrechtliche Verständnis von einer wirtschaftlichen Neutralität der Leistungsgegenstände ergibt sich aus der Struktur und der Zielsetzung der Anfechtung: Leistung und Gegenleistung sind wirtschaftlich äquivalent, wenn in dem Moment, in dem die Leistung nach Abschluss des Anfechtungsprozesses in die Haftungsmasse fällt und aufgrund des alternierenden Verhältnisses zeitgleich die Gegenleistung ausscheidet, der wirtschaftliche Wert der Haftungsmasse insgesamt unverändert bleibt. Dies ist dann der Fall, wenn die hypothetische Verwertung von beiden Gegenständen einen identischen Erlös erzielen würde. Für die Frage, ob die Befriedigungsaussichten negativ beeinträchtigt sind, ist nur die Wertrelation der Leistungsgegenstände in diesem zeitlichen Endpunkt entscheidend.[74] Wie sich das Wertverhältnis von Leistung und Gegenleistung in jedem anderen Zeitpunkt gestaltet, ist für die Bestimmung, ob Gläubigerbenachteiligung vorliegt, grundsätzlich nicht von Relevanz.[75]

1. Letztmöglicher Zeitpunkt im Anfechtungsprozess

Maßgeblicher Zeitpunkt für die Ermittlung des Wertverhältnisses der Leistungsgegenstände müsste demnach eigentlich der Moment sein, in dem der Anfechtungsprozess mit einem Erfolg für die Gläubiger endet und das Zugriffsrecht der Gläubiger auf den Anfechtungsgegenstand feststeht. Dieser Zeitpunkt liegt allerdings nach dem gefällten Urteil und muss deshalb aus prozessualen Gesichtspunkten ausscheiden.[76] Vielmehr ist ein Stichtag zu bestimmen, der einer-

---

[72] Vgl. K/P/B/*F. Bartels*, §129 InsO Rn. 87; MüKo/*Kayser/Freudenberg*, §129 InsO Rn. 55 f.; Uhlenbruck/*Borries/Hirte*, §129 InsO Rn. 105 ff.

[73] *Bitter*, KTS 2016, S. 455, 479 f.

[74] Vgl. RGZ 15, 62, 63; Jaeger/*Henckel*, §129 InsO Rn. 140.

[75] Vgl. *Bitter*, KTS 2016, S. 455, 468; *Harbeck*, Gläubigerbenachteiligung, S. 164; Jaeger/*Henckel*, §129 InsO Rn. 128; siehe aber zur unmittelbaren Gläubigerbenachteiligung unten S. 72 ff.

[76] Jaeger/*Henckel*, §129 InsO Rn. 140.

seits der rechtskräftigen Feststellung der Anfechtbarkeit nahekommt und andererseits aber noch auf den Ausgang des Anfechtungsprozesses Einfluss nehmen kann. Maßgeblich ist deshalb der letztmögliche Zeitpunkt in einem Anfechtungsprozess, in welchem die Tatsachenlage, die als Grundlage für eine richterliche Entscheidung dient, noch nicht final festgestellt wurde. Dieser Moment tritt in der Regel während der letzten mündlichen Verhandlung im Anfechtungsprozess ein.[77] Anfechtungsrechtliche Neutralität liegt folglich vor, wenn sich im prozessual letztmöglichen Moment die beiden Leistungsgegenstände der Transaktion bei einer hypothetischen Verwertung in dem zu erwartenden Erlös mindestens gleichen.[78]

Im Ausgangspunkt vermag es überraschen, dass ausschließlich dieser späte Evaluationszeitpunkt für die Ermittlung der Beeinträchtigung der Befriedigungsaussichten maßgeblich sein soll, denn herrschend werden im Zusammenhang mit dem Begriff der Gläubigerbenachteiligung zwei Zeitpunkte gehandelt: ein beim Leistungsaustausch schon unausgeglichenes Austauschgeschäft (unmittelbare Gläubigerbenachteiligung)[79] und ein beim Leistungsaustausch ausgeglichenes, jedoch später unausgeglichenes Austauschgeschäft (mittelbare Gläubigerbenachteiligung).[80]

Beide Figuren definieren – trotz der Namensverwandtschaft – allerdings keine unterschiedlichen Szenarien hinsichtlich der Frage, wann die Befriedigungsaussichten der Gläubiger beeinträchtigt sind.[81] Sowohl die mittelbare als auch die unmittelbare Gläubigerbenachteiligung erkennt an, dass die Gläubiger bei einem Austauschgeschäft nur dann schlechter stehen und die Rechtshandlung anfechtbar ist, wenn sich die Leistungsgegenstände in dem prozessual letztmöglichen Zeitpunkt wirtschaftlich nicht gleichen.[82]

2. *Unmittelbare Gläubigerbenachteiligung*

Der unmittelbaren Gläubigerbenachteiligung, d. h., dass Leistung und Gegenleistung beim Austausch nicht wertäquivalent sind, spricht die Insolvenzordnung ausschließlich bei §132 Abs. 1 InsO und §133 Abs. 4 S. 1 InsO Bedeu-

[77] Vgl. RGZ 14, 311, 313; BGHZ 143, 246, 253; BGH NZI 2007, 457; HK/*Thole*, §129 InsO Rn. 57; Jaeger/*Henckel*, §129 InsO Rn. 140; mit Ausführungen zum maßgeblichen Zeitpunkt im Berufungsverfahren *Kreft*, KTS 2012, S. 405, 411.

[78] Hahn, Materialien IV, S. 124 (S. 114): „Rechtshandlungen, welche den Gläubigern zum Vortheil gereichen, können nicht angefochten werden; das ist selbstverständlich."

[79] BGHZ 128, 184, 187; 129, 236, 243; MüKo/*Kayser/Freudenberg*, §129 InsO Rn. 113; *Thole*, Gläubigerschutz, S. 325; *F. Bartels*, Insolvenzanfechtung, S. 172; Jaeger/*Henckel*, §129 InsO Rn. 91; *v. Campe*, Insolvenzanfechtung, S. 46.

[80] Vgl. BT-Drs. 12/2443, S. 157; BGHZ 143, 246, 253; Schmidt/*K. Schmidt*, §129 InsO Rn. 57; Uhlenbruck/*Borries/Hirte*, §129 InsO Rn. 245; *v. Campe*, Insolvenzanfechtung, S. 46; *Jauernig/Berger*, Zwangsvollstreckungs- und Insolvenzrecht, §51 Rn. 32.

[81] *Häsemeyer*, Insolvenzrecht, Rn. 21.18, 21.26 f.

[82] *Häsemeyer*, Insolvenzrecht, Rn. 21.26 f.

tung zu.[83] Durch die unmittelbare Gläubigerbenachteiligung werden lediglich einzelne Voraussetzungen der Anfechtung modifiziert. Der Grundsatz des §129 InsO, dass im letztmöglichen Zeitpunkt eine Gläubigerbenachteiligung vorliegen muss, bleibt davon unberührt.

a) §132 Abs. 1 InsO

§132 Abs. 1 InsO setzt tatbestandlich eine unmittelbare Gläubigerbenachteiligung voraus.[84] Bei diesem Anfechtungsgrund ist die unmittelbare Gläubigerbenachteiligung lediglich eine zusätzliche Hürde und privilegiert den Anfechtungsgegner:[85] Selbst wenn am Ende die Befriedigungsaussichten der Gläubiger durch das Geschäft negativ beeinflusst wurden, kann es nicht angefochten werden, wenn beim Leistungsaustausch die Leistungsgegenstände gleichwertig waren. In der Sache nimmt die Figur der unmittelbaren Gläubigerbenachteiligung dem Anfechtungsgegner in §132 Abs. 1 InsO jegliches Risiko einer nachträglichen Veränderung der Wertverhältnisse, z. B. durch Marktwertschwankungen oder durch den Untergang der Gegenleistung, ab.[86] Hintergrund des Privilegs ist es wie bei §142 InsO, die wirtschaftliche Handlungsfähigkeit des Schuldners partiell zu sichern.[87]

Gleichen sich hingegen Leistung und Gegenleistung beim Austausch nicht, d. h., liegt im Ausgangspunkt eine unmittelbare Benachteiligung vor, dann ist – wie bei allen anderen Anfechtungsgründen auch – maßgeblich für eine Anfechtbarkeit, dass im letztmöglichen Zeitpunkt die Leistungsgegenstände nicht wirtschaftlich gleichwertig sind. Sollten Leistung und Gegenleistung im Einzelfall durch Veränderung des Marktwerts doch im maßgeblichen Evaluationszeitpunkt wirtschaftlich gleichwertig sein, scheidet eine Anfechtung mangels Beeinträchtigung der Befriedigungsaussichten der Gläubiger – trotz bestehender unmittelbarer Gläubigerbenachteiligung – aus.[88]

b) §133 Abs. 4 S. 1 InsO

§133 Abs. 4 S. 1 InsO hingegen definiert weder den Anwendungsbereich der Vorsatzanfechtung, noch gewährt die Regelung dem Anfechtungsgegner un-

---

[83] *Kühnemund*, Anfechtung von Prozesshandlungen S. 41 f.; *F. Bartels*, Insolvenzanfechtung, S. 171.

[84] Uhlenbruck/*Borries/Hirte*, §132 InsO Rn. 1; Jaeger/*Henckel*, §132 InsO Rn. 5; MüKo/*Kayser/Freudenberg*, §132 InsO Rn. 1.

[85] Vgl. Schmidt/*Ganter/Weinland*, §132 InsO Rn. 24; K/P/B/*Schoppmeyer*, §132 InsO Rn. 3.

[86] *Häsemeyer*, Insolvenzrecht, Rn. 21.69.

[87] Schmidt/*Ganter/Weinland*, §132 InsO Rn. 24; Jaeger/*Henckel*, §132 InsO Rn. 10; siehe zur Legitimation von §142 InsO unten S. 81 ff.

[88] Vgl. *Bitter*, KTS 2016, S. 455, 468; *Harbeck*, Gläubigerbenachteiligung, S. 164; Jaeger/*Henckel*, §129 InsO Rn. 128.

mittelbar zusätzlichen Verkehrsschutz, sondern kehrt vielmehr in speziellen Konstellationen die Beweislast um.[89] Bei entgeltlichen Verträgen müssen nahestehende Personen die fehlende Kenntnis des Gläubigerbenachteiligungsvorsatzes beweisen, insoweit das Geschäft schon beim Leistungsaustausch unausgeglichen war, d. h., eine unmittelbare Gläubigerbenachteiligung vorlag.[90] Hintergrund ist, dass der Normsetzer von einer gewissen Verdächtigkeit eines zum Leistungszeitpunkt unausgeglichenen Austauschgeschäfts ausgeht.[91] Davon unberührt bleibt allerdings die Grundvoraussetzung jeder Anfechtung, dass durch die potenziell anfechtbare Rechtshandlung im maßgeblichen Evaluationszeitpunkt überhaupt die Beeinträchtigung der Befriedigungsaussichten der Gläubiger ausgemacht wird. Sollten sich im Endpunkt trotz anfänglicher Wertdifferenz Leistung und Gegenleistung wirtschaftlich gleichen, scheitert die Anfechtung bereits an der fehlenden Benachteiligung der Gläubiger, § 129 InsO. Der Kenntnis des Gläubigerbenachteiligungsvorsatzes ebenso wie der Beweisbarkeit kommt in diesen Fällen keine Bedeutung zu.

3. Mittelbare Gläubigerbenachteiligung

Eine mittelbare Gläubigerbenachteiligung liegt vor, wenn Leistung und Gegenleistung im Ausgangspunkt wirtschaftlich äquivalent waren, jedoch im weiteren Verlauf die Gegenleistung beim Schuldner untergeht oder sich das Wertverhältnis der Leistungsgegenstände zum Nachteil der Gläubiger verschlechtert hat.[92] Im maßgeblichen Bewertungszeitpunkt liegt in diesen Fällen keine Gleichwertigkeit der Leistungsgegenstände vor, sodass die Befriedigungsaussichten der Gläubiger beeinträchtigt sind und das Geschäft grundsätzlich anfechtbar ist. In der Sache ordnet die Figur der mittelbaren Benachteiligung die Gefahr des Untergangs der Gegenleistung dem Anfechtungsgegner ungeachtet dessen zu,[93] dass nach dem Leistungsaustausch sich die Gegenleistung beim Schuldner befindet, dieser über die Verwendung bzw. die Herbeiführung des Untergangs entscheiden kann und damit die Anfechtbarkeit in seine Hand gelegt wird. Dies verdeutlicht folgender Beispielsfall:

Der materiell insolvente S hat ein außergewöhnliches Hobby. Er nimmt an Motorsportveranstaltungen teil, bei denen mit einem handelsüblichen Pkw im Gelände so viele Runden gedreht werden, bis dieser vollkommen fahruntüchtig geworden ist. Kurz vor dem

---

[89] BGH NZI 2012, 562, 563 Rn. 19; MüKo/*Kayser/Freudenberg*, § 133 InsO Rn. 39; Schmidt/*Ganter/Weinland*, § 133 InsO Rn. 96.

[90] Vgl. BGH NZI 2012, 562, 563 Rn. 19; Uhlenbruck/*Borries/Hirte*, § 133 InsO Rn. 183a; kritisch *Thole*, KTS 2007, S. 293, 311.

[91] Vgl. MüKo/*Kayser/Freudenberg*, § 133 InsO Rn. 44.

[92] Vgl. BT-Drs. 12/2443, S. 157; BGHZ 143, 246, 253; Schmidt/*K. Schmidt*, § 129 InsO Rn. 57; Uhlenbruck/*Borries/Hirte*, § 129 InsO Rn. 245; *v. Campe*, Insolvenzanfechtung, S. 46; *Jauernig/Berger*, Zwangsvollstreckungs- und Insolvenzrecht, § 51 Rn. 32.

[93] *Bitter*, KTS 2016, S. 455, 503 ff.

Start tauschen S und A zwei gleichwertige Autos. S wäre auch mit seinem ursprünglichen Auto angetreten. Der nach Insolvenzverfahrenseröffnung eingesetzte Insolvenzverwalter ficht das Austauschgeschäft an.[94]

In dem Beispiel hat der Schuldner vorsätzlich den Untergang des Autos herbeigeführt. Trotzdem liegt nach herrschendem Verständnis Gläubigerbenachteiligung vor und eine Anfechtung ist grundsätzlich möglich.[95] Und dies, obwohl auch der ursprüngliche Gegenstand (Leistung) nicht zur Gläubigerbefriedigung zur Verfügung gestanden hätte.[96]

a) *Abflussprinzip*

Spricht man der Anfechtung eine schadensersatzähnliche Ordnungsfunktion zu, liegt keine Gläubigerbenachteiligung vor, wenn in der Summe in der Masse kein Vermögensabfluss zu verzeichnen ist. Der durch den Abfluss in der Masse eingetretene Nachteil muss durch die Gegenleistung vollständig restituiert werden.[97] Der Nachteil umfasst aus Sicht der Gläubiger denjenigen Wert der Leistung, der diesen im Moment des Gläubigerzugriffes zugekommen wäre. Stichtag für die Wertermittlung ist der letztmögliche Zeitpunkt im Anfechtungsprozess.[98] Neutralität liegt vor, wenn die Gegenleistung bei wirtschaftlicher Betrachtung den Platz ausfüllt, den die Leistung bei einem hypothetischen Verbleib in der Haftungsmasse im Moment der Verwertung eingenommen hätte. Welchen Einflüssen die Leistung nach dem Leistungsaustausch beim Schuldner ausgesetzt gewesen wäre, ist aufgrund der hypothetischen Sachlage nachträglich nicht zu bestimmen. Der Normsetzer hat festgelegt, dass für die anfechtungsrechtliche Wertermittlung das Untergangs- und Verwendungsrisiko der Leistung bei null anzusetzen ist.[99] Der eingetretene Nachteil ergibt sich folg-

---

[94] Fall angelehnt an *Bitter*, KTS 2016, S. 455, 504.

[95] Siehe aber unten S. 86.

[96] Vgl. mit Ausführungen zu vergänglichen Leistungsgegenständen bei § 64 GmbHG *Fölsing*, KSI 2015, S. 70, 72. Auch ist nach diesem Verständnis im Ausgangspunkt jeder Erwerb des Schuldners einer neuwertigen Sache mit anschließender Verwendung gläubigerbenachteiligend: S erwirbt von A zum Marktwert einen Neuwagen und fährt diesen zum ersten Mal im öffentlichen Straßenraum. Durch die Inbetriebnahme verliert das Auto massiv an Wert und ist nun nicht mehr wirtschaftlich äquivalent zum im Ausgangspunkt angemessenen, marktüblichen Kaufpreis, vgl. *Bitter*, KTS 2016, S. 455.

[97] Vgl. oben S. 54 f.

[98] Vgl. oben S. 71 f.

[99] Der ausschlaggebende Gedanke für die Verankerung der mittelbaren Benachteiligung findet sich bei RGZ 10, 5, 8: „Denn unter den die Gläubiger ‚benachteiligenden' Geschäften sind keineswegs nur solche zu verstehen, bei welchen der [sic] von dem anderen Teile zu leistende Entgelt hinter dem Werte des veräußerten Gegenstandes zurückbleibt. Man muß sich vielmehr zum Verständnisse dieses Begriffes auf den Standpunkt des anfechtenden Gläubigers stellen. Dieser ist aber schon benachteiligt, wenn vom Schuldner ein Vermögensgegenstand veräußert und der [sic] Entgelt für denselben in dem Vermögen des Schuldners nicht [mehr] vorhanden ist. Der Gläubiger ist benachteiligt, insoweit er ohne den Betrag, bezw. die Rechtshandlung seines Schuldners in höherem Maße Befriedigung erhalten würde." Das Gericht hat

lich aus dem Marktwert, der dem Leistungsgegenstand in seinem Zustand beim Leistungsaustausch zukommt. Die Gegenleistung kompensiert dann den eingetretenen Nachteil, wenn sie im prozessual letztmöglichen Zeitpunkt bei einer Verwertung mindestens diesen Erlös erzielt.

b) Zuflussprinzip

Anders fügt sich die mittelbare Gläubigerbenachteiligung bei einer bereicherungsrechtsähnlichen Ordnungsfunktion in das System der Insolvenzanfechtung ein. Ausgangsgedanke bei einem Zuflussprinzip ist, dass Leistung und Gegenleistung sich in einem alternierenden Verhältnis befinden. Geht die Gegenleistung unter, modifiziert sich diese Konstruktion. Für die Gläubigerbenachteiligung ist nun maßgeblich, ob die Leistung und ein gegebenenfalls bestehender Ersatzanspruch für den Untergang der Gegenleistung in einem alternierenden Verhältnis stehen. Dies ist davon abhängig, ob nach dem Willen der Parteien bei einer untergegangenen Gegenleistung ein Wertersatzanspruch besteht. Dieser Problemkreis ist aus dem allgemeinen Zivilrecht im Zusammenhang mit der Rückabwicklung nichtiger gegenseitiger Verträge, bei denen der Austausch bereits vollzogen wurde, bekannt. Wie die Untergangsgefahr bei einem Austauschgeschäft bei beidseitig ausgetauschten Leistungen verteilt ist, wenn es keine ausdrücklichen vertraglichen oder gesetzlichen Regelungen gibt, ist in der Rechtswissenschaft umstritten. Es konkurrieren unter anderem die modifizierte Zwei-Kondiktionen-Theorie,[100] die Saldotheorie des BGH[101] und die auf *Flume* zurückgehende Lehre der vermögensmäßigen Entscheidung.[102] Durch die Figur der mittelbaren Benachteiligung wird allerdings die Gefahr der Verwendung und des Untergangs im Anfechtungsrecht pauschal und unabhängig von etwaigen bestehenden vertraglichen Gefahrtragungsregelungen dem Anfechtungsgegner auferlegt. Zu überprüfen ist, ob dieser vom allgemeinen Zivilrecht abweichende Sonderweg im Anfechtungsrecht legitimiert werden kann.

aa) Kritik von Bitter *an der Figur der mittelbaren Gläubigerbenachteiligung*

Bitter zweifelt die unter dem Begriff der mittelbaren Gläubigerbenachteiligung im Anfechtungsrecht bestehende Verteilung der Untergangsgefahr der Gegen-

---

die grundlegende Wertungsentscheidung getroffen, dass den Gläubigern die Leistung in jedem Fall zur Verfügung gestanden hätte; siehe auch RGZ 33, 120, 122 f.; Hahn, Materialien IV, S. 124 f. (S. 114).

[100] MüKo/*Schwab*, § 818 BGB Rn. 279 ff.; Erman/*Buck-Heeb*, § 818 BGB Rn. 44; *Larenz/Canaris*, Schuldrecht II 2, S. 335 f.

[101] BGHZ 53, 144, 146; 57, 137, 146 ff.; 72, 252, 254; 147, 152, 157; vgl. *Bolze*, AcP 76 (1890), S. 233 ff.; MüKo/*Schwab*, § 818 BGB Rn. 236 ff.

[102] *Flume*, FS Niedermeyer, S. 103, 167; *ders.*, NJW 1970, S. 1161, 1163; *ders.*, AcP 194 (1994), S. 427, 439; *ders.*, JZ 2002, S. 321 ff.

leistung an.[103] Er meint, Friktionen zwischen dem Insolvenzanfechtungsrecht und dem allgemeinen Zivilrecht auszumachen, und ist in der Folge um eine Harmonisierung bemüht.[104]

(1) § 446 BGB als allgemeine Gefahrtragungsregel im Zivilrecht

Bitter sieht es als grundsätzliche Wertung des Zivilrechts an, dass mit dem Leistungsaustausch auch die Gefahr des Untergangs der Leistungsgegenstände übergehe (vgl. § 446 BGB).[105] Diese allgemeine Gefahrtragungsregel meint er auch im Bereicherungs-, Schadens- und Gesellschaftsrecht ausmachen zu können.[106] Mit diesem universellen Grundsatz kollidiert allerdings der Gedanke der mittelbaren Gläubigerbenachteiligung im Anfechtungsrecht.[107] Um eine Harmonisierung im Zivilrecht herbeizuführen, überträgt *Bitter* die ausgemachte allgemeine Regel des § 446 BGB auch in das Anfechtungsrecht.[108] Er will nicht auf den letztmöglichen prozessualen Zeitpunkt zur Ermittlung einer wirtschaftlichen Vergleichbarkeit von Leistung und Gegenleistung zurückgreifen, sondern *Bitter* will auf den Moment des Leistungsaustausches abstellen.[109] Damit befreit *Bitter* einerseits den Anfechtungsgegner von dem Verwendungs- und

---

103 *Bitter*, KTS 2016, S. 455, 491 ff., 501 ff.

104 *Bitter* untersucht, ob sich die Insolvenzanfechtung – der Titel seines Aufsatzes ist Programm – harmonisch in das Zivilrecht einfügt. Bei vermeintlich ausgemachten Widersprüchen ist *Bitter* bemüht, eine Harmonisierung herbeizuführen, vgl. *Bitter*, KTS 2016, S. 455, 463 in Fn. 31 mit Bezugnahme auf *Hagen*, FS Larenz, S. 867 ff., der sich allgemein für die Gleichbehandlung von verwandten Sachproblemen im Zivilrecht ausspricht.

105 *Bitter*, KTS 2016, S. 455, 492 ff.

106 *Bitter*, KTS 2016, S. 455, 458 ff., 492 ff., 501 ff.

107 *Bitter*, KTS 2016, S. 455, 494 ff. *Bitter* sieht die Gefahr, dass die Insolvenzanfechtung durch die mittelbare Gläubigerbenachteiligung in der Sache eine verschuldensunabhängige Gefährdungshaftung etabliert: „Doch wird das Insolvenzanfechtungsrecht […] [durch die Figur der mittelbaren Benachteiligung] in sich unstimmig, weil es von einem Instrument der Rückführung von in das Vermögen des Anfechtungsgegners verlagertem Vermögen zu einer Art insolvenzspezifischem Schadensersatzrecht mutiert, ohne dass dabei die allgemeinen Schadensersatzregeln des BGB – wie insbesondere das Verschuldensprinzip – gelten würden.“, *Bitter*, a. a. O., S. 503. „Für den Rechtsanwender stellt sich deshalb die Frage, ob er an jene Überlegungen des Gesetzgebers, welche Grundlage der heute herrschenden Sichtweise zur (angeblichen) mittelbaren Gläubigerbenachteiligung trotz wertdeckender Gegenleistung sind, gebunden ist […].“, *Bitter*, a. a. O., S. 505.

108 *Bitter*, KTS 2016, S. 455, 505 ff., 508.

109 *Bitter*, KTS 2016, S. 455, 496 ff., 518 Nr. 2. Er führt u. a. § 64 GmbHG als Argument an: Der BGH hat bei § 64 GmbHG seine vormalige Rechtsprechung aufgegeben und vertritt nun, dass für die Bewertung der Wertdifferenz von Ab- und Zufluss der Zeitpunkt des Leistungsaustausches maßgeblich ist und nicht ein späterer Zeitpunkt, BGHZ 203, 218, 221 Rn. 11 ff. Das aus dem Gesellschaftsrecht abgeleitete Argument überzeugt allerdings im Anfechtungsrecht nicht: Zwar darf das Insolvenzrecht kein vom restlichen Zivilrecht abgewandtes Eigenleben führen, vgl. *Würdinger*, Zahlungsverkehr, S. 398. Jedoch können nur dort Schlüsse aus anderen Rechtsinstituten gezogen werden, wo zuvor die tatsächliche Verwandtschaft nachgewiesen wurde. Ein Folgeurteil des BGH machte deutlich, dass die Insolvenzanfechtung und § 64 GmbHG nur eine entfernte rechtliche Verwandtschaft teilen und sich deshalb die in einem

Untergangsrisiko der Gegenleistung.[110] Andererseits sind bei diesem Ansatz für die Ermittlung der Gläubigerbenachteiligung etwaige Marktwertentwicklungen zugunsten des Anfechtungsgegners, z. B. das Steigen des Werts der Gegenleistung und das Sinken des Leistungswerts, anfechtungsrechtlich nicht mehr erheblich.[111]

(2) Ausnahme bei einer Vorleistung des Anfechtungsgegners

Bitter geht allerdings davon aus, dass bei einer Vorleistung des Anfechtungsgegners der Gegenleistung grundsätzlich im Anfechtungsrecht keine Bedeutung zukomme und deshalb in dieser Fallgruppe die Diskussion über die Gefahrtragung nicht ergebnisrelevant sei.[112] Durch die Vorleistung habe der Anfechtungsgegner das Insolvenzrisiko auf sich genommen, nur mit einer Insolvenzforderung und ohne Leistung und Gegenleistung zu enden.[113] Die Insolvenzanfechtung habe den Anfechtungsgegner nur in die Ausgangsposition (inklusive der Insolvenzrisiken) einer Vorleistung zurückzuversetzen:[114] Nach der Vorleistung stand dem Anfechtungsgegner weder die Leistung noch die Gegenleistung, sondern lediglich seine Erfüllungsforderung zu. Um diese Ausgangssituation wiederherzustellen, müsse der Anfechtungsgegner folglich im Zuge der Anfechtung die Leistung aufgeben und erhalte seine Erfüllungsforderung zurück. Bei diesem Ansatz kommt der Gegenleistung und somit auch der Diskussion über die korrespondierende Gefahrtragung keine Bedeutung zu. Folglich ist nach *Bitter* bei der Vorleistung des Anfechtungsgegners unabhängig von den Wertverhältnissen der Leistungsgegenstände eine Anfechtbarkeit bei einem Austauschgeschäft gegeben.[115] Mit dem Argumentationstopos der Leistungsreihenfolge im Anfechtungsrecht setzt sich die hiesige Arbeit an anderer Stelle kritisch auseinander.[116]

Rechtsgebiet anerkannten Prinzipien nicht kurzerhand auf das jeweils andere übertragen lassen, vgl. BGH NZG 2017, 1034, 1035 Rn. 12ff.

[110] *Bitter*, KTS 2016, S. 455, 492ff., 501ff., 518 Nr. 2.

[111] Vgl. allerdings *Bitter*, KTS 2016, S. 455, 468, der an dieser Stelle noch für die Berücksichtigung von nachträglichen Wertveränderungen der Leistungsgegenstände offen ist.

[112] *Bitter* meint, dies einerseits aus einer fehlenden Kausalität (siehe schon S. 57f.) und andererseits aus dem eingeschränkten Anwendungsbereich der Saldotheorie in der Insolvenz (vgl. BGHZ 149, 326, 334; BGH NJW 2005, 884; BGH ZIP 2010, 1253, 1254 Rn. 8; *Mossler*, Bereicherung, S. 1f.; *Häsemeyer*, KTS 2002, S. 603ff.) ableiten zu können, *Bitter*, KTS 2016, S. 455, 496ff.; siehe zur Unanwendbarkeit der Saldotheorie im Anwendungsbereich von §§143, 144 InsO Kap. 1, Fn. 118.

[113] *Bitter*, KTS 2016, S. 455, 496ff., 510.

[114] *Bitter*, KTS 2016, S. 455, 501, 518 Nr. 2; vgl. auch *dens./Heim*, ZIP 2010, S. 1569, 1575f.

[115] Siehe auch unten S. 104ff.

[116] Siehe ausführlich S. 57ff., 104ff.

bb) Kritik von Henckel *an der Figur der mittelbaren Gläubigerbenachteiligung*

Auch *Henckel*[117] zweifelt die Risikoverteilung bzgl. der Untergangsgefahr der Gegenleistung im Anfechtungsrecht, die die Figur der mittelbaren Benachteiligung herbeiführt, an und spricht sich für eine abweichende Gefahrtragung aus: Der Anfechtungsgegner solle die Untergangsgefahr für die Gegenleistung nach dem Leistungsaustausch nur eingeschränkt zu tragen haben. *Henckel* führt insolvenzspezifische Wertungen an und erklärt den Zeitpunkt, in welchem dem Schuldner nach §§ 80 ff. InsO die Verfügungsbefugnis abgesprochen wird, als maßgeblich für den Gefahrübergang: „Denn mit der Eröffnung des Insolvenzverfahrens beginnt die Realisierung der Haftung der beim Schuldner vorhandenen Gegenstände. Sie sind seiner Verfügungsbefugnis entzogen (§ 80 [InsO]). Der Schuldner kann die Gegenleistung nicht mehr wirksam veräußern. Ein Verlust dieser Gegenleistung erst nach der Verfahrenseröffnung kann keine anfechtungsrelevante Gläubigerbenachteiligung mehr bewirken.“[118]

cc) Legitimation der mittelbaren Gläubigerbenachteiligung

Es ist allerdings fraglich, ob aus insolvenzrechtlichen Wertungen abgeleitet werden kann, wer die Untergangsgefahr der Gegenleistung im Anfechtungsrecht trägt, denn die mittelbare Gläubigerbenachteiligung ist auch im Anfechtungsgesetz anerkannt.[119] Die von *Bitter* und *Henckel* unterbreiteten Verstöße würden zwangsläufig zu einer gespaltenen Auslegung des Gläubigerbenachteiligungsbegriffs führen.[120]

Im Ausgangspunkt ist der Gedanke von *Bitter* nachvollziehbar, die vertragliche Gefahrtragung ins Anfechtungsrecht integrieren zu wollen. Dieses Vorgehen liegt nahe, da – nach dem hier vertretenen Verständnis – mit dem Topos der alternierenden Beziehung von Leistung und Gegenleistung gerade die *causa* ins Anfechtungsrecht einbezogen wird. Allerdings könnte die mittelbare Gläubigerbenachteiligung auf anfechtungsrechtsspezifische Wertungen zurückzuführen sein, die die vertragliche Gefahrtragung überlagern.

In der Rechtswissenschaft wurde – soweit ersichtlich – noch nicht überzeugend begründet, warum mit der Figur der mittelbaren Gläubigerbenachteiligung im Anfechtungsrecht eine von der vertraglichen Gefahrtragung abweichende Reglung gilt. Eine Rechtfertigung der mittelbaren Gläubigerbenachteiligung gelingt, wenn die Verbindung dieser Figur mit der als zulässig erachteten Gesamtbetrachtung (Rückgriff auf die *causa*) im Anfechtungsrecht – wodurch die

---

117 Jaeger/*Henckel*, § 129 InsO Rn. 141; siehe auch *v. Campe*, Insolvenzanfechtung, S. 301 f.

118 Jaeger/*Henckel*, § 129 InsO Rn. 141.

119 MüKo/*Kirchhof*, § 1 AnfG Rn. 110; NK/*Haertlein*, § 1 AnfG Rn. 32.

120 Vgl. in diesem Zusammenhang auch Kap. 1, Fn. 134.

Gläubiger der Gefahr von Manipulationen an der Parteiabrede ausgesetzt werden – erkannt wird.

Die mittelbare Gläubigerbenachteiligung adressiert Konstellationen, in denen eine Gegenleistung in der Haftungsmasse nicht mehr anzutreffen ist. Der Anwendungsbereich der mittelbaren Gläubigerbenachteiligung deckt sich mit der größten Manipulationsgefahr, der sich die Gläubiger im Zusammenhang mit einem Austauschgeschäft ausgesetzt sehen:[121] das „Erfinden" einer Gegenleistung und der Behauptung, diese sei später untergegangen. In allen anderen möglichen Manipulationsfällen befindet sich immerhin noch die angebliche Gegenleistung in der Haftungsmasse, sodass der Insolvenzverwalter eine Zugriffsmöglichkeit auf diese hat und die Hintergründe ihrer Herkunft aufdecken kann. In den Konstellationen, in denen die Gegenleistung allerdings nicht mehr vorhanden ist, ist es für den Insolvenzverwalter oft nahezu unmöglich, zu überprüfen, ob dem Schuldner die angebliche Gegenleistung überhaupt zugeflossen war, bevor diese vermeintlich wieder ausgeschieden ist.

Zwar bürdet die herrschende Meinung durch das Ausblenden der absoluten Rechtslage und das Zulassen einer Gesamtbetrachtung die Manipulationsgefahren im Anfechtungsrecht grundsätzlich den Gläubigern auf.[122] Für die manipulationsanfälligste Konstellation einer „erfundenen", nicht geleisteten Gegenleistung werden die Gläubiger allerdings schlussendlich doch von der Figur der mittelbaren Gläubigerbenachteiligung – einem eigenständigen Verkehrsschutzmechanismus – vor Manipulationen im Anfechtungsrecht geschützt. Weil die Untergangsgefahr auch nach dem Leistungsaustausch weiterhin dem Anfechtungsgegner zugeordnet bleibt, ist es nicht möglich, einen Anfechtungsausschluss durch das „Erfinden" einer vermeintlich später untergegangenen Gegenleistung herbeizuführen.

Nach dem Offenlegen dieser Zusammenhänge kann nun auch der vermeintliche Widerspruch aufgelöst werden, warum einerseits die *causa* bei der Ermittlung der Gläubigerbenachteiligung miteinbezogen,[123] die vertragliche Gefahrtragung des § 446 BGB allerdings letztendlich nicht beachtet wird.[124] Die im Anfechtungsrecht durch die Figur der mittelbaren Gläubigerbenachteiligung vorgegebene Gefahrtragung ist auf die Implementierung von anfechtungsrechtsspezifischem Verkehrsschutz zurückzuführen. Die mittelbare Gläubigerbenachteiligung geht jeglichen gegebenenfalls anderweitig bestehenden Gefahrtragungsregeln vor.

Tatsächlich ist bei dieser Ausgangslage – freilich mit anderen Argumenten als *Henckel* dies tut[125] – die Frage aufzuwerfen, ob der Anfechtungsgegner auch

[121] Siehe zu den bestehenden Manipulationsgefahren oben S. 67 ff.

[122] Vgl. oben S. 64 ff.

[123] Vgl. oben S. 55 ff., S. 68 ff.

[124] Vgl. oben S. 76 ff.

[125] Jaeger/*Henckel*, § 129 InsO Rn. 141; siehe auch *v. Campe*, Insolvenzanfechtung, S. 301 ff.; vgl. oben S. 79.

noch nach Übernahme des Schuldnervermögens durch den Insolvenzverwalter die Gefahr des Untergangs der Gegenleistung tragen muss. Da es allerdings dem Insolvenzverwalter nicht möglich sein wird, direkt nach der Einsetzung eine vollständige Bestandsaufnahme der Haftungsmasse vorzunehmen, ist es über den Zeitpunkt der Verfahrenseröffnung hinaus erforderlich, dem Anfechtungsgegner die Untergangsgefahr aufzuerlegen, um Manipulationen durch ein „Erfinden“ einer vermeintlich untergegangenen Gegenleistung grundlegend ausschließen zu können.

Im Einklang mit der herrschenden Meinung trägt im Anfechtungsrecht der Anfechtungsgegner das Risiko der Verschlechterung der Gegenleistung (mittelbare Gläubigerbenachteiligung). Es liegt nur dann ein benachteiligungsfreies Austauschgeschäft vor, wenn die Gegenleistung bis zum Zeitpunkt der Wertermittlung im Anfechtungsprozess in der Haftungsmasse verblieben ist und einen identischen Wert wie die Leistung aufweist.[126]

c) *Bargeschäftsprivileg, § 142 InsO*

Die Wertungen der mittelbaren Gläubigerbenachteiligung führen dazu, dass selbst im Ausgangspunkt neutralen Austauschgeschäften aus Sicht des Vertragspartners ein unkalkulierbares, flächendeckendes Anfechtungsrisiko innewohnt.[127] Aufgrund der latenten Gefahr einer Anfechtbarkeit bestehen für den Vertragspartner oft keine Anreize, mit dem Schuldner in der Krise weitere Geschäftsbeziehungen zu pflegen. Dies führt in der Praxis dazu, dass es für den Schuldner ab drohender materieller Insolvenz faktisch ausgeschlossen ist, bis zur Einsetzung des Insolvenzverwalters am Wirtschaftsverkehr teilzunehmen.[128]

Das von der mittelbaren Gläubigerbenachteiligung hervorgerufene Ergebnis könnte allerdings konträr zu den Insolvenzgläubigerinteressen sein und damit im Widerspruch zur grundsätzlichen Stoßrichtung der Insolvenzanfechtung stehen, die Gläubigerbefriedigungsaussichten zu schützen.[129] Ein Weiterwirtschaften des Schuldners auch in der materiellen Insolvenz ist im Interesse der Gläubiger, da es die Krise abmildert, wenn Sanierungsmaßnahmen schon vor der formellen Insolvenz durchgeführt werden.[130] Ebenso ist es für die Gläubigerbefriedigung förderlich, wenn z. B. ein profitables Schuldnerunternehmen

---

[126] Vgl. BT-Drs. 12/2443, S. 157; BGHZ 143, 246, 253; Schmidt/*K. Schmidt*, § 129 InsO Rn. 57; Uhlenbruck/*Borries/Hirte*, § 129 InsO Rn. 245; *v. Campe*, Insolvenzanfechtung, S. 46; *Jauernig/Berger*, Zwangsvollstreckungs- und Insolvenzrecht, § 51 Rn. 32; *Warneyer/Bohnenberg*, Kommentar, S. 110.

[127] Siehe den Beispielsfall oben S. 74 f.

[128] *Klinck*, Insolvenzanfechtung, S. 380; *v. Campe*, Insolvenzanfechtung, S. 48; *Jaeger*, JW 1915, S. 1253; *Dauernheim*, Anfechtungsrecht, S. 145.

[129] Siehe zum Legitimationsgrund der Anfechtung Kap. 2, Fn. 2.

[130] *Klinck*, Insolvenzanfechtung, S. 380 ff.; *J. F. Hoffmann*, Prioritätsgrundsatz, S. 55.

nicht zerschlagen, sondern weitergeführt wird.[131] Beide Facetten setzen allerdings ein Mindestmaß an wirtschaftlicher Handlungsfähigkeit des Schuldners voraus.

Um auch in der Krise die Attraktivität des Schuldners als Vertragspartner zu sichern, privilegiert § 142 InsO nach herrschendem Verständnis anfechtbare Rechtshandlungen durch einen Anfechtungsausschluss.[132] Dem Vertragspartner wird im Anwendungsbereich des Bargeschäftsprivilegs garantiert, dass die durchgeführte Transaktion auch in einem Insolvenzverfahren Bestand hat und nicht durch eine Anfechtung revidiert wird.[133] Somit kann der Anfechtungsgegner von § 142 InsO abgedeckte Geschäfte ohne Bedenken mit dem Schuldner abwickeln. § 142 InsO stellt die wirtschaftliche Handlungsfähigkeit des Schuldners in der Krise partiell wieder her. Durch die Einräumung des Bargeschäftsprivilegs verzichten die Gläubiger teilweise auf den durch die mittelbare Gläubigerbenachteiligung gewährten Verkehrsschutz. Sie nehmen freiwillig die Gefahr einer Schlechterstellung, z. B. durch manipulierte Parteiabreden hin, um dem Schuldner ein Weiterwirtschaften zu ermöglichen.

aa) Allgemeine Schranken

Auch wenn das Weiterwirtschaften des Schuldners nach den aufgezeigten Wertungen grundsätzlich im Interesse der Gesamtgläubiger ist, müssen die möglichen Vorteile von wirtschaftlichen Tätigkeiten des Schuldners mit dem Risiko einer Verschärfung der Krise durch die wirtschaftlichen Aktivitäten abgewogen werden.[134] Riskante Sanierungsideen des Schuldners und Rechtshandlungen, die nicht im Einklang mit einer Restrukturierung stehen oder nicht auf den Erhalt des Schuldnerunternehmens ausgerichtet sind, sind nicht im Interesse der Gläubiger. Die Einordnung einer Rechtshandlung als gesamtwirtschaftlich vorteilhaft oder nachteilig lässt sich oftmals allerdings nur rückblickend vornehmen. Um Rechtssicherheit schon beim Abschluss des Geschäfts zu gewährleisten, bedarf es einer typisierenden Abwägung, wann die Gläubiger aufgrund eines eigenen Interesses die Transaktion als nicht anfechtbar privilegieren können und deshalb der Vertragspartner befreit von jeglichem Anfechtungsrisiko mit dem Schuldner kontrahieren kann.

---

[131] *J. F. Hoffmann*, Prioritätsgrundsatz, S. 55; *Klinck*, Insolvenzanfechtung, S. 382.

[132] Vgl. Erster Bericht der Kommission für Insolvenzrecht (1985), S. 410; BT-Drs. 12/2443, S. 167; BGHZ 167, 190, 199 Rn. 30; BGH NJW 2010, 3578, 3580 Rn. 24; Uhlenbruck/*Borries/Hirte*, § 142 InsO Rn. 2; *Klinck*, Insolvenzanfechtung, S. 373, 380 ff.; *Gehrlein*, ZInsO 2017, S. 128, 130; *Kayser*, FS Fischer, S. 267, 269 f.; *Zeuner*, Die Anfechtung in der Insolvenz, Rn. 50; Jaeger/*Henckel*, § 132 InsO Rn. 10, § 142 InsO Rn. 2; *v. Campe*, Insolvenzanfechtung, S. 48; *F. Bartels*, Insolvenzanfechtung, S. 186.

[133] Vgl. *v. Campe*, Insolvenzanfechtung, S. 48; *J. F. Hoffmann*, Prioritätsgrundsatz, S. 55; *Ganter*, ZIP 2019, S. 1141, 1152.

[134] Vgl. *J. F. Hoffmann*, Prioritätsgrundsatz, S. 55; *Klinck*, Insolvenzanfechtung, S. 383.

Das Abwägungsergebnis des Normsetzers zeigt sich in den Voraussetzungen von § 142 InsO. Er hat sich dafür entschieden, nur solche wechselseitigen Leistungserbringungen von § 142 InsO zu erfassen, die durch eine Parteiabrede verknüpft sind, keine Kreditierung (Merkmal der Unmittelbarkeit[135]) beinhalten und zum Zeitpunkt des Leistungsaustauschs wirtschaftlich ausgewogen sind, sprich sich Leistung und Gegenleistung in ihrem wirtschaftlichen Wert entsprechen.[136] Daraus lässt sich die getroffene Wertung ableiten: Das Risiko, dass die Gegenleistung in der Masse an Wert verliert bzw. die Leistung an Wert gewinnt, sieht der Normsetzer aus der Sicht der Insolvenzgläubiger als wirtschaftlich weniger wertvoll an als die Möglichkeit, dass der Schuldner durch ein beim Leistungsaustausch neutrales und unmittelbar vollzogenes gegenseitiges Geschäft die Masse zusammenhält oder sogar Sanierungsmaßnahmen einleitet.

bb) Inkongruente Leistungen

Lebhaft umstritten ist, ob das Bargeschäftsprivileg auch bei einer Insolvenzanfechtung gestützt auf § 131 InsO zur Anwendung gebracht werden kann. § 131 InsO adressiert inkongruente Leistungen, d. h. Leistungen, die nicht oder nicht in der Art bzw. zu dem Zeitpunkt vertraglich geschuldet sind.[137] Die herrschende Meinung verneint die Privilegierung einer inkongruenten Leistung mit dem Bargeschäftsprivileg.[138] Argumentativ wird auf den Wortlaut abgestellt. Die Formulierung „für die" normiere die Voraussetzung einer schon vor dem Leistungsaustausch bestehenden, korrespondierenden vertraglichen Abrede.[139] Dabei wird den Parteien allerdings zugestanden, den Austauschvertrag auch in der Krise bis zur ersten Leistungshandlung zu modifizieren.[140] Werden die vertraglichen Abreden erst im Anschluss verändert, soll § 142 InsO keine Anwendung finden. In der Literatur wird hingegen eine flächendeckende Anwendung von § 142 InsO auf § 131 InsO vertreten.[141] Auch die nachträgliche Modifikation des Vertrags könne wirtschaftlich sinnvoll sein, um die Haftungsmasse zu

---

[135] *J. F. Hoffmann*, Prioritätsgrundsatz, S. 55.

[136] Siehe zu den Voraussetzungen nur *Klinck*, Insolvenzanfechtung, S. 383 ff.

[137] Vgl. BGHZ 58, 240, 243; *v. Campe*, Insolvenzanfechtung, S. 100; *Baur/Stürner*, Insolvenzrecht, Rn. 19.34.

[138] BGHZ 123, 320, 328 f.; BGH NJW 1999, 64 f.; BGH NZI 2004, 491 f.; 2010, 985 Rn. 32 ff.; *Raschke*, Bargeschäft, S. 95 f.; *Kayser*, ZIP 2007, S. 49 f.; Schmidt/*Ganter/Weinland*, § 142 InsO Rn. 9; Gottwald/*Huber*, § 46 Rn. 78; HK/*Thole*, § 142 InsO Rn. 12; Uhlenbruck/*Borries/Hirte*, § 142 InsO Rn. 6, 12.

[139] Nerlich/Römermann/*Nerlich*, § 142 InsO Rn. 10; *Kayser*, ZIP 2007, S. 49, 50.

[140] BGH NZI 2007, 456, 457; BGH NJW 1993, 3267, 3269; Jaeger/*Henckel*, § 142 InsO Rn. 6.

[141] *Klinck*, Insolvenzanfechtung, S. 397 ff.; vgl. auch *Würdinger*, Zahlungsverkehr, S. 210 f.; *Marotzke/Kick*, JR 1995, S. 103, 108 ff.; *C. Paulus*, FS Fischer, S. 445, 454; *Eckardt*, ZIP 1999, S. 1417, 1424; *Lwowski/Wunderlich*, FS H.-P. Kirchhof, S. 301, 303 ff.; *Bork*, FS H.-P. Kirchhof, S. 58, 67.

sichern und die Krise nicht zu verschärfen. Das wirtschaftliche Risiko der Gläubiger sei nicht abweichend zu evaluieren, wie bei einem neuen, anfechtungsfesten Vertragsschluss.

Schlussendlich gilt es zu erkennen, dass das Erfordernis einer von Anfang an bestehenden Parteiabrede ein risikobegrenzender Baustein im Gesamtgefüge des § 142 InsO ist.[142] Diese hat der Normsetzer typisierend im Bargeschäftsprivileg verankert. Durch den Ausschluss der Anwendbarkeit bei § 131 InsO wird das Risiko reduziert, dass Altverträge inkongruent erfüllt werden und dadurch unter dem Deckmantel des Bargeschäftsprivilegs anfechtungsfrei Vermögen verteilt wird.[143] Damit hat der Normsetzer bei inkongruenter Erfüllung die Vorteile des Weiterwirtschaftens geringer als die Gefahren von Vermögensverlust eingestuft. Diese Abwägungsentscheidung kann bei einer abweichenden Gewichtung der Interessen freilich anders ausfallen. Die herrschend vertretene Bereichsausnahme des Bargeschäfts bei der Anfechtung inkongruenter Leistungen beeinträchtigt jedenfalls nicht das Grundziel von § 142 InsO: Für den Vertragspartner besteht Sicherheit, dass eine Transaktion, die in der Krise gemäß der ursprünglichen Parteiabsprache abgewickelt wird, anfechtungsfest ist.

cc) Vorsatzanfechtung

Ursprünglich war die Anwendung des § 142 InsO a. F. auf die Vorsatzanfechtung ausgeschlossen.[144] Dies ergab sich aus dem vormaligen Gesetzeswortlaut.[145] Es ist im Ausgangspunkt nicht im Interesse der Gesamtgläubiger, dass der Schuldner und der Anfechtungsgegner ein zwar wirtschaftlich ausgeglichenes Geschäft abwickeln, allerdings der Schuldner dies in der Absicht tut, dadurch die Gesamtgläubiger zu benachteiligen, beispielsweise indem offensichtlich ist, dass sich die Gegenleistung im Vergleich zur Leistung schneller ohne Wertfortsetzung aus dem Schuldnervermögen verflüchtigt.[146]

Die Gesetzesnovelle aus dem Jahr 2017 hat jedoch das systematische Zusammenspiel von § 142 InsO n. F. und § 133 InsO verändert:[147] „Die Neuregelung erstreckt das Bargeschäftsprivileg teilweise auf die Vorsatzanfechtung nach § 133 InsO (Absatz 1).“[148] Diese Aussage in der Gesetzesbegründung bedarf einer Konkretisierung. Zu erkennen gilt, dass § 142 InsO n. F. nun zwei unterschiedliche Regelungen beinhaltet: das klassische Bargeschäftsprivileg und

142 *Klinck*, Insolvenzanfechtung, S. 388.
143 Vgl. *Klinck*, Insolvenzanfechtung, S. 388.
144 *Klinck*, Insolvenzanfechtung, S. 401; *Kayser*, ZIP 2018, S. 1153, 1155; *J. F. Hoffmann*, Prioritätsgrundsatz, S. 55.
145 „[…] nur anfechtbar, wenn die Voraussetzungen des § 133 Abs. 1 InsO gegeben sind“; vgl. *Kayser*, ZIP 2018, S. 1153, 1155.
146 Vgl. BGH ZIP 1993, 1653, 1654; Nerlich/Römermann/*Nerlich*, § 142 InsO Rn. 13.
147 Vgl. *Ganter*, ZIP 2019, S. 1141, 1152; *Kayser*, ZIP 2018, S. 1153, 155.
148 BT-Drs. 18/7054, S. 19.

eine Konkretisierung des subjektiven Tatbestandes der Vorsatzanfechtung bei einem Bargeschäft.[149]

Liegt ein Bargeschäft im Sinne des §142 InsO n.F. vor, ist der subjektive Tatbestand des §133 InsO nur erfüllt, wenn der Anfechtungsgegner erkannt hat, dass der Schuldner unlauter handelte.[150] Die Anpassung des subjektiven Tatbestands bei der Vorsatzanfechtung war aufgrund §133 Abs.1 S.2 InsO erforderlich, um ein faktisches Leerlaufen des Regelungsanliegens des Bargeschäftsprivilegs zu vermeiden und tatsächlich die partielle wirtschaftliche Handlungsfähigkeit des materiell insolventen Schuldners bei Bargeschäften zu gewährleisten.[151] Typischerweise hat der Vertragspartner bei Transaktionen in der Krise Kenntnis von der drohenden Zahlungsunfähigkeit des Schuldners.[152] Dies führte dazu, dass §133 Abs.1 S.2 InsO auch die Kenntnis des Gläubigerbenachteiligungsvorsatzes vermutete. Mit der Konsequenz, dass jedes Bargeschäft – trat eine mittelbare Gläubigerbenachteiligung ein – folglich grundsätzlich nach §133 InsO anfechtbar war. Ob §142 InsO a.F. die besondere Insolvenzanfechtung ausgeschlossen hatte, spielte bei dieser Ausgangslage bei der Evaluation des Anfechtungsrisikos aus der Sicht des Vertragspartners aufgrund der drohenden Vorsatzanfechtung keine entscheidende Rolle.[153] Es bestand trotz §142 InsO a.F. die Gefahr, dass in der Krise der Schuldner wirtschaftlich isoliert blieb, weil der Vertragspartner aufgrund des Risikos einer Vorsatzanfechtung von neutralen Austauschgeschäften grundsätzlich Abstand nahm.

Dieses Grundproblem erkannte der BGH und entwickelte die Rechtsprechung zur „bargeschäftsähnlichen Lage".[154] Die Rechtsprechung modifizierte die Vermutungsregelungen im Zusammenhang mit Bargeschäften und der Vorsatzanfechtung. Daran anknüpfend hat nun der Gesetzgeber mit §142 InsO n.F. einen kodifizierten Kontrapunkt zu §133 Abs.1 S.2 InsO geschaffen.[155] Um tatsächlich die partielle wirtschaftliche Handlungsfreiheit des Schuldners bei Bargeschäften in der Krise zu gewährleisten, ist der subjektive Tatbestand der Vorsatzanfechtung entgegen §133 Abs.1 S.2 InsO nur bei Kenntnis von unlauterem Handeln und nicht schon bei Kenntnis der drohenden Zahlungsunfähigkeit erfüllt. Der Vertragspartner kann nun aufgrund von §142 InsO n.F. trotz der

[149] Vgl. *Ganter*, ZIP 2019, S.1141, 1151.

[150] Uhlenbruck/*Borries/Hirte*, §142 InsO Rn.7; *Tolani*, ZIP 2018, S.1997, 2000; *Ganter*, ZIP 2019, S.1141, 1151; *Kayser*, ZIP 2018, S.1153, 1158.

[151] Vgl. MüKo/*Kirchhof/Piekenbrock*, §142 InsO Rn.37; *Schoppmeyer*, ZIP 2009, S.600, 604.

[152] Vgl. MüKo/*Kirchhof/Piekenbrock*, §142 InsO Rn.37.

[153] Vgl. MüKo/*Kirchhof/Piekenbrock*, §142 InsO Rn.37; *Schoppmeyer*, ZIP 2009, S.600, 604.

[154] BGHZ 202, 59, 74 Rn.44; BGH NZI 2019, 74 Rn.3; LG Würzburg NZI 2018, 271, 272; vgl. *Ganter*, NZI 2018, S.585f.; *dens.*, NZI 2018, S.961, 968; *Kayser*, NJW 2014, S.422, 427.

[155] MüKo/*Kirchhof/Piekenbrock*, §142 InsO Rn.37.

Kenntnis der drohenden Zahlungsunfähigkeit mit dem in der Krise befindlichen Schuldner bis zur Kenntnis der Unlauterbarkeit neutrale Austauschgeschäfte tätigen, ohne dass ein Anfechtungsrisiko – auch nicht nach §133 InsO – besteht.

d) Ergebnisrelevanz der mittelbaren Gläubigerbenachteiligung

Das Bargeschäftsprivileg fängt die Folgen der mittelbaren Gläubigerbenachteiligung bei einem im Ausgangspunkt neutralen Austauschgeschäft oft ein und relativiert das Endergebnis der Anfechtung. In dem Autotauschfall[156] liegt zwar eine mittelbare Gläubigerbenachteiligung vor, trotzdem ist das Geschäft nicht mit der besonderen Insolvenzanfechtung anfechtbar, da das Bargeschäftsprivileg greift und anfechtungsausschließend wirkt. Soweit zudem keine Kenntnis des Anfechtungsgegners von einem Gläubigerbenachteiligungsvorsatz bzw. von unlauterem Handeln des Schuldners nachweisbar ist, ist das Austauschgeschäft nach §142 InsO umfassend privilegiert und damit auch nicht mit der Vorsatzanfechtung anfechtbar.

Um die Anfechtbarkeit auszuschließen, muss allerdings bei neutralen Austauschgeschäften überhaupt nur dann auf das Bargeschäftsprivileg zurückgegriffen werden, wenn sich diese Wertrelation bis zum Evaluationszeitpunkt im Anfechtungsprozess zulasten der Gläubiger verändert. Andernfalls scheidet die Anfechtung bereits aufgrund einer fehlenden Gläubigerbenachteiligung gemäß §129 InsO aus.[157]

e) Keine Besonderheiten bei der Vorsatzanfechtung

Vereinzelt wird angezweifelt, ob auch im Anwendungsbereich der Vorsatzanfechtung bei einem neutralen Austauschgeschäft die Anfechtbarkeit aufgrund einer fehlenden Gläubigerbenachteiligung entfällt.[158] Hintergrund ist eine Passage in der Gesetzesbegründung: „So kann die Veräußerung eines Grundstücks auch dann wegen vorsätzlicher Benachteiligung [...] anfechtbar sein, wenn sie zwar zu einem angemessenen Preis erfolgt, wenn der Schuldner aber die dem anderen Teil bekannte Absicht hat, das Geld dem Zugriff der Gläubiger zu entziehen."[159] Auch der BGH hat in folgender Konstellation eine Vorsatzanfechtung zugelassen:[160] Der Schuldner und der vermeintliche Anfechtungsgegner verabreden mit Gläubigerbenachteiligungsabsicht, dass Ersterer dem Anfechtungsgegner Geld auf ein Bankkonto überweist und dieser dann den Betrag ab-

---

[156] Vgl. oben S. 74 f.

[157] Vgl. *J. F. Hoffmann*, Prioritätsgrundsatz, S. 55, 70; *Bitter*, KTS 2016, S. 455, 469, 485; *v. Campe*, Insolvenzanfechtung, S. 47 f.; a. A. K/P/B/*F. Bartels*, §129 InsO Rn. 92; siehe auch oben S. 60 ff.

[158] Vgl. *Bitter*, KTS 2016, S. 455, 468 f., 501 f.

[159] BT-Drs. 12/2443, S. 157.

[160] Vgl. *Bork*, FS Kayser, S. 65, 71 ff.

hebt und dem Schuldner in bar zur Verfügung stellt. Der Plan wird vollzogen. Obwohl das Bargeld sich weiterhin im Vermögen des Schuldners befindet und auch dem Gläubigerzugriff offensteht, ist laut dem Urteil des BGH die Überweisung nach §133 InsO anfechtbar.[161]

Einer abweichenden Definition der Gläubigerbenachteiligung bei der Vorsatzanfechtung kann nicht gefolgt werden.[162] Auch bei §133 InsO ist Grundvoraussetzung eine eingetretene wirtschaftliche Schlechterstellung der Gläubiger.[163] Eine im Ausgangspunkt bestehende Gläubigerbenachteiligung kann durch die Rückordnung eines wirtschaftlich äquivalenten Vermögenswertes entfallen.[164] Dies gilt auch bei §133 InsO ohne Einschränkungen. Allerdings ist zu beachten, dass bei einem Tausch gleichwertiger Gegenstände die Gläubigerbenachteiligung in der Erschwerung der Zugriffsmöglichkeit liegen kann.[165] Ob sich die Verwertung von beim Schuldner noch vorhandenem Bargeld im Vergleich zu Buchgeld allerdings tatsächlich als aufwändiger gestaltet, ist anzuzweifeln.[166]

4. *Zwischenergebnis*

Ein neutrales Austauschgeschäft liegt vor, wenn Leistung und Gegenleistung sich im prozessual letztmöglichen Zeitpunkt wirtschaftlich gleichen. Die Figur der unmittelbaren Gläubigerbenachteiligung beschreibt lediglich zwei modifizierte Anfechtungsvoraussetzungen bei §132 Abs. 1 InsO und §133 Abs. 4 S. 1 InsO. Im Anfechtungsrecht trägt der Anfechtungsgegner nach dem Gefahrübergang weiterhin die Untergangsgefahr der Gegenleistung. Diese Gefahrverteilung wird in der Rechtswissenschaft mit dem Begriff der mittelbaren Gläubigerbenachteiligung umschrieben. Zwar steht die mittelbare Gläubigerbenachteiligung im Widerspruch zur vertraglichen Gefahrtragung. Die Figur schützt allerdings die Gläubiger vor Manipulationen an der Parteiabrede. Dadurch dass dem Anfechtungsgegner das Untergangsrisiko der Gegenleistung auch nach dem Leistungsaustausch auferlegt wird, kann ausgeschlossen werden, dass ein Austauschgeschäft durch das „Erfinden" einer vermeintlich

---

161 Vgl. BGH ZIP 2015, 2083, ähnlich BGHZ 123, 320, 324.

162 So im Ergebnis auch *Bitter*, KTS 2016, S. 455, 468 f., 501 f.; Jaeger/*Henckel*, §129 InsO Rn. 129.

163 Vgl. aber *Harbeck*, Gläubigerbenachteiligung, S. 216.

164 Vgl. oben S. 50 f.

165 Unter dem Stichwort „erschweren" werden im Zusammenhang mit der Gläubigerbenachteiligung grundsätzlich Konstellationen erfasst, in denen die Gegenleistung im Vergleich zur Leistung nur unter zusätzlichem Aufwand verwertet werden kann, z. B. bei dem Erwerb von Gesellschaftsanteilen (vgl. HK/*Thole*, §129 InsO Rn. 59) oder wenn Gelder auf ein ausländisches Bankkonto transferiert werden, auf das aufgrund bankenrechtlicher Regulierungen nur erschwert mit dem Vollstreckungsrecht zugegriffen werden kann (vgl. BGH NJW 1981, 522, 524).

166 So aber BGH ZIP 2015, 2083, 2085 Rn. 16; vgl. *Gehrlein*, ZInsO 2017, S. 128, 133.

später untergegangenen Gegenleistung fingiert wird.[167] Die mittelbare Gläubigerbenachteiligung befreit somit im Ergebnis die Gläubiger von der größten Gefahr einer Manipulation der Parteiabrede. Folge dieser Gefahrverteilung ist allerdings, dass der Schuldner aufgrund einer latenten Anfechtungsgefahr selbst bei im Ausgangspunkt neutralen Austauschgeschäften regelmäßig keinen Geschäftspartner mehr finden würde. Ohne Korrektur wäre er aufgrund der mittelbaren Gläubigerbenachteiligung faktisch wirtschaftlich handlungsunfähig. Die vollständige Handlungsunfähigkeit ist nicht im Interesse der Gläubiger, sodass diese bei ausgewählten Geschäften den Anfechtungsgegner von der Untergangsgefahr der Gegenleistung nach dem Gefahrübergang durch die Privilegierung mit dem Bargeschäftsprivileg befreien. Die wirtschaftliche Handlungsfähigkeit des Schuldners wird durch §142 InsO partiell wiederhergestellt. Er kann anfechtungsfest – auch wenn die Gegenleistung im weiteren Verlauf untergehen sollte – im Anwendungsbereich des Bargeschäftsprivilegs Geschäfte tätigen.

B. Partiell unausgeglichenes Austauschgeschäft

I. Anfechtung auf das Maß der Gläubigerbenachteiligung

Bei einem schlechten Schuldnergeschäft könnte das Maß der Gläubigerbenachteiligung den Umfang der Anfechtungswirkung entscheidend beeinflussen. Nach dem Willen der Parteien stehen Leistung und Gegenleistung nicht nur bei wirtschaftlicher Äquivalenz in einem alternierenden Verhältnis,[168] sondern bei jedem Austauschgeschäft. Auch bei einem partiell unausgeglichenen Geschäft (100/99) scheidet bei Berücksichtigung der *causa* aufgrund des alternierenden Verhältnisses die Gegenleistung aus der Haftungsmasse aus, wenn die Leistung zurückgeordnet wird.

Im Beispiel ergibt sich eine Schlechterstellung der Gläubiger bei einem partiell unausgeglichenen Geschäft nur im Umfang der Wertdifferenz der Leistungsgegenstände (1). Ziel der Anfechtung ist es, die bestehende Gläubigerbenachteiligung auszugleichen.[169] Die Diskussion über eine zulässige Gesamtbetrachtung im Anfechtungsrecht überträgt sich folglich bei einem schlechten Schuldnergeschäft auf das Rechtsfolgenrecht der Anfechtung. Das Maß der Gläubigerbenachteiligung müsste, wenn eine Gesamtbetrachtung im Anfechtungsrecht anerkannt wird,[170] auch beim partiell unausgeglichenen Austauschgeschäft den Umfang der Rechtsfolgenwirkung vorgeben.

---

[167] Vgl. oben S. 79 f.
[168] Siehe oben S. 55 ff.
[169] Vgl. oben S. 43 f.
[170] Vgl. oben S. 64 ff.

II. Widerspruch zur herrschenden Meinung?

1. Verbot der Teilanfechtung

Auf den ersten Blick scheint es allerdings so, als ob die herrschende Meinung diese Schlussfolgerung nicht teilt: Eine Anfechtung auf das Maß der Gläubigerbenachteiligung verbiete sich. Die Gläubigerbenachteiligung sei lediglich Anfechtungsvoraussetzung, bestimme jedoch nicht den Umfang der Anfechtung.[171] Nach einer erfolgreichen Anfechtung soll der Anfechtungsgegner die erhaltene Positionsverbesserung stets vollumfänglich und *in natura* der Masse zur Verfügung stellen müssen.[172]

2. Ausnahme in der Rechtsprechung

Die Rechtsprechung hat bei der Anfechtung von Vergütungen von Dienstleistungen eine Teilanfechtung zugelassen und beschränkt in diesen Konstellationen die Rechtsfolgen auf das Maß der Gläubigerbenachteiligung.[173] In BGHZ 77, 250 (vereinfacht) hat der sich in einer Krise befindende Schuldner einen Rechtsanwalt mit der Eröffnung eines Konkursverfahrens mandatiert und es wurde eine Honorarvereinbarung (100) getroffen, die das Mehrfache der gesetzlichen Gebührenordnung (10) betrug. Zur Begleichung der Anwaltskosten hat der Schuldner dem Rechtsanwalt einen bestehenden Anspruch gegen eine Lebensversicherung (100) abgetreten. Der BGH erkannte an, dass die anwaltliche Beratung bei einem Eröffnungsantrag legitim ist und damit die Vergütung grundsätzlich mit einer gleichwertigen Gegenleistung korrespondiert – allerdings nur in Höhe der gesetzlichen Gebühr. Die Gläubigerbenachteiligung beläuft sich demnach auf die Differenz (90). Das Gericht hat entschieden, dass unter Rückgriff eines Wertersatzanspruches die Dienstleistung und das bezahlte Honorar nicht jeweils wechselseitig rückgeordnet werden müssen, sondern dass sich die Anfechtungswirkung auf das Maß der Gläubigerbenachteiligung beschränkt. Der Anwalt habe der Masse einen Wert von 90 zur Verfügung zu stellen. In der Begründung betont der BGH, dass sich aus § 38 KO der Rechtsgedanke ableiten lasse, dass der Masse durch die Anfechtung nicht unberechtigt Vorteile zufließen sollen. Da es sich hier um einen teilbaren Auszahlungsanspruch hand-

---

[171] Deutlich MüKo²/*Kirchhof*, § 129 InsO Rn. 102; *ders.*, FS Uhlenbruck, S. 269, 278; siehe auch OLG Hamm ZIP 1982, 722, 724; Jaeger/*Henckel*, § 144 InsO Rn. 6; MüKo/*Kirchhof/Piekenbrock*, § 143 InsO Rn. 30 f., § 144 InsO Rn. 3; *Becker*, Insolvenzrecht, Rn. 1016; vgl. Jaeger/*Henckel*, § 129 InsO Rn. 234; kritisch *Raebel*, FS Ganter, S. 339, 347.

[172] Vgl. BT-Drs. 12/2443, S. 167; BGH NJW 1987, 2821, 2822; BGH NZI 2005, 453; Uhlenbruck/*Borries/Hirte*, § 143 InsO Rn. 20; Schmidt/*Büteröwe*, § 143 InsO Rn. 7; *Magnus*, Der Rückholanspruch, S. 277; *Kayser*, ZIP 2015, S. 449, 453; *Baur/Stürner*, Insolvenzrecht, Rn. 20.5; MüKo/*Kirchhof/Piekenbrock*, § 143 InsO Rn. 42.

[173] Vgl. BGHZ 77, 250, 255 f.; bestätigt in BGH NJW 1995, 1093, 1094 f.; offen gelassen in BGH ZIP 2008, 232, 235 Rn. 26; siehe auch BGHZ 124, 76, 84 ff.

le, könne die Rechtsfolge auf das Maß der Gläubigerbenachteiligung begrenzt werden.[174]

III. Stellungnahme

Wie gehen das Verbot der Teilanfechtung einerseits und die Anfechtung auf das Maß der Gläubigerbenachteiligung andererseits zusammen? Die Auflösung dieses vermeintlichen Widerspruchs gelingt, wenn zwischen den materiellen Rechtsfolgenwirkungen und dem in der jeweiligen Fallkonstellation angewandten und an die jeweils bestehenden gegenständlichen Interessen angepassten Abwicklungsmodell der Anfechtung differenziert wird.

Die Rechtsprechung lässt immer dann bei Austauschgeschäften eine partielle Anfechtung auf das Maß der Gläubigerbenachteiligung zu, wenn Leistung und Gegenleistung teilbar sind.[175] Auch diejenigen Stimmen in der Literatur, die sich bei der Anfechtung der Vergütung von Dienstleistungen gegen eine Teilanfechtung aussprechen, verweisen darauf, dass sie letztendlich zu keinem von der Rechtsprechung abweichenden wirtschaftlichen Endergebnis der Anfechtung gelangen. Die Literaturansicht erzielt eine wirtschaftliche Begrenzung der Rechtsfolgenwirkung der Anfechtung auf den Umfang der Gläubigerbenachteiligung durch einen erweiterten Anwendungsbereich von §144 Abs. 2 S. 1 InsO.[176] Es ist somit in der Rechtswissenschaft konsensfähig, dass die Anfechtung auf das Maß der Gläubigerbenachteiligung bei nicht gegenständlich geprägten, teilbaren Austauschgeschäften im wirtschaftlichen Endergebnis begrenzt ist. Lediglich über die Konstruktion der Rechtsfolgenstruktur wird gestritten.[177]

Deutlich zeigt sich die Differenzierung zwischen materieller und formeller Rechtsfolgenwirkung auch bei der Anfechtung von teilweise entgeltlichen Leistungen. Bei §134 InsO ist in der Rechtswissenschaft anerkannt, dass sich aus der Teleologie des Anfechtungsrechts ergibt, dass sich die Anfechtung in ihrer Wirkung auf das Maß der Gläubiger beschränkt.[178] Bei der Anfechtung einer teilweise entgeltlichen Leistung nach §134 InsO ist nur der unentgeltliche Teil gläubigerbenachteiligend und nach einer erfolgreichen Anfechtung der Masse deshalb auch nur dieser Teil zuzusprechen.[179] Bei teilbaren Leis-

---

[174] Ebenso Uhlenbruck/*Borries/Hirte*, §142 InsO Rn. 42; vgl. *Eckardt*, ZInsO 2004, S. 888, 894; *Häsemeyer*, Insolvenzrecht, Rn. 21.71.

[175] Vgl. BGHZ 77, 250, 255 f.; BGH NJW 1995, 1093, 1094 f.

[176] Braun/*Riggert*, §142 InsO Rn. 8; K/P/B/*Schoppmeyer*, §132 InsO Rn. 14; Schmidt/*Ganter/Weinland*, §132 InsO Rn. 31; Jaeger/*Henckel*, §129 InsO Rn. 248; vgl. *Eckardt*, ZInsO 2004, S. 888, 895.

[177] Vgl. *Bitter*, KTS 2016, S. 455, 509 f.

[178] Vgl. Uhlenbruck/*Borries/Hirte*, §134 InsO Rn. 34a; K/P/B/*Bork*, §134 InsO Rn. 54; *Held*, Unentgeltliche Leistungen, S. 367; MüKo/*Kayser/Freudenberg*, §134 InsO Rn. 42; *Eckardt*, ZInsO 2004, S. 888, 895; siehe auch unten S. 124 f.

[179] Vgl. Uhlenbruck/*Borries/Hirte*, §134 InsO Rn. 34a; MüKo/*Kayser/Freudenberg*, §134 InsO Rn. 42.

tungsgegenständen gelingt dies ohne Weiteres.[180] Bei einer unteilbaren Leistung wird hingegen über ein geeignetes Abwicklungsmodell als Alternative zur Teilanfechtung diskutiert, das die gegenständlichen Interessen der Masse und des Anfechtungsgegners an dem Anfechtungsgegenstand wahrt.[181]

Um das Rechtsfolgenregime der Anfechtung beim schlechten Schuldnergeschäft bestimmen zu können, ist festzuhalten: Auch beim partiell unausgeglichenen Austauschgeschäft besteht aufgrund des zulässigen Einbezugs der *causa* die Gläubigerbenachteiligung nur im Umfang der Wertdifferenz der Leistungsgegenstände.[182] Diese materiell-rechtliche Wertung muss im Rechtsfolgenrecht der Anfechtung unter Achtung gegenständlicher Interessen umgesetzt werden.[183] Bei einem teilbaren Anfechtungsgegenstand bereitet es keine Schwierigkeiten, unter Rückgriff auf eine Teilanfechtung, diesen entsprechend der Gläubigerbenachteiligung zwischen der Masse und dem Anfechtungsgegner aufzuteilen. Bei einer unteilbaren Leistung ist eine anteilige Anfechtung nicht ohne Weiteres möglich. Es bedarf einer alternativen Rechtsfolgenstruktur, die die bestehenden gegenständlichen Interessen an dem Anfechtungsgegenstand berücksichtigt. Sind keine gegenständlichen Interessen erkennbar, kann der Gegenstand verwertet und der Erlös anteilig verteilt werden. Bestehen beidseitig gegenständliche Interessen, ist die Leistung nach Bruchteilen aufzuteilen. Bei einem einseitigen gegenständlichen Interesse kann der Interessierte durch eine Geldzahlung – vergleichbar zur Auslösung eines Pfands[184] – den lediglich wirtschaftlich Interessierten ausbezahlen.

Letzteren Weg scheint die Insolvenzordnung vorzusehen. In §§143, 144 InsO könnte angelegt sein, dass die Masse den Anfechtungsgegner mit der Gegenleistung „ausbezahlt".[185] Wirtschaftlich entspricht bei der Anfechtung eines Austauschgeschäfts die Gegenleistung exakt dem Umfang, in dem die Leistung dem Anfechtungsgegner zugeordnet ist.[186] Eine Abwicklung des schlechten Schuldnergeschäfts über §144 Abs. 2 S. 1 InsO würde auch bei einer unteilbaren Leistung eine Anfechtungswirkung auf das Maß der Gläubigerbenachteiligung herbeiführen.[187]

Dass §144 Abs. 2 S. 1 InsO heute bei der Bestimmung der Rechtsfolgenwirkung bei der isolierten Anfechtung eines unteilbaren Verfügungsgeschäfts als alternatives Abwicklungsmodell zur Teilanfechtung nicht ernsthaft dis-

---

180 Vgl. *Held*, Unentgeltliche Leistungen, S. 366 f.

181 Vgl. *Held*, Unentgeltliche Leistungen, S. 367; siehe auch unten S. 124.

182 Vgl. oben S. 88.

183 Zu den gegenständlichen Interessen der Haftungsmasse und des Anfechtungsgegners unten S. 110 ff.

184 Vgl. zur Pfandrechtsähnlichkeit unten S. 117 und Kap. 5, Fn. 36.

185 Vgl. *Eckardt*, ZInsO 2004, S. 888, 890.

186 Vgl. *Eckardt*, ZInsO 2004, S. 888, 891.

187 Die Vorstellung möglicher Abwicklungsmodelle erfolgt unten ab S. 110 ff.

kutiert wird,[188] geht u. a. auf das gewandelte Verständnis bei der Anfechtung des Verpflichtungsgeschäfts und dem §144 Abs. 2 S. 1 InsO herrschend zugesprochenen Anwendungsbereich zurück.[189] Die herrschend angenommene Rechtsfolgenwirkung bei der Anfechtung des Verpflichtungsgeschäfts und die daraus resultierende Anwendungsbereichsbestimmung von §144 Abs. 2 S. 1 InsO sind allerdings zu hinterfragen.[190]

---

[188] Siehe aber *Marotzke*, Gegenseitige Verträge, Rn. 7.114.; K/P/B/*F. Bartels*, §129 InsO Rn. 398; *dens.*, Insolvenzanfechtung, S. 233 ff.; ausführlich unten S. 119 ff., 125.

[189] Vgl. oben S. 22 f., 24 ff.

[190] Sogleich S. 93 ff.

4. Kapitel

Anfechtung des Verpflichtungsgeschäfts

A. Rechtsfolgenwirkung

Aufgezeigt wurde bereits, dass in einem Insolvenzverfahren das Bedürfnis besteht, auch Verpflichtungsgeschäfte anzufechten, um die Gleichbehandlung der Gläubiger zu sichern:[1] Würden auch vorsätzlich benachteiligend begründete Forderungen im Insolvenzverfahren berücksichtigt werden, könnte der Schuldner durch die Begründung von neuen Verbindlichkeiten Einfluss auf die finale Verteilung nehmen und damit die Gläubigergleichbehandlung bzw. die gesetzlich angeordnete Verteilungsanordnung letztendlich umgehen. Diese unerwünschte Handlungsoption des Schuldners wird ausgeschaltet, indem durch die Rechtsfolgenwirkung der Anfechtung des Verpflichtungsgeschäfts eine Konkurrenz von redlich und vorsätzlich gläubigerbenachteiligend begründeten Forderungen verhindert wird. Beim Austauschgeschäft hält die Rechtsordnung allerdings anders als bei einer unentgeltlichen Leistung in § 39 Abs. 1 Nr. 4 InsO keine ausdrückliche Regelungsanordnung bereit. Es bestehen rechtstechnisch mehrere Möglichkeiten, wie der Ausschluss der unredlichen Forderung aus der Verteilung im Insolvenzverfahren herbeigeführt werden kann: Einerseits wird herrschend der Entfall der *causa* für die Dauer des Insolvenzverfahrens vertreten.[2] Aus einem als nicht bestehend gewerteten Vertrag kann auch keine Forderung im Insolvenzverfahren zur Tabelle angemeldet werden. Andererseits macht sich die Literatur für eine Suspensionswirkung der Forderung für die Dauer des Insolvenzverfahrens stark.[3] Die schuldrechtliche Abrede besteht, sie ist aber für die Dauer der formellen Insolvenz nicht durchsetzbar. Schließlich wird als Drittes kein vollständiger Ausschluss gefordert, sondern lediglich eine Nachrangigkeit der vorsätzlich benachteiligend begründeten Erfüllungsforderung vertreten.[4]

Auch wenn alle Ansätze konstruktiv grundverschieden sind, erreichen sie das Kernziel, eine Konkurrenz der vorsätzlich benachteiligend begründeten Forderung mit einer redlichen Forderung in der Insolvenz auszuschließen. Trotz des einheitlichen Ergebnisses bedarf es einer Auseinandersetzung mit den un-

---

1 Siehe oben S. 36 f.
2 Siehe zunächst nur BGH NJW 2015, 164, 165 Rn. 11; sogleich S. 94 ff.
3 Siehe zunächst nur *Allgayer*, Gläubigeranfechtung, Rn. 665, 707; sogleich S. 98.
4 Siehe nur *J. F. Hoffmann*, Prioritätsgrundsatz, S. 85, 362; sogleich S. 98 f.

terschiedlichen Konstruktionen, da es bei Folgefragen zum Schwur kommt: Das Verpflichtungsgeschäft ist nicht nur Ausgangspunkt für wechselseitige Forderungen, sondern stellt auch den Behaltensgrund für die ausgetauschten Leistungen dar, d.h., eine bestehende *causa* sichert dem Schuldner die erhaltene Gegenleistung. Entfällt die *causa* aufgrund einer Anfechtung, führt die Anfechtung des Verpflichtungsgeschäfts nicht nur zu einem Ausschluss der Forderung des Anfechtungsgegners in der Insolvenz, sondern auch zu einem Anrecht des Anfechtungsgegners aus §§812ff. BGB auf die erhaltene Gegenleistung. Hingegen erzeugt eine Suspensionswirkung bzw. eine angeordnete Nachrangigkeit keine wechselseitigen Bereicherungsansprüche, da diese Konstruktionen keinen Einfluss auf den Behaltensgrund nehmen.

I. Meinungsspektrum

1. Relative Nichtigkeit

Herrschend wird vertreten, dass die Anfechtung des Verpflichtungsgeschäfts die *causa* für die Dauer der formellen Insolvenz entfallen lässt.[5] Dadurch wird einerseits das angestrebte Stufenverhältnis zwischen dem anfechtbaren Verpflichtungsgeschäft und den anderen bestehenden schuldrechtlichen Abreden in der Insolvenz erzielt. Andererseits führt es aber auch dazu, dass der Behaltensgrund für die ausgetauschten Leistungsgegenstände wechselseitig entfällt:[6] Gestützt auf §§812ff. BGB soll der Anfechtungsgegner die Gegenleistung vom Insolvenzverwalter und die Masse die Leistung vom Anfechtungsgegner herausverlangen können.[7] Dass die herrschende Meinung die schuldrechtliche Bindung partiell für die Dauer der formellen Insolvenz aufhebt, ist ein gewaltiger Eingriff in die Privatautonomie der Parteien. Zu überprüfen ist, ob dieser Eingriff mit Wertungen des Insolvenzanfechtungsrechts gerechtfertigt werden kann.

a) Einfluss des dogmatischen Theorienstreits

Die Literatur knüpft teilweise die Rechtsfolgenwirkung der Anfechtung des Verpflichtungsgeschäfts an die dogmatische Einordnung[8] der Anfech-

---

[5] Siehe z.B. BGH NJW 2015, 164, 165 Rn. 11; K/P/B/*Jacoby*, §143 InsO Rn. 25; BeckOK/*Schoon*, §144 InsO Rn. 13; MüKo/*Kayser/Freudenberg*, §129 InsO Rn. 57; Braun/*Riggert*, §144 InsO Rn. 6; Schmidt/*Büteröwe*, §144 InsO Rn. 7; weitere Nachweise in Kap. 1, Fn. 92, 93.

[6] Dass bei dieser Rechtsfolgenwirkung auch der Behaltensgrund für die Gegenleistung entfällt, wird weiterhin in der Literatur begrüßt, vgl. MüKo/*Kayser/Freudenberg*, §129 InsO, Rn. 57.

[7] Vgl. *Zenger*, Anfechtung, S. 203; MüKo/*Kayser/Freudenberg*, §129 InsO, Rn. 57.

[8] Umstritten in der Rechtswissenschaft ist, ob bei der Anfechtung des Verfügungsgeschäfts die Bestandskraft mit Wirkung *inter partes* oder aber *erga omnes* entfällt, vgl. *J.F. Hoffmann*, Prioritätsgrundsatz, S. 33ff. Zum Schwur der beiden Ansätze kommt es nur in

tung.[9] Es wurde der Versuch unternommen, die schuldrechtliche, die dingliche und die haftungsrechtliche Theorie auch auf den Fall der Anfechtung des Verpflichtungsgeschäfts umzumünzen. So sei nach der dinglichen Theorie das Verpflichtungsgeschäft „nicht vorhanden“,[10] sodass keine Grundlage für einen Behaltensgrund bestehe. Bei Anwendung der haftungsrechtlichen Theorie sei das Rechtsverhältnis jedenfalls zwischen den Parteien als nicht existent zu bewerten.[11] Nach der schuldrechtlichen Theorie bestehe ein Anspruch auf Verzicht bzw. auf Erlass.[12] Die Rechtsprechung, die tendenziell der schuldrechtlichen

---

den sogenannten Kollisionsfällen, vgl. *Sieber*, Rechtsnatur der Gläubigeranfechtung, S. 157; *Zenger*, Anfechtung, S. 2. Auch wenn es noch nicht flächendeckend ins rechtswissenschaftliche Bewusstsein vorgedrungen ist, ist der in diesem Zusammenhang prominent geführte Streit zwischen schuldrechtlicher, haftungsrechtlicher und dinglicher Theorie um die dogmatische Wirkungsweise der Anfechtung heute weitestgehend entschärft. Der Streitstand rührt noch aus einer Zeit, in der sich die drei Theorien mit unterschiedlichen Ergebnissen gegenüberstanden. Wie *Marotzke*, KTS 1987, S. 1, 22 ff. (zuvor schon *Habscheid*, NJW 1971, S. 792; *Ritter*, JZ 1971, S. 143; vgl. auch *J. F. Hoffmann*, a. a. O. S. 92) ausführlich aufgezeigt hat, ist die haftungsrechtliche Theorie in der Sache deckungsgleich mit einer dinglichen, jedoch sachlich beschränkten Anfechtungstheorie. Die dingliche Theorie in ihrer Urform wurde in jüngster Zeit nicht mehr vertreten, sodass heute nur noch die schuldrechtliche und die beschränkt dingliche bzw. haftungsrechtliche Theorie konkurrieren. Ursprünglich kam es zwischen den Ansätzen in den pathologischen Fällen der „Doppelinsolvenz“ und der Zwangsvollstreckung eines Dritten in den Anfechtungsgegenstand beim Anfechtungsgegner zu unterschiedlichen Ergebnissen. Als dinglich Berechtigter könnte die Masse in den Kollisionsfällen auf umfassende Schutzmechanismen (Aussonderung bzw. Absonderung und Drittwiderspruchsklage) zurückgreifen, bei einer Wirkung nur *inter partes* stünde sie hingegen schutzlos da. Diese Unterschiede sind durch eine Weiterentwicklung der schuldrechtlichen Theorie heute nicht mehr auszumachen. Mittlerweile klassifiziert die schuldrechtliche Theorie die Anfechtungswirkung als Rechtsinstitut besonderer Art (vgl. BGHZ 155, 203), deren schuldrechtliches Grundverständnis durch die besondere haftungsrechtliche Komponente ergänzt wird, vgl. HK/*Thole*, § 129 InsO Rn. 89; *dens.*, Gläubigerschutz, S. 525. Auch die Anhänger der sogenannten schuldrechtlichen Theorie wollen dem Anfechtungsanspruch in der „Doppelinsolvenz“ – trotz des eigentlich relativen Charakters – Aussonderungskraft zusprechen, vgl. BGHZ 156, 358 ff.; *Eckardt*, KTS 2005, S. 15 ff.; siehe auch Kap. 1, Fn. 120. Sie sprechen heute der Masse ferner das Anrecht zu, sich gegen eine drohende Zwangsvollstreckung zu wehren, vgl. HK/*Thole*, § 129 InsO Rn. 93. Damit gelangen mittlerweile alle vertretenen Meinungen in der Sache zu einer *erga omnes*-Wirkung in den Kollisionsfällen. Aufgrund des angenäherten Endergebnisses hat sich die Bedeutung der Diskussion über die dogmatische Einordnung der Anfechtung heute deutlich reduziert.

[9] Vgl. *Gerhardt*, Gläubigeranfechtung, S. 25 ff.; *Sieber*, Rechtsnatur der Gläubigeranfechtung, S. 153 f.; *Zenger*, Anfechtung, S. 203 ff.; siehe auch *v. Campe*, Insolvenzanfechtung, S. 287 f.

[10] *Hellmann*, Lehrbuch des deutschen Konkursrechts, S. 353; vgl. auch *Gerhardt*, Gläubigeranfechtung, S. 26; *Sieber*, Rechtsnatur der Gläubigeranfechtung, S. 153 f.

[11] *G. Paulus*, AcP 155 (1956), S. 277, 326 ff.; vgl. *Gerhardt*, Gläubigeranfechtung, S. 26, 331; *Sieber*, Rechtsnatur der Gläubigeranfechtung, S. 153 f.; Jaeger/*Henckel*, § 143 InsO Rn. 37.

[12] Vgl. *Böhle-Stamschräder*, Konkursordnung, § 37 KO Rn. 2; *Gerhardt*, Gläubigeranfechtung, S. 26; *Sieber*, Rechtsnatur der Gläubigeranfechtung, S. 153 f.; Jaeger/*Henckel*, § 143 InsO Rn. 38 f.; *Zenger*, Anfechtung, S. 204 ff.

Theorie zugeordnet werden kann,[13] geht schlicht davon aus, dass dem Vertragspartner eine Berufung auf den anfechtbaren Vertrag untersagt sei.[14]

Es ist jedoch zu bezweifeln, ob der Rückgriff auf die dogmatische Einordnung der Insolvenzanfechtung überhaupt einen geeigneten Anknüpfungspunkt auf dem Weg zur Bestimmung der Rechtsfolgenwirkung bei der Anfechtung des Verpflichtungsgeschäfts darstellt. Bei dem Theorienstreit geht es ausschließlich um die Frage, ob der Anfechtungsgegenstand mit Wirkung *inter partes* oder *erga omnes* der Haftungsmasse zugewiesen ist.[15] Nicht Bestandteil der Debatte ist allerdings, ob zwischen den Parteien ursprünglich durch eine vertragliche Abrede eine Rechtszuweisung vorgenommen wurde. Auch bei einem dinglichen bzw. haftungsrechtlichen Verständnis der Anfechtung würde eine erfolgreiche Anfechtung die *causa* unberührt lassen.[16] Es gilt zu erkennen, dass sich aus der dogmatischen Einordnung der Insolvenzanfechtung der Entfall der *causa* bei der Anfechtung des Verpflichtungsgeschäfts nicht ableiten lässt.

b) Einfluss der Einheitstheorie

Lange Zeit war die Diskussion über eine Anfechtung des Verpflichtungsgeschäfts von der sogenannten Einheitstheorie beeinflusst. Heute ist anerkannt, dass die Einheitstheorie das Trennungs- und Abstraktionsprinzip missachtet.[17] Die Einheitstheorie wurde in der Folge aus dem Anfechtungsrecht verbannt. Es gilt jedoch die These zu prüfen, ob die herrschend attestierte Nichtigkeit der *causa* bei der Anfechtung des Verpflichtungsgeschäfts auf die Einheitstheorie zurückgeht und ein Überbleibsel einer eigentlich überwundenen Rechtsfolgenstruktur ist.

Ausgehend von RGZ 116, 134 hatte sich die sogenannte Einheitstheorie im Anfechtungsrecht festgesetzt.[18] Lange Zeit judizierte die Rechtsprechung, dass das schuldrechtliche und das dingliche Geschäft gemeinschaftlich die benachteiligende anfechtbare Handlung des Schuldners bilden.[19] Die erfolgreiche Anfechtung des Grundgeschäfts hatte automatisch auch das Erfüllungsgeschäft anfechtungsrechtlich „unwirksam“ werden lassen. Rechtsfolge der Anfech-

---

[13] Siehe aber *Zenger*, Anfechtung, S. 205 in Fn. 98; HK/*Thole*, § 129 InsO Rn. 89.

[14] BGH NZI 2012, 562, 564 Rn. 32; BGH ZInsO 2012, 2338, 2340 Rn. 24; 2014, 2318, 2319 Rn. 11.

[15] Vgl. *J. F. Hoffmann*, Prioritätsgrundsatz, S. 89 ff.; siehe auch Fn. 8 sowie oben S. 64 f.

[16] Deutlich zeigt sich dies bei *J. F. Hoffmann*. Er ist Vertreter einer dinglichen (sachlich begrenzten) Anfechtungstheorie, vgl. *J. F. Hoffmann*, Prioritätsgrundsatz, S. 90 ff. Trotzdem kommt er ohne Widersprüche zu dem Ergebnis, dass bei einer Anfechtung des Verpflichtungsgeschäfts die *causa* nicht berührt wird, siehe *J. F. Hoffmann*, a. a. O., S. 85, 362.

[17] Vgl. *J. F. Hoffmann*, Prioritätsgrundsatz, S. 51; Jaeger/*Henckel*, § 129 InsO Rn. 109.

[18] RGZ 116, 134, 136.

[19] BGHZ 41, 298, 300; 90, 207, 211; BGH NJW 1979, 102, 103; 1983, 1679, 1680; Kilger[15]/*Schmidt*, § 29 KO Rn. 10; vgl. Kuhn/*Uhlenbruck*, § 29 KO Rn. 8; *Baur/Stürner*, Insolvenzrecht, § 18 Rn. 18.24 ff.; *Allgayer*, Gläubigeranfechtung, Rn. 705.

tung des Verpflichtungsgeschäfts war folglich, dass der Anfechtungsgegner der Masse auch Zugriff auf den Leistungsgegenstand gewähren musste. Mehr als Annex wurde festgestellt, dass der Anfechtungsgegner seine Ersatzforderung nach § 39 KO bzw. § 144 Abs. 1 InsO im Insolvenzverfahren nicht geltend machen durfte, ihm allerdings ein Anrecht auf die Gegenleistung zukam. Eine „Doppelanfechtung" war in diesem System nicht notwendig.[20]

Diese überwundene Rechtsfolgenstruktur darf nicht vergessen werden, wenn die heute als herrschend angesehene Rechtsfolge der isolierten Anfechtung des Verpflichtungsgeschäfts interpretiert wird. Historisch ließ allein die Anfechtung des Verpflichtungsgeschäfts die Leistung – und auch die Gegenleistung – zurückfallen.[21] Unter Beachtung des Trennungs- und Abstraktionsprinzips lässt sich diese Rechtsfolgenwirkung nicht ohne Weiteres herleiten. Es liegt die Vermutung nahe, dass der Entfall der *causa* in das rechtswissenschaftliche Bewusstsein vorgedrungen war, um eine vermeintlich dogmatisch saubere Eingliederung des herrschend anerkannten Anfechtungsergebnisses im Anwendungsbereich der Einheitstheorie begründen zu können.[22] Eine Rechtsfolgenkonstruktion war vonnöten, die einerseits die Geltendmachung der Forderung im Konkursverfahren ausschließt sowie zusätzlich die Leistung der Masse zuspricht und dies, ohne gegen das Trennungs- und das Abstraktionsprinzip zu verstoßen. Ein möglicher Lösungsansatz wurde offensichtlich in dem Rückgriff auf §§ 812 ff. BGB gesehen:[23] Spricht man der isolierten Anfechtung des Verpflichtungsgeschäfts als Rechtsfolge den Entfall der *causa* zu, entstehen wechselseitig Bereicherungsansprüche. Bis auf die Kollisionsfälle[24] kann dieser Konstruktionsansatz eine nachvollziehbare Begründung für das wirtschaftliche Ergebnis der Einheitstheorie liefern.[25]

Nach der Aufgabe der Einheitstheorie ist allerdings auch die ursprünglich bestehende Konstruktionsnotlage entfallen. Mit der Anfechtung des Verpflichtungsgeschäfts geht heute kein Zugriffsrecht der Masse auf die Leistung mehr einher. Bei der Bestimmung der Rechtsfolge kann man sich nun vollständig auf die Funktion der Vorsatzanfechtung konzentrieren. Die Anfechtung des Verpflichtungsgeschäfts soll ausschließlich vorsätzlich benachteiligend begründete Forderungen in einem Insolvenzverfahren nicht in Konkurrenz mit redlich begründeten Forderungen treten lassen.[26] Um dieses Ziel zu erreichen, ist es aufgrund der gleich geeigneten, weniger einschneidenden Alternativen weder erforderlich noch legitimierbar, mit der Anfechtung die *causa* aufzulösen.

---

[20] Vgl. Jaeger/*Henckel*, § 143 InsO Rn. 39.

[21] Vgl. *Allgayer*, Gläubigeranfechtung, Rn. 705; Jaeger/*Henckel*, § 143 InsO Rn. 39.

[22] Vgl. *Allgayer*, Gläubigeranfechtung, Rn. 705.

[23] *v. Campe*, Insolvenzanfechtung, S. 287 f.; *Städtler*, Grundpfandrechte, S. 92; Jaeger[9]/*Henckel*, § 37 KO Rn. 28; siehe auch *Baur/Stürner*, Insolvenzrecht, Rn. 18.25 in Fn. 75.

[24] Vgl. *v. Campe*, Insolvenzanfechtung, S. 288.

[25] So auch *v. Campe*, Insolvenzanfechtung, S. 287 f., 47 in Fn. 155.

[26] Siehe oben S. 36 f.

2. *Suspensionswirkung*

Ein Befriedigungsausschluss der unredlichen Forderung in der Insolvenz kann auch durch die Anordnung einer Suspensionswirkung erreicht werden.[27] In der Literatur werden unterschiedliche rechtstechnische Gestaltungsmodelle vertreten. Der Ausschluss der Forderung in der Insolvenz könne erreicht werden, indem dem Anfechtungsgegner die Verpflichtung auferlegt werde, auf die Forderung schlicht zu verzichten.[28] Diese Ansicht muss sich aber wie der herrschend vertretene Entfall der *causa* dem Einwand aussetzen, dass ein „Anspruch auf Verzicht [aufgrund der Endgültigkeit ebenfalls] [...], zu weit gehen [würde], denn er greift stärker in die Rechtsstellung des Anfechtungsgegners ein, als erforderlich".[29] Deshalb wird konkretisiert: Es bestünde eine Pflicht des Anfechtungsgegners, die Anmeldung der Forderung im Insolvenzverfahren zu unterlassen.[30]

3. *Nachrangigkeit*

J. F. Hoffmann hingegen geht von einer Umwandlung der regulären Insolvenzforderung in eine nachrangige Insolvenzforderung aus.[31] Nachrangige Insolvenzforderungen im Sinne des § 39 InsO sind erst zur Tabelle anzumelden bzw. werden erst im Insolvenzverfahren berücksichtigt, wenn der wohl eher theoretische Fall eintritt, dass alle regulären Insolvenzforderungen vollständig erfüllt wurden und dennoch weitere Haftungsmasse zur Verteilung bereitsteht.[32] Eine Konkurrenzsituation zwischen der redlichen, nicht nachrangigen Forderung und der vorsätzlich gläubigerbenachteiligend begründeten, nachrangigen Forderung ist durch das etablierte Zweiklassensystem ausgeschlossen. *J. F. Hoffmann* lässt in seinen Ausführungen die Stelle im Nachrang offen.[33] Dabei kommt ein Nachrang an letzter Stelle faktisch einer Nichtdurchsetzbarkeit gleich.

Im Vergleich zur vollständigen Suspensionswirkung gelangt diese Ansicht in den Fällen zu einem abweichenden Ergebnis, in denen nach der Befriedigung aller redlichen Forderungen die Haftungsmasse nicht vollständig aufgezehrt ist. Die angeordnete Nachrangigkeit lässt in diesen Konstellationen eine Partizipation der unredlichen Forderungen am Insolvenzverfahren zu. Da die Funktion

---

[27] *Allgayer*, Gläubigeranfechtung, Rn. 665, 707; vgl. *Berges*, KTS 1957, S. 49, 55.

[28] *Jauernig/Lent*, Zwangsvollstreckungs- und Insolvenzrecht[21], S. 241; *Gerhardt*, Gläubigeranfechtung, S. 26 f.; *Rutkowsky*, Gläubigeranfechtung, S. 196.

[29] *Allgayer*, Gläubigeranfechtung, Rn. 665.

[30] FK/*Dauernheim*, § 143 InsO Rn. 5.

[31] *J. F. Hoffmann*, Prioritätsgrundsatz, S. 85, 362.

[32] Uhlenbruck/*Hirte*, § 39 InsO Rn. 1; MüKo/*Ehricke/Behme*, § 39 InsO Rn. 1.

[33] *J. F. Hoffmann*, Prioritätsgrundsatz, S. 85 führt lediglich aus, dass der Anfechtungsgegner sich gegenüber den anderen Insolvenzgläubigern nicht auf seine Forderung berufen könne und daher keine Quote erhalte, solange nicht alle Insolvenzgläubiger befriedigt worden sind. Diese Ausführungen lassen keinen unmittelbaren Schluss auf den Rang zu.

der Vorsatzanfechtung des Verpflichtungsgeschäfts nicht ein genereller Ausschluss der vorsätzlich benachteiligend begründeten Forderung aus der Insolvenz ist, sondern ihr Ziel nur das Verhindern einer Konkurrenzsituation ist, ist die Regelung der Nachrangigkeit einer flächendeckenden Nichtdurchsetzbarkeit vorzuziehen. Sie steht auch im Einklang mit dem gesetzgeberischen Willen, wie der Vergleich mit einer unentgeltlichen Zuwendung zeigt, § 39 Abs. 1 Nr. 4 InsO.[34]

II. Die Einrede der Anfechtbarkeit, § 146 Abs. 2 InsO

In der Gesamtschau muss beachtet werden, dass die Anfechtung eines Verpflichtungsgeschäfts nur selten der Haftungsmasse einen tatsächlichen Vorteil einbringt. Der Insolvenzverwalter nutzt die Anfechtung des Verfügungsgeschäfts nämlich nicht als Angriffsmechanismus, um die Haftungsmasse zu erweitern, sondern zur Verteidigung, um weiteren Abfluss zu verhindern.[35] Neben dem Obsiegen in einem Anfechtungsprozess steht dem Insolvenzverwalter auch die Option offen, schlicht die Einrede der Anfechtbarkeit zu erheben, § 146 Abs. 2 InsO. In aller Regel wird dies als Verteidigungsmittel vollkommen ausreichen und ein aufwändiger Anfechtungsprozess nicht erforderlich sein.[36]

Wird eine Nachrangigkeit als Rechtsfolgenwirkung der Anfechtung des Verpflichtungsgeschäfts präferiert, muss die Einrede der Anfechtbarkeit modifiziert werden. Im Ausgangspunkt gestattet die Einrede dem Insolvenzverwalter, die Erfüllung der anfechtbaren Forderung für die Dauer des gesamten Insolvenzverfahrens zu verweigern. Diese umfassende Einredemöglichkeit steht mit einer angeordneten Nachrangigkeit im Widerspruch. Sind alle redlichen Forderungen befriedigt, kann der Anfechtungsgegner auch die vorsätzlich benachteiligend begründeten Forderungen in der Insolvenz anmelden. § 146 Abs. 2 InsO darf in dieser Konstellation einer Geltendmachung nicht mehr entgegenstehen. Die Einrede der Anfechtbarkeit ist entsprechend anzupassen und um den Aspekt der Nachrangigkeit zu erweitern.

---

[34] Allerdings muss die Stelle des Nachranges bei der Vorsatzanfechtung nicht zwingend mit dem Rang bei der Schenkungsanfechtung (§ 39 Abs. 1 Nr. 4 InsO) identisch sein. Der Vorsatzanfechtung könnte ein größerer Unrechtswert zuzusprechen sein, sodass der Vorsatzanfechtung eines Verpflichtungsgeschäfts die letzte Stelle im Nachrang zukommen kann, ohne dass dadurch ein Widerspruch in der Gesamtsystematik des Anfechtungsrechts hervorgerufen wird.

[35] Vgl. HK/*Thole*, § 146 InsO Rn. 14.

[36] Vgl. *Kayser*, ZIP 2015, S. 449, 451.

B. Alternatives Verständnis von §144 Abs. 2 S. 1 InsO

Die Vorsatzanfechtung eines Verpflichtungsgeschäfts nimmt keinen Einfluss auf die *causa*. In der Folge bleibt auch der Behaltensgrund der Masse für die Gegenleistung bestehen. Ein Anspruch aus §§ 812 ff. BGB des Anfechtungsgegners auf die Gegenleistung bei einer Anfechtung des Verpflichtungsgeschäfts entsteht entgegen der herrschenden Meinung daher nicht.[37] Bei diesem Rechtsfolgenverständnis der Anfechtung des Verpflichtungsgeschäfts kann der Anwendungsbereich von §144 Abs. 2 InsO nicht darin gesehen werden, einen vermeintlich bestehenden Bereicherungsanspruch aufgrund eines entfallenen Behaltensgrundes in die insolvenzrechtliche Privilegienordnung einzuordnen. Zu untersuchen ist, wie Literaturstimmen, die zutreffend erkennen, dass die Anfechtung die *causa* unberührt lässt und deshalb §144 Abs. 2 S. 1 InsO nicht an die Anfechtung des Verpflichtungsgeschäfts gekoppelt sein kann, §144 Abs. 2 S. 1 InsO alternativ interpretieren.

I. Insolvenzrechtliche Qualifizierung von Ansprüchen aus dem Leistungsstörungsrecht

Gerhardt und *J. F. Hoffmann* greifen beide in ihrer Anwendungsbereichsbestimmung von §144 Abs. 2 S. 1 InsO auf das Gewährleistungsrecht zurück. §144 Abs. 2 S. 1 InsO soll in erster Linie Ansprüche aus dem Rücktrittsfolgenrecht in das Privilegiensystem eines Insolvenzverfahrens einordnen, soweit der Rücktrittsgrund mit einer Insolvenzanfechtung in Verbindung steht.

1. Einordnung durch Gerhardt

Gerhardt schließt eine Unwirksamkeit des Grundgeschäfts ausgelöst durch die Anfechtung aus.[38] §144 Abs. 2 S. 1 InsO bzw. §38 Satz 1 KO interpretiert er folgendermaßen:

„Daß dann die Masse bereichert ist [, wenn die Gegenleistung neben der Leistung in der Masse verbleibt], läßt sich nicht bezweifeln. Jedoch ist der Bereicherungsanspruch nicht der richtige Ausgleichsbehelf; denn aus allgemeinen bereicherungsrechtlichen Lehren läßt sich die Rechtsgrundlosigkeit […] nicht ableiten. Die Annahme eines ‚in §38 Satz 1 KO normierten besonderen Bereicherungsanspruchs' bei derartiger tatsächlicher Bereicherung der Masse müßte den Fortfall des Rechtsgrundes für ein Behalten der Gegenleistung fingieren bzw. müßte ganz auf dieses bereicherungsrechtliche Kriterium verzichten. Das bedeutete praktisch die Schaffung einer, allenfalls kondiktionsähnlichen, obligatio ex lege."[39]

---

[37] Siehe aber Nachweise in Kap. 1, Fn. 92, 93.
[38] *Gerhardt*, Gläubigeranfechtung, S. 310.
[39] *Gerhardt*, Gläubigeranfechtung, S. 317.

Diese Analyse betont den historischen Gedanken, § 38 S. 1 KO als Teil eines Abwicklungsmechanismus zu deuten, der eine überschießende Rechtsfolgenwirkung der Anfechtung verhindern soll.[40] Den Gedanken, mit § 38 S. 1 KO allein aus anfechtungsrechtlichen Wertungen dem Anfechtungsgegner die Gegenleistung zuzusprechen, verwirft *Gerhard* allerdings schlussendlich:

„Eine derartige Konstruktion ist angesichts der bestehen gebliebenen schuldrechtlichen Rechtsbeziehungen überflüssig und kann kaum Sinn dieser gesetzlichen Regelung gewesen sein: für die Einzelanfechtung war zu zeigen, daß der Rückgriff auf das der anfechtbaren Vermögenverschiebung zugrunde liegende Schuldverhältnis der sachgerechte und auch ausreichende Weg ist, um die Regreßansprüche des Anfechtungsgegners gegen den Schuldner zu begründen.“[41] „Anfechtbarer Erwerb ist haftungsrechtlich unwirksam. Wer einem anderen in Erfüllung einer Verbindlichkeit einen Vermögenswert überträgt, dessen Annahme seitens des Empfängers zu einem Eingriff in die Haftungszuordnung zugunsten der Gläubiger des Veräußerers führt und darum nicht wertbeständig ist, hat seine Schuldnerpflicht aus dem zugrunde liegenden Schuldverhältnis nicht erfüllt. Ansatzpunkt für die Frage nach dem Schicksal der *Gegenleistung* und einem etwaigen Regreß ist darum das Schuldverhältnis [...]. Da sich das Regreßverlangen darauf stützt, der mit der Gegenleistung erstrebte Erwerb sei anfechtbar und also nicht wertbeständig, kommen Gewährleistungsansprüche infrage.“[42]

Im Ergebnis sieht *Gerhardt* einen eigenständigen anfechtungsrechtlichen Bereicherungsausgleich im Umfeld der Anfechtung für nicht notwendig an. Ein wirtschaftlicher Ausgleich überschießender Rechtsfolgenwirkungen der Anfechtung könne ausreichend über die noch bestehenden schuldrechtlichen Bindungen verwirklicht werden. *Gerhardt* verweist auf das Rücktrittsfolgenrecht, das ein Anrecht auf die Gegenleistung hervorruft.[43] Er gelangt zu dem Ergebnis, dass ein derartiger Anspruch aus dem Rücktrittsfolgenrecht im Ausgangspunkt stets im Konkurs als Masseverbindlichkeit gemäß § 59 Nr. 1 KO privilegiert sei.[44] Funktion von § 38 S. 1 KO bzw. § 144 Abs. 2 S. 1 InsO sei, diese weitgehende Privilegierung des Rücktrittsanspruchs einschränkend in der Krise des Schuldners einzuordnen:

„Auch bei diesem Verständnis der Regreßrechte des Anfechtungsgegners hat die gesetzliche Regelung des § 38 KO ihren guten Sinn: ohne die Vorschrift des Satz 1 [Anmerkung: § 38 S. 1 KO] könnte der Anfechtungsgegner seinen Gewährleistungsanspruch in jedem Falle als Masseanspruch geltend machen; denn der Regreßanspruch entsteht [...] aufgrund der Durchsetzung des Anfechtungsrechts, also durch eine ‚Handlung‘ des Konkursverwalters, so daß insoweit eine Masseschuld in vollem Umfang vorläge, § 59 Nr. 1 KO. Die Bedeutung des § 38 Satz 1 KO beruht nun darauf, daß diese Masseschuld auf die

---

[40] Ausführlich zur Rolle von § 144 Abs. 2 S. 1 InsO als Baustein eines Abwicklungsmechanismus zur Begrenzung der Rechtsfolgenwirkung unten S. 119 ff.
[41] *Gerhardt*, Gläubigeranfechtung, S. 317.
[42] *Gerhardt*, Gläubigeranfechtung, S. 311.
[43] *Gerhardt*, Gläubigeranfechtung, S. 315.
[44] *Gerhardt*, Gläubigeranfechtung, S. 317.

Gegenleistung, soweit sie sich nicht in der Masse befindet bzw. soweit die Masse noch um deren Wert bereichert ist, beschränkt wird.“[45]

2. *Einordnung durch* J. F. Hoffmann

Dieser Einordnung tritt *J. F. Hoffmann* entgegen. Auch er betont, dass die Anfechtung des Verpflichtungsgeschäfts das Grundgeschäft nicht entfallen lasse.[46] Die erfolgreiche Anfechtung habe aber aus der Perspektive des Anfechtungsgegners Parallelen zu einer Nicht- bzw. Schlechtleistung, wodurch sich die Möglichkeit eines Rücktritts eröffne und dadurch ein Zugriffsrecht auf die Gegenleistung entstehe.[47] Er ordnet §144 Abs. 2 S. 1 InsO als Ausprägung des §55 Abs. 1 Nr. 3 InsO den deklaratorischen Anwendungsbereich zu, nicht nur klassische §§812ff. BGB-Ansprüche in das insolvenzrechtliche Privilegierungssystem einzuordnen. Vielmehr erfasse §144 Abs. 2 S. 1 alle bereicherungsähnliche Ansprüche, die im Zusammenhang mit einer Insolvenzanfechtung entstehen können, u. a. auch Ansprüche aus dem Rücktrittsfolgenrecht.[48]

Konträr zu *Gerhardt* geht *J. F. Hoffmann* jedoch nicht davon aus, dass ein sich aus dem Rücktritt ergebender, bereicherungsrechtsähnlicher Anspruch auf die Gegenleistung, wenn er auf eine Anfechtung zurückzuführen ist, grundsätzlich nach §55 Abs. 1 Nr. 3 InsO zur Masseverbindlichkeit privilegiert werde. Voraussetzung wäre grundsätzlich eine Bereicherung der Masse nach der Verfahrenseröffnung.[49] Da die Gegenleistung in aller Regel die Masse vor der formellen Insolvenz erreicht hat, greife der Privilegierungsgedanke des §55 Abs. 1 Nr. 3 InsO meist nicht.[50] Einen die Privilegierung rechtfertigenden Verursachungsbeitrag des Insolvenzverwalters durch die Anstrengung der Anfechtung erkennt *J. F. Hoffmann* nicht an.[51]

J. F. Hoffmann wirft daran anschließend die Frage auf, ob §144 Abs. 2 S. 1 InsO konstituierende Wirkung entfalte, d. h. einen eigenständigen Privilegierungsgrund darstelle.[52] Voraussetzung dafür wäre allerdings, dass sich eine über §55 Abs. 1 Nr. 3 InsO hinausgehende Privilegierung von bereicherungsrechtsähnlichen Forderungen in der Insolvenz überhaupt rechtfertigen ließe. Da *J. F. Hoffmann* keinen Legitimationsgrund für eine Extension der Privilegienordnung im Insolvenzanfechtungsrecht ausmachen kann, kommt er zu dem Ergebnis, dass §144 Abs. 2 S. 1 InsO nur ein deklaratorischer Anwendungsbereich neben §55 Abs. 1 Nr. 3 InsO zukommt.[53] Auch im Insolvenzanfechtungsrecht

---

[45] *Gerhardt*, Gläubigeranfechtung, S. 317 f.
[46] *J. F. Hoffmann*, Prioritätsgrundsatz, S. 85, 362.
[47] *J. F. Hoffmann*, Prioritätsgrundsatz, S. 360.
[48] *J. F. Hoffmann*, Prioritätsgrundsatz, S. 361 f.
[49] Siehe in diesem Zusammenhang auch oben S. 25 f.
[50] *J. F. Hoffmann*, Prioritätsgrundsatz, S. 363 f.
[51] *J. F. Hoffmann*, Prioritätsgrundsatz, S. 363; vgl. Kap. 1, Fn. 103.
[52] *J. F. Hoffmann*, Prioritätsgrundsatz, S. 363.
[53] Vgl. *J. F. Hoffmann*, Prioritätsgrundsatz, S. 363 f.

gelte, dass nur in den Fällen Ansprüche als Masseverbindlichkeit privilegiert würden, in denen die Gegenleistung bzw. allgemeiner gesprochen die Bereicherung die Masse erst nach Verfahrenseröffnung erreicht habe.[54]

3. Stellungnahme

Gerhardt und *J. F. Hoffmann* ist darin beizupflichten, dass die isolierte Anfechtung des Verfügungsgeschäfts vergleichbar mit einer Schlechtleistung[55] ist und dem Anfechtungsgegner die Möglichkeit zum Rücktritt eröffnet. Allerdings ist die wirtschaftliche Situation des Anfechtungsgegners vor und nach einem Rücktritt zu vergleichen. Bei der isolierten Anfechtung des Verfügungsgeschäfts steht dem Anfechtungsgegner nach § 144 Abs. 1 InsO seine Erfüllungsforderung auf die Leistung zu. Es liegt in der Natur eines anfechtbaren und damit gläubigerbenachteiligenden Geschäfts, dass die Forderung auf die Leistung wirtschaftlich wertvoller ist als eine etwaige Rücktrittsforderung auf die Gegenleistung. Da gemäß § 45 InsO eine gegenständliche Erfüllung beider Ansprüche ausscheidet,[56] muss unter dem wirtschaftlichen Gesichtspunkt davon ausgegangen werden, dass es nicht im Interesse des Anfechtungsgegners ist, zurückzutreten und freiwillig auf eine wirtschaftlich stärkere Forderung zu verzichten.

Die Situation müsste jedoch wirtschaftlich vollständig abweichend bewertet werden, wenn die beiden in Rede stehenden Ansprüche in der Insolvenz unterschiedlich behandelt werden würden. Der Erfüllungsforderung kommt jedenfalls unbestritten nur der Rang einer Insolvenzforderung zu, § 144 Abs. 1 InsO. Von einer flächendeckenden Privilegierung der Rücktrittsforderung, insoweit die Gegenleistung noch vorhanden ist, geht *Gerhardt* aus.[57] Stimmt die von *Gerhardt* vorgetragene Grundannahme, würde sich die wirtschaftliche Attraktivität des Rücktritts im Zusammenhang mit der Insolvenzanfechtung drastisch verändern.

Gerhardt begründet im Zusammenhang mit der Anfechtung die flächendeckende Privilegierung eines Anspruchs aus dem Rücktrittsrecht damit, dass der Konkursverwalter das Gegenrecht „verursacht" hat.[58] Gegen diese Argumentation stellt sich *J. F. Hoffmann*. Eine Privilegierung der Forderung nach § 55 Abs. 1 Nr. 3 InsO auf die Gegenleistung aus dem Rücktrittsrecht scheide bei einer Erbringung der Gegenleistung vor Verfahrenseröffnung aus. Es sei kein Verursachungsbeitrag des Verwalters im Sinne des § 55 Abs. 1 Nr. 3 InsO durch die Anfechtung des Verfügungsgeschäfts zu erkennen.[59]

---

[54] Vgl. *J. F. Hoffmann*, Prioritätsgrundsatz, S. 363 f.
[55] Vgl. oben S. 35.
[56] Vgl. unten S. 113 ff.
[57] Vgl. oben S. 100 ff.
[58] *Gerhardt*, Gläubigeranfechtung, S. 318; vgl auch Kap. 1, Fn.103.
[59] *J. F. Hoffmann*, Prioritätsgrundsatz, S. 363; vgl. oben S. 102.

Wie schon an anderer Stelle gezeigt,[60] überzeugt das von *J. F. Hoffmann* verwendete Kriterium des Zeitpunktes, um Ansprüche aus einem erklärten Rücktritt in das insolvenzrechtliche Privilegierungssystem einzuordnen. Jedoch hat § 144 Abs. 2 S. 1 InsO in diesem System keinen eigenen Anwendungsbereich, sondern ist lediglich klarstellend. In den seltenen Fällen, in denen die Gegenleistung erst nach Verfahrenseröffnung zur Masse gestoßen ist, ist mit *J. F. Hoffmann* davon auszugehen, dass sich schon allein aus § 55 Abs. 1 Nr. 3 InsO eine Privilegierung der Forderung aus dem Rücktrittsfolgenrecht ergibt – auf § 144 Abs. 2 S. 1 InsO muss nicht zurückgegriffen werden.[61] In den meisten Konstellationen wird die Gegenleistung vor der formellen Insolvenz den Schuldner erreicht haben. Da mangels Privilegierung dann ein Anspruch auf die Gegenleistung wirtschaftlich weniger wertvoll ist als die Erfüllungsforderung, wird der Anfechtungsgegner in der Regel erst gar nicht den Rücktritt erklären.

Ob § 144 Abs. 2 S. 1 InsO allerdings ein eigener Anwendungsbereich als Baustein eines Abwicklungsmodells im Rechtsfolgenrecht der Anfechtung zukommt, um die Anfechtungswirkung auf das Maß der Gläubigerbenachteiligung zu begrenzen, lassen *Gerhardt* und *J. F. Hoffmann* offen. *Gerhardt* zieht zwar in Betracht, § 38 S. 1 KO als beschränkende Komponente in einem Abwicklungsmechanismus einer Anfechtungswirkung zu interpretieren. Diesen Gedankengang verfolgt er allerdings nicht weiter, da er zu dem nicht überzeugenden Schluss kommt, dass aufgrund einer flächendeckenden konkursrechtlichen Privilegierung von Ansprüchen aus dem Rücktrittsrecht schon im Grundsatz eine überschießende Rechtsfolgenwirkung der Anfechtung ausgeschlossen sei. *J. F. Hoffmann* wiederum widerlegt die These der flächendeckenden Privilegierung, beschäftigt sich aber nicht weiter mit der Frage, ob § 144 Abs. 2 S. 1 InsO ein Bestandteil eines Abwicklungsmechanismus im Rechtsfolgenrecht ist, um überschießende Rechtsfolgenwirkungen einzufangen.

II. Abhängigkeit von ursprünglich übernommenen Insolvenzrisiken

Teilweise wird in der Rechtswissenschaft vertreten, dass § 144 Abs. 2 S. 1 InsO die Aufgabe zufalle, bestehende Insolvenzrisiken im Rechtsfolgenregime der Insolvenzanfechtung abzubilden.[62] Die Insolvenzrisiken würden durch die Leistungsreihenfolge verteilt: Wer nicht vorleiste, trage grundsätzlich kein Insolvenzrisiko. Die Anfechtung dürfe dem Anfechtungsgegner ursprünglich nicht übernommene Insolvenzrisiken nicht erstmalig aufbürden.[63] Dass dies nicht passiere, gewährleiste nach dieser Ansicht § 144 Abs. 2 S. 1 InsO.

---

[60] Oben S. 25 f.

[61] Vgl. *J. F. Hoffmann*, Prioritätsgrundsatz, S. 364.

[62] Siehe auch den ähnlichen (vgl. *Klinck*, Insolvenzanfechtung, S. 377 in Fn. 39) Ansatz von *Marotzke*, der unten ab S. 119 ff. vorgestellt wird.

[63] Vgl. mit im Detail abweichenden Begründungsansätzen K/P/B/*Jacoby*, § 144 InsO

1. Isolierte Anfechtung des Verfügungsgeschäfts

Die isolierte Anfechtung des Verfügungsgeschäfts führt nach dem herrschenden Verständnis dazu, dass der Anfechtungsgegner im wirtschaftlichen Gesamtergebnis beide Leistungsgegenstände verliert und ihm nur seine Erfüllungsforderung, die eine Insolvenzforderung ist, verbleibt. Er endet folglich als Insolvenzgläubiger. Hatte sich der Vertragspartner aber, wenn er seine eigene Vorleistung verweigerte, nicht gerade vor der Insolvenzgläubigerstellung schützen wollen? Um eine Insolvenzgläubigerstellung des Anfechtungsgegners nicht eintreten zu lassen, sprechen Stimmen in der Literatur dem Anfechtungsgegner außerhalb seiner eigenen Vorleistung – unabhängig von der Anfechtung des Verpflichtungsgeschäfts – einen Anspruch nach §144 Abs. 2 S. 1 InsO zu.[64] Er erhalte die Gegenleistung zurück und könne diese nun erneut Zug-um-Zug gegen die Leistung eintauschen.[65] Dies führe zu dem wirtschaftlichen Endergebnis, dass der Anfechtungsgegner nicht erstmalig durch die Anfechtung ein Insolvenzrisiko tragen müsse, auf das er bewusst durch die Leistungsreihenfolge verzichtet habe.

2. „Doppelanfechtung"

Die Verbindung zwischen Insolvenzrisiken und der Leistungsreihenfolge überträgt diese Ansicht auch auf die „Doppelanfechtung".[66] Bei einer Vorleistung des Anfechtungsgegners stehe ihm kein Anspruch auf die Gegenleistung nach §144 Abs. 2 S. 1 InsO zu. In allen anderen Fällen habe er kein umfassendes Insolvenzrisiko übernommen und dürfe deshalb nach einer Anfechtung nicht im ganzen Umfang als Insolvenzgläubiger enden. Dies gewährleiste ein Anspruch gemäß §144 Abs. 2 S. 1 InsO.

3. Stellungnahme

Schon im Ausgangspunkt bestehen Zweifel hinsichtlich der strukturellen Kompatibilität dieses Vorschlags mit den Einschränkungen, die der Gesetzeswortlaut in §144 Abs. 2 S. 1 InsO vorsieht. Die Literaturansicht lässt unbeantwortet,

---

Rn. 21; *Eckardt*, ZInsO 2004, S. 888, 891; Jaeger/*Henckel*, §144 InsO Rn. 7, 8; *Häsemeyer*, Insolvenzrecht, Rn. 21.65; siehe auch *Bitter*, KTS 2016, S. 455, 496ff.; dazu bereits oben S. 78; siehe zur vermeintlichen Relevanz der Leistungsreihenfolge bei der Gläubigerbenachteiligung oben S. 57ff.

[64] K/P/B/*Jacoby*, §144 InsO Rn. 22; *Eckardt*, ZInsO 2004, S. 888, 891; siehe auch Fn. 63.

[65] Aufgrund der formellen Insolvenz wird dies nur geschehen, wenn der Insolvenzverwalter nach §§103, 55 Abs. 1 Nr. 2 InsO das Geschäft zur Masseverbindlichkeit privilegiert. Andernfalls kann der Anfechtungsgegner den insolvenzfesten Einwand des §320 BGB erheben, vgl. Fn. 70. Aufgrund des gläubigerbenachteiligenden Charakters wird der Insolvenzverwalter eine Erfüllungswahl ablehnen, der Anfechtungsgegner erhält die Quote auf den Gewinn des Geschäfts, vgl. *Marotzke*, Gegenseitige Verträge, Rn. 7.130.

[66] K/P/B/*Jacoby*, §144 InsO Rn. 24f.

warum der Schutz vor vermeintlich nicht übernommenen Insolvenzrisiken vom Nichtbestehen einer Masseunzulänglichkeit und vom Verbleib der Gegenleistung beim insolventen Schuldner abhängig sein sollte.[67]

Darüber hinaus ist aber auch die Verknüpfung der Leistungsreihenfolge mit dem der Anfechtung anhaftenden Insolvenzrisiko fehlerhaft.[68] Zu unterscheiden ist zwischen bestehenden Insolvenzrisiken *vor* und *nach* einem Leistungsaustausch.

Vor einem Leistungsaustausch schützt die Einrede des nicht erfüllten Vertrages (§ 320 BGB) den Vertragspartner vor einer Insolvenzgläubigerstellung. § 320 BGB erklärt auch die Leistungsreihenfolge als maßgeblich. Der Leistungswille einer Partei ist darauf beschränkt, die Leistung nur um der Gegenleistung willen zu erbringen.[69] Der begrenzte Bindungswille des § 320 BGB ist auch insolvenzfest.[70] Die eigene Leistung kann in der Insolvenz zurückgehalten werden, insoweit der Vertragspartner nur eine quotale und nicht die vollständige Gegenleistung anbietet. Dadurch besteht die Gewissheit, nicht ohne Leistung und Gegenleistung und nur mit einer Erfüllungsforderung zu enden.

Vom Schutzgedanken des § 320 BGB ist die Frage zu separieren, ob *nach* einem stattgefundenen Leistungsaustausch die Gegenleistung, die der Vertragspartner im Gegenzug für seine Leistung erhalten hat, auch diesem von der Rechtsordnung bestandskräftig zugewiesen wird und deshalb sich keine Insolvenzrisiken mehr realisieren. Erhält der Leistende im Gegenzug für seine Leistung eine Gegenleistung, entfällt das spezifische Risiko, aufgrund der Nichterfüllung des Schuldners in seiner Insolvenz nur mit der quotalen Erfüllungsforderung zu enden.

Es besteht allerdings nun die Gefahr, dass der Austausch nur *inter partes*, jedoch nicht *erga omnes* von der Rechtsordnung als wirksam anerkannt wird. Fällt der Vertragspartner in die Insolvenz, bevor auch absolut wirksam die Gegenleistung übertragen wurde, bleibt der Gegenstand der Haftungsmasse zugeordnet. Der Vertragspartner hat weiterhin ein Forderungsrecht, es tritt jedoch eine Insolvenzgläubigerstellung ein. Das in diesem Zusammenhang auftretende Insolvenzrisiko ist jedoch unabhängig von der Leistungsreihenfolge und allein auf die Existenz von Verkehrsschutzmechanismen, die in der Insolvenz zum Tragen kommen, zurückzuführen.

---

67 So auch *Becker*, Insolvenzrecht, Rn. 1043.

68 So auch im Ergebnis *Becker*, Insolvenzrecht, Rn. 1042 f.; *J. F. Hoffmann*, Prioritätsgrundsatz, S. 363 in Fn. 655; siehe zum Argumentationstopos der Leistungsreihenfolge im Anfechtungsrecht bereits oben S. 57 ff.

69 Vgl. *J. F. Hoffmann*, Prioritätsgrundsatz, S. 314; Soergel/*Lobinger*, Vor § 346 BGB Rn. 19.

70 Vgl. zur Insolvenzfestigkeit von § 320 BGB BGHZ 150, 353, 359; BGH NZI 2007, 404, 405; Hahn, Materialien IV, S. 88 (S. 69); *J. F. Hoffmann*, Prioritätsgrundsatz, S. 314; *Mossler*, Bereicherung, S. 13 ff.; *Marotzke*, Gegenseitige Verträge, Rn. 2.14; *Musielak*, AcP 179 (1956), S. 189, 199 f.; vgl. zu § 273 BGB Kap. 5, Fn. 133.

Der Hintergrund der beschriebenen Situation *nach* einer beidseitigen Leistungserbringung ist grundverschieden von dem durch § 320 BGB geschützten Insolvenzrisiko *vor* dem Leistungsaustausch. Einen „optimalen" und damit umfassenden Schutz vor einer Insolvenzgläubigerstellung bietet daher § 320 BGB aufgrund der bestehenden Verkehrsschutzmechanismen nach einem vollzogenen Leistungsaustausch nicht.[71]

Die isolierte Anfechtung des Verfügungsgeschäfts betrifft Fallgestaltungen *nach* einem Leistungsaustausch. Die Anfechtung führt zu einer Insolvenzgläubigerstellung des Anfechtungsgegners, § 144 Abs. 1 InsO. Hintergrund ist, dass der Anfechtungsgegner nach allen Anfechtungstheorien den Anfechtungsgegenstand *erga omnes* nicht wirksam erworben hat.[72] Das bei der Anfechtung bestehende Insolvenzrisiko geht folglich auf die Existenz von Verkehrsschutz zurück und ist unabhängig von der Leistungsreihenfolge bzw. steht in keinem Zusammenhang mit § 320 BGB. Somit geht der Ansatz fehl, § 144 Abs. 2 S. 1 InsO den Zweck zuzuschreiben, vermeintliche Insolvenzrisiken entsprechend der Abwicklungsreihenfolge im Rechtsfolgenregime der Anfechtung abzubilden, um den Grundgedanken des § 320 BGB zu verwirklichen.

---

[71] Vgl. *Klinck*, Insolvenzanfechtung, S. 377; *J. F. Hoffmann*, Prioritätsgrundsatz, S. 363 in Fn. 655; siehe aber *C. Paulus*, FS Fischer, S. 445, 453.

[72] Siehe oben S. 64 f.

5. Kapitel

Abwicklungsmodelle zur Begrenzung der Insolvenzanfechtung des Verfügungsgeschäfts auf das Maß der bestehenden Gläubigerbenachteiligung

Bei der Insolvenzanfechtung des Verfügungsgeschäfts eines partiell unausgeglichenen Austauschgeschäfts kann eine Anfechtungswirkung nur auf das Maß der Gläubigerbenachteiligung, d. h. auf die Wertdifferenz von Leistung und Gegenleistung, gerechtfertigt werden.[1] Das von der herrschenden Meinung angewandte Abwicklungsmodell bildet allerdings diese Wertung nicht im wirtschaftlichen Ergebnis der Anfechtung ab.[2] Nahezu flächendeckend wird vertreten, dass sich bei einem Austauschgeschäft eine Teilanfechtung auf das Maß der Gläubigerbenachteiligung verbiete.[3] Die Leistung sei *in natura*[4] und damit jedenfalls bei unteilbaren Leistungsgegenständen vollständig der Masse zur Verfügung zu stellen.[5] Einschränkende Mechanismen, die schlussendlich trotzdem das Endergebnis der Anfechtung bei Austauschgeschäften auf das Maß der Gläubigerbenachteiligung begrenzen, sind im Rechtsfolgenregime der herrschenden Meinung nicht vorgesehen.[6]

Zu untersuchen ist, welche alternativen Abwicklungsmodelle bei der isolierten Anfechtung des Verfügungsgeschäfts bereitstehen, um die ausgemachten materiellen Wertungen auch im wirtschaftlichen Endergebnis der Anfechtung abzubilden und die durch die herrschende Meinung hervorgerufenen Unstimmigkeiten aus dem Anfechtungsrecht zu verbannen.[7] Vorgestellt bzw. verglichen werden die partielle Anfechtung auf das Maß der Gläubigerbenachteiligung und die vollständige Rückgabe der Leistung, gepaart mit einem Ausgleich im Umfang der Gegenleistung gemäß § 144 Abs. 2 S. 1 InsO. Letzteres Modell beschränkt ebenfalls die Anfechtungswirkung im Ergebnis auf das Maß

---

[1] Vgl. oben S. 88 ff., 90.

[2] Vgl. oben S. 28.

[3] Vgl. *Eckardt*, ZInsO 2004, S. 888, 890 ff.; K/P/B/*F. Bartels*, § 129 InsO Rn. 397 ff.; *dens.*, Insolvenzanfechtung, 233 ff.; *Raebel*, FS Ganter, S. 339, 348; siehe auch *Bitter*, KTS 2016, S. 455, 465 f.; weitere Nachweise in Kap. 3, Fn. 171.

[4] Siehe zunächst nur BT-Drs. 12/2443, S. 167; sogleich S. 110 ff.

[5] Siehe nur *Becker*, Insolvenzrecht, Rn. 1016; ausführlich oben S. 89 f.

[6] *Eckardt*, ZInsO 2004, S. 888, 890 ff.

[7] Siehe zu den bestehenden Unstimmigkeiten im Rechtsfolgenrecht der Insolvenzanfechtung oben S. 30 ff.

der Gläubigerbenachteiligung, da die Schlechterstellung der Gläubiger identisch mit der Wertdifferenz der Leistungsgegenstände ist.[8]

A. Partielle Insolvenzanfechtung auf das Maß der Gläubigerbenachteiligung

Ein direkter Weg, die Anfechtungswirkung in ihrem Umfang auf das Maß der Gläubigerbenachteiligung zu beschränken, bestünde in der Zulassung einer partiellen Anfechtung im Umfang der bestehenden Gläubigerbenachteiligung auch bei unteilbaren[9] Leistungsgegenständen.[10]

I. Gegenständliche Interessen an der Leistung

Die partielle Anfechtung auf das Maß der Gläubigerbenachteiligung bei unteilbaren Gegenständen ist nur dann möglich, wenn keine gegenständlichen Interessen bestehen, sodass der Anfechtungsgegner durch eine anteilige Geldleistung die Schlechterstellung der Gläubiger beseitigen kann.[11] Rechtsprechung und Literatur vertreten einhellig, dass der Anfechtungsgegner nach einer erfolgreichen Anfechtung den Zufluss stets gegenständlich (*in natura*) der Haftungsmasse zur Verfügung stellen muss.[12] Die Insolvenzmasse sei auch gegenständlich in die Lage zurückzuversetzen, in der sie sich befinden würde, wenn das anfechtbare Verhalten unterblieben wäre.[13] Auf §143 Abs. 1 S. 2 InsO dürfe nur zurückgegriffen werden, wenn eine gegenständliche Rückordnung unmöglich sei.[14] Eine Einlösungsbefugnis des Anfechtungsgegners, d. h. anstelle der Zurverfügungstellung des Anfechtungsgegenstands *in natura* die Gläubigerbenachteiligung durch eine Zahlung auszugleichen,[15] ebenso wie ein Wahlrecht

---

[8] Vgl. *Eckardt*, ZInsO 2004, S. 888, 890ff.

[9] Siehe zur weitgehend anerkannten Zulässigkeit der partiellen Anfechtung auf das Maß der Gläubigerbenachteiligung bei teilbaren Leistungsgegenständen oben S. 89ff.

[10] Vgl. *Raebel*, FS Ganter, S. 339, 348; *Senst*, Verwaltung von Konkursen, S. 197; siehe zu dem Gedanken der Teilanfechtung im römischen Recht *Grevesmühl*, Gläubigeranfechtung, S. 190.

[11] Vgl. oben S. 91.

[12] Vgl. BT-Drs. 12/2443, S. 167; BGHZ 15, 333; 71, 61, 63; BGH NJW 1987, 2821, 2822; BGH NZI 2005, 453; Uhlenbruck/*Borries/Hirte*, §143 InsO Rn. 20; Schmidt/*Büteröwe*, §143 InsO Rn. 7; *Neyses*, Insolvenzanfechtung, S. 31; K/P/B/*Schoppmeyer*, §132 InsO Rn. 14; *Magnus*, Der Rückholanspruch, S. 277; *Kayser*, ZIP 2015, S. 449, 453; *Baur/Stürner*, Insolvenzrecht, Rn. 20.5; MüKo/*Kirchhof/Piekenbrock*, §143 InsO Rn. 42; Gottwald/*Huber*, §52 Rn. 9.

[13] BGH NJW 2007, 2325, 2328 Rn. 31; MüKo/*Kirchhof/Piekenbrock*, §143 InsO Rn. 42; Uhlenbruck/*Borries/Hirte*, §143 InsO Rn. 20f.

[14] Jaeger/*Henckel*, §143 InsO Rn. 110; HK/*Thole*, §143 InsO Rn. 23.

[15] Vgl. unten S. 111ff.

des Insolvenzverwalters,[16] sollen nach herrschendem Verständnis im Insolvenzanfechtungsrecht nicht bestehen.[17] Argumentativ werden die Gesetzesbegründung,[18] die Systematik[19] und die Zielsetzung der Anfechtung angeführt.

1. Unstimmigkeiten im Gesamtgefüge der herrschenden Meinung

Die herrschend vertretene zwingende gegenständliche Rechtsfolgenwirkung im Insolvenzanfechtungsrecht und der damit einhergehende Ausschluss einer Einlösungsbefugnis bei §143 InsO erzeugen allerdings Unstimmigkeiten im Gesamtgefüge des Anfechtungsrechts.

a) Einlösungsbefugnis im Anfechtungsgesetz, §11 AnfG

Konträr zu §143 InsO ist bei §11 AnfG seit jeher eine Einlösungsbefugnis anerkannt:[20]

> „Immer hat der Empfänger das Recht, statt den veräußerten Gegenstand selbst zurückzugewähren, den Gläubiger wegen seiner Forderung unmittelbar zu befriedigen; mehr als Befriedigung kann der Gläubiger nicht beanspruchen. Soweit er ihn befriedigt, erfüllt er seine Pflicht zu Rückgewähr.“[21]

Die Gewährung einer Einlösungsbefugnis würde allerdings Interessen des Gläubigers missachten, wenn dieser ein gegenständliches Anrecht an dem Anfechtungsgegenstand hätte, d. h., die Anfechtung nach dem Anfechtungsgesetz eine gegenständliche Forderung des Gläubigers schützen würde. §2 AnfG macht deutlich, dass das Anfechtungsgesetz nur fällige und vollstreckbare Geldforderungen berücksichtigt.[22] Durch die Beschränkung auf Geldforderungen bestehen im Anwendungsbereich des Anfechtungsgesetzes keine gegenständlichen Interessen des Gläubigers an der Leistung. Findet eine gegenständliche Rückordnung statt, wird das Vollstreckungsorgan zuerst verwerten und dann den

---

16 *Huber*, JuS 2019, S. 1148.

17 BGH NJW 1970, 44, 45; BGHZ 101, 286, 288 f.; MüKo/*Kirchhof/Piekenbrock*, §143 InsO Rn. 111; Jaeger/*Henckel*, §143 InsO Rn. 110; Gottwald/*Huber*, §52 Rn. 13; Uhlenbruck/*Borries/Hirte*, §143 InsO Rn. 29.

18 BT-Drs. 12/2443, S. 167: „[…] ein wirksam angefochtener Erwerb [ist] grundsätzlich ‚in Natur‘ zur Insolvenzmasse zurückzugewähren.“

19 Vgl. *Eckardt*, ZInsO 2004, S. 888, 890 ff. Nicht überzeugend ist es allerdings, dass *Eckardt* die Existenz von §144 Abs. 2 S. 1 InsO als Argument gegen eine Einlösungsbefugnis vorbringt, dann aber letztendlich doch §144 Abs. 2 S. 1 InsO für nicht anwendbar erachtet.

20 Vgl. BGH NJW-RR 2011, 452, 453 Rn. 9; MüKo/*Kirchhof*, §11 AnfG Rn. 29; *Jaeger*, Gläubigeranfechtung, §7 AnfG Rn. 4 (S. 251 f.); *Huber*, Anfechtungsgesetz, §11 AnfG Rn. 10; NK/*Haertlein*, §11 AnfG Rn. 7; *Hartmann*, Anfechtung von Rechtshandlungen, S. 242.

21 Motive zum Anfechtungsgesetz abgedruckt bei *Hartmann*, Anfechtung von Rechtshandlungen, S. 242 und *Jaeger*, Gläubigeranfechtung, §7 AnfG Rn. 4 (S. 251 f.).

22 MüKo/*Kirchhof*, §2 AnfG Rn. 8, 13, 14; *Huber*, Anfechtungsgesetz, §2 AnfG Rn. 1, 9; *Jaeger*, Gläubigeranfechtung, §2 AnfG Rn. 9, 18 (S. 142); *Warneyer/Bohnenberg*, Kommentar, S. 56, 64.

Gläubiger mit dem Erlös befriedigen. Die Gewährung einer Einlösungsbefugnis verändert den Befriedigungsgegenstand des Gläubigers folglich im Anwendungsbereich des Anfechtungsgesetzes nicht.

b) „Vorweggenommene Befriedigung des individuellen Rückgewähranspruchs"

Eine Einlösungsbefugnis vertritt der BGH allerdings auch im Insolvenzanfechtungsrecht, wenn die Rückordnung durch Geld nicht auf ein Anfechtungsurteil zurückgeht, sondern der Anfechtungsgegner der Haftungsmasse[23] – unabhängig von der Kenntnis einer Anfechtbarkeit[24] – das Erlangte schon vor Abschluss eines möglichen Anfechtungsprozesses zurückgibt.[25] Diese Konstellation wird als „vorweggenommene Befriedigung des individuellen Rückgewähranspruchs" bezeichnet.[26] In diesem Zusammenhang sieht die Rechtswissenschaft die Gläubigerbenachteiligung als neutralisiert an, wenn der Anfechtungsgegner trotz der bestehenden Möglichkeit einer Rückgewähr *in natura* die Rückführung der erhaltenen Positionsverbesserung durch die Zurverfügungstellung von Wertersatz herbeiführt:[27] „Es sei anerkannt, dass eine zunächst eingetretene Benachteiligung nachträglich dadurch wieder beseitigt werden könne, dass der Anfechtungsgegner den anfechtbar erhaltenen Gegenstand oder dessen vollen Wert in das Vermögen des Schuldners zurückführe, um damit die Verkürzung der Haftungsmasse ungeschehen zu machen."[28] Vor einem Anfechtungsurteil besteht somit nach der Rechtsprechung keine Pflicht zu einer Neutralisation der Gläubigerbenachteiligung *in natura*. Es scheint in dieser Fallgestaltung auch im Insolvenzanfechtungsrecht „ausnahmsweise" eine Einlösungsbefugnis des Anfechtungsgegners anerkannt zu sein.

c) Neutrale Austauschgeschäfte

Auch treten Unstimmigkeiten auf, wenn die herrschend angedachte, zwingend gegenständliche Rechtsfolgenwirkung bei einem schlechten Schuldnergeschäft mit der insolvenzanfechtungsrechtlichen Einordnung eines neutralen Austauschgeschäfts verglichen wird. Ein neutrales Austauschgeschäft ist nach herrschendem Verständnis nicht anfechtbar, obwohl die Haftungsmasse gegen-

[23] Die Rückordnung muss in die Insolvenzmasse und nicht an den Schuldner erfolgen, vgl. MüKo/*Kirchhof/Piekenbrock*, § 129 InsO Rn. 178, § 143 InsO Rn. 44; Uhlenbruck/*Borries/Hirte*, § 143 InsO Rn. 20.

[24] BGH NZI 2018, 216, 217 Rn. 12; 2019, 591 Rn. 14.

[25] Vgl. zu dieser Figur bereits oben S. 50 f.

[26] BGHZ 173, 328, 342 Rn. 57; BGH NZI 213, 397 Rn. 3; NZI 2015, 937, 938 Rn. 15; 2018, 216, 217 Rn. 10 ff.; 2019, 392, 393 Rn. 11; 2019, 591 Rn. 12 ff.; vgl. *Bork*, FS Kayser, S. 65, 71 ff.

[27] Vgl. K/P/B/*F. Bartels*, § 129 InsO Rn. 336; Uhlenbruck/*Borries/Hirte*, § 143 InsO Rn. 257; MüKo/*Kirchhof/Piekenbrock*, § 143 InsO Rn. 178; *Kreft*, KTS 2012, S. 405, 415 f.

[28] BGH NZI 2015, 937 Rn. 6.

ständlich, jedoch nicht wirtschaftlich ersatzlos, die Leistung weggibt.[29] Versagt man dem neutralen Austauschgeschäft einen gläubigerbenachteiligenden Charakter, lässt sich daraus ableiten, dass die gegenständliche Zusammensetzung der Haftungsmasse nach dem herrschenden Verständnis augenscheinlich für die Gläubigerbefriedigung kein ausschlaggebender Faktor sein kann.[30] Dass trotzdem nach herrschender Meinung bei der Anfechtung eines partiell unausgeglichenen Austauschgeschäfts an einer gegenständlichen Rechtsfolgenwirkung festgehalten wird, ist widersprüchlich.

2. *Interessenlage der Haftungsmasse*

Zu untersuchen ist, ob im Umfeld von §143 Abs. 1 InsO ein spezielles gegenständliches Interesse der Haftungsmasse ausgemacht werden kann, das eine gegenständliche Anfechtungswirkung im Insolvenzanfechtungsrecht erforderlich macht. Sollte ein solches gefunden werden, müssten die Einordnung eines neutralen Austauschgeschäfts und die Figur der „vorweggenommenen Befriedigung eines individuellen Rückgewähranspruchs" überprüft werden.

a) *Wiederherstellung der vormaligen Befriedigungsaussichten*

Im Mittelpunkt steht die Frage, ob für das Wiederherstellen der vormaligen Befriedigungsaussichten der Gläubiger eine Rückordnung *in natura* erforderlich ist, d. h., ob bei einer Geldzahlung im Vergleich zu einer gegenständlichen Rückordnung eine Schlechterstellung auszumachen ist. Aus §45 InsO ergibt sich, dass die Gläubiger im Rahmen eines Insolvenzverfahrens von einem gegenständlichen Erfüllungsinteresse Abstand nehmen müssen.[31] Durch dieses Befriedigungsmodell werden Hürden umschifft, die sich andernfalls durch die insolvenzbedingte modifizierte Verteilung der Haftungsmasse ergeben:[32] Die zugesprochenen Erfüllungsquoten werden sich nur selten in ihrer Höhe mit den noch in der Masse vorhandenen Gegenständen decken. Die Verteilung der Haftungsmasse gelingt am einfachsten im Anschluss an eine vollständige Liquidation durch anteilige Ausbezahlung aller Gläubiger in Geld.[33] Wenn der Insolvenzverwalter jedoch in aller Regel den Gegenstand nach seiner Einverleibung in die Masse am Ende des Tages ohnehin verwerten wird, um mit dem erzielten Erlös die Gläubiger zu befriedigen, scheint es sogar im Sinne der Masse zu sein, wenn diese anstelle des Leistungsgegenstandes, den der Verwalter spä-

---

[29] Siehe nur MüKo/*Kayser/Freudenberg*, §129 InsO Rn. 108; zum neutralen Austauschgeschäft oben S. 53ff.

[30] Vgl. in diesem Zusammenhang auch unten S. 114f., 136f.

[31] Siehe zur Legitimation von §45 InsO *J. F. Hoffmann*, Prioritätsgrundsatz, S. 214ff.

[32] Vgl. BT-Drs. 12/2443, S. 124; Hahn, Materialien IV, S. 268 (S. 289f.); *J. F. Hoffmann*, Prioritätsgrundsatz, S. 216; Uhlenbruck/*Knof*, §45 InsO Rn. 1; MüKo/*Bitter*, §45 InsO Rn. 1.

[33] Vgl. *J. F. Hoffmann*, Prioritätsgrundsatz, S. 216.

ter unter Aufwand und Kosten verwerten muss, von Anfang an Geld erhält, das in dieser Form unmittelbar zur Gläubigerbefriedigung eingesetzt werden kann.[34] Ein gegenständliches Interesse der Haftungsmasse bzw. der Insolvenzgläubiger ist grundsätzlich nicht erkennbar.[35] Die Gläubiger sind ausschließlich am wirtschaftlichen Wert des Anfechtungsgegenstandes interessiert. Ob dieser der Haftungsmasse durch Zurverfügungstellung des Gegenstandes oder aber durch Wertersatz zufließt, macht für die Gläubiger grundsätzlich keinen Unterschied.[36]

Allerdings könnte ein gegenständliches Interesse der Haftungsmasse in einzelnen Konstellationen entstehen, in denen die gemeinschaftliche Verwertung der Gegenstände eine höhere Summe abwerfen würde. Vorstellbar sind Situationen, in denen der Gegenstand in der Masse aufgrund einer Symbiose mit einem anderen Massegegenstand wirtschaftlich wertvoller ist als der jeweilige isolierte Marktwert der einzelnen Gegenstände, sodass allein die Rückführung des objektiven Marktwertes in Form von Wertersatz zu einem Nachteil der Gläubiger gereichen könnte. Diesem Einwand kann jedoch durch eine subjektive Wertermittlung des Leistungsgegenstandes begegnet werden. Parallel zum subjektiven Schadensbegriff bei §§ 989, 990 BGB ist der wirtschaftliche Wert des Anfechtungsgegenstandes nicht nach dem objektiven Marktwert zu ermitteln,[37] sondern nach subjektiven Komponenten. Maßgeblich ist somit der Liquidationswert des Leistungsgegenstandes bei einer hypothetischen Verwertung im Gesamtgefüge des Schuldnervermögens.[38] Mit einem subjektiven Wertersatzverständnis kann auch der Einwand ausgeschaltet werden, dass der Insolvenzverwalter nicht nur die Möglichkeit der Gesamtverwertung, sondern auch der Fortführung des Schuldnerunternehmens hat. Ist der Leistungsgegenstand für die Betriebsfortführung im Einzelfall wirtschaftlich wertvoller als der objektive Liquidationswert, kann dies auch durch eine subjektive Wertberechnung berücksichtigt werden.

b) Keine Präventionswirkung der Anfechtung

Für die Wiederherstellung der Befriedigungsaussichten ist folglich eine Rückordnung *in natura* nicht erforderlich. Es könnte trotzdem nicht im Interesse der Haftungsmasse sein, dass dem Anfechtungsgegner die Option offensteht, sich

[34] Vgl. MüKo/*Kayser/Freudenberg*, § 134 InsO Rn. 42: „[…] regelmäßig auch den Interessen der Insolvenzmasse am besten nutzt".

[35] So im Ergebnis auch *J. F. Hoffmann*, Prioritätsgrundsatz, S. 70.

[36] Das gefundene Ergebnis lässt strukturelle Ähnlichkeiten zu einem besitzlosen Pfandrecht erkennen, siehe auch unten S. 117; vgl. grundsätzlich zu einem Pfandrecht im Zusammenhang mit der Anfechtung *Koziol*, Gläubigeranfechtung, S. 46; *Marotzke*, KTS 1987, S. 1, 23; *J. F. Hoffmann*, Prioritätsgrundsatz, *S.* 91 f.; *Henckel*, FS Weber, S. 237 ff.; kritisch *v. Campe*, Insolvenzanfechtung, S. 260 f.

[37] MüKo/*Raff*, § 989 BGB Rn. 20.

[38] Vgl. BeckOK/*Schoon*, § 143 InsO Rn. 30 f.; Schmidt/*Büteröwe*, § 143 InsO Rn. 29.

durch das Leisten von Wertersatz bestandskräftig den Anfechtungsgegenstand gegenständlich zu sichern. Durch eine Einlösungsbefugnis würden Anreize für den Vertragspartner geschaffen, trotz bestehendem Anfechtungsrisiko mit dem insolventen Schuldner Geschäfte zu tätigen, z. B. weil er trotz einer Anfechtung sich gegenständlich ein begehrtes Objekt sichern könnte.

Die Anzahl der möglichen Transaktionen, selbst wenn sie anfechtbar sind, erhöht das Risiko einer tatsächlichen Schlechterstellung der Gläubiger, denn nicht jede anfechtbar weggegebene Position findet letztendlich wieder ihren Weg zurück in die Haftungsmasse. Neben dem bestehenden Prozessrisiko scheitert die Rückordnung eines anfechtbar weggegebenen Vermögenswertes insbesondere in den Fällen, in denen der Zeitraum des jeweiligen Anfechtungsgrundes überschritten ist, kein Insolvenzantrag gestellt wird oder aber die Herausgabe *in natura* unmöglich ist, ein korrespondierender Wertersatzanspruch jedoch ausscheidet.

Durch die Abschöpfung jedweder Vorteile – auch gegenständlicher Natur – könnte verhaltenssteuernd auf den Anfechtungsgegner und indirekt auf den Schuldner eingewirkt werden.[39] Die Reduzierung der Anreize, mit dem Schuldner Geschäfte zu tätigen, würde den Zusammenhalt der Haftungsmasse fördern und das Risiko der Schlechterstellung der Gläubiger verringern. Dieses gegenständliche Interesse der Gläubiger, das eine umfassende Vorteilsabschöpfung rechtfertigen würde, sehen Teile der Literatur als einen Bestandteil[40] der Präventionswirkung der Anfechtung an.[41] Erkennt man an, dass dieses Interes-

[39] Selbst wenn es zur Anfechtung kommen sollte, sind die Konsequenzen gering: Nur der Zufluss ist herauszugegeben und etwaige Verfahrenskosten sind zu entrichten. Dies ist in Relation zur Wahrscheinlichkeit, dass keine Anfechtung erfolgt, ein überschaubares und kalkulierbares wirtschaftliches Risiko, das der potenzielle Anfechtungsgegner oft bereit sein wird, auf sich zu nehmen. *Steffek*, ZRP 2007, S. 228, 229: „Lieber ein anfechtbarer Vermögensvorteil als gar kein Vermögensvorteil"; vgl. auch *Bork*, FS H.-B. Schäfer, S. 593, 597; *Thole*, Gläubigerschutz, S. 294.

[40] Als weiterer Aspekt soll durch eine Präventionswirkung der Anfechtung auch verhaltenssteuernd darauf hingewirkt werden, dass frühzeitig ein Insolvenzantrag gestellt wird, vgl. *Pilgram*, Ökonomische Analyse, S. 151 f.; *Thole*, Gläubigerschutz, S. 294 f.; *R. Schmidt*, Ökonomische Analyse, S. 50; *Bork*, FS H.-B. Schäfer, S. 593, 597. Schließlich soll die Präventionswirkung auch die Unternehmensfortführung sichern, vgl. *Drukarczyk*, Unternehmen und Insolvenz, S. 229; *v. Campe*, Insolvenzanfechtung, S. 18; *Steffek*, ZRP 2007, S. 228. Letztgenannter Aspekt ist anzuzweifeln, denn die Nichtwahrnehmung von Erwerbschancen stellt keine gläubigerbenachteiligende Rechtshandlung dar, vgl. BGH ZIP 2009, 1080 Rn. 15; MüKo/*Kayser/Freudenberg*, § 129 InsO Rn. 82 f.; HK/*Thole*, § 129 InsO Rn. 27; Jaeger/*Henckel*, § 129 InsO Rn. 24; siehe auch *Mehring*, FS Kayser, S. 581, 584 f. Das Außerachtlassen einer bloßen Erwerbsmöglichkeit führt zu keiner Minderung des Schuldnervermögens, lediglich zur anfechtungsrechtlich irrelevanten Verhinderung dessen Mehrung, vgl. BGH NZI 2009, 429, 430 Rn. 15; 2016, 362 f. Rn. 7; Uhlenbruck/*Borries/Hirte*, § 129 InsO Rn. 121; Schmidt/*K. Schmidt*, § 129 InsO Rn. 32.

[41] *Pilgram*, Ökonomische Analyse, S. 151 f.; *Thole*, Gläubigerschutz, S. 294 f., 538 f.; *Drukarczyk*, Unternehmen und Insolvenz, S. 229, 234; *Bork*, FS H.-B. Schäfer, S. 593, 597; *Steffek*, ZRP 2007, S. 228; *Merle*, Insolvenzzwecke, S. 187; *Bruski*, Voraussetzungen der Kon-

se durch das Anfechtungsrecht geschützt wird, müsste eine Einlösungsbefugnis ausscheiden.

Die Präventionswirkung der Anfechtung ist nur extrem schwach ausgeprägt.[42] Dies erstaunt nicht, denn der Gedanke einer Verhaltenssteuerung ist jedenfalls[43] für das Anfechtungsrecht nicht charakterstiftend.[44] Folglich wird auch das im Zusammenhang mit einem Präventionsgedanken herausgearbeitete gegenständliche Interesse der Haftungsmasse nicht durch die Anfechtung geschützt. Die Zielsetzung der Anfechtung ist ausschließlich die Wiederherstellung der Befriedigungsaussichten. Dieses Systemverständnis bringt eindeutig das Merkmal der Gläubigerbenachteiligung in §129 InsO zum Ausdruck. Wenn keine wirtschaftliche Schlechterstellung durch den Abfluss der Haftungsmasse eintritt, sondern lediglich eine Vermögensumschichtung, greift das Anfechtungsrecht unabhängig von gegenständlichen Veränderungen nicht ein. Die Präventionswirkung der Anfechtung ist folglich aus Sicht der Haftungsmasse lediglich ein willkommener Nebeneffekt.[45] Es bestehen folglich keine anfechtungsrechtlich geschützten (gegenständlichen) Interessen der Haftungsmasse bzw. der Gläubiger, die gegen eine Einlösungsbefugnis auch bei der Insolvenzanfechtung sprechen.

3. *Interessenlage des Anfechtungsgegners*

Die herrschend angenommene Anfechtungswirkung *in natura* könnte allerdings auf zu schützende gegenständliche Interessen des Anfechtungsgegners zurückzuführen sein. Ein Interesse des Anfechtungsgegners an einer Rückgabe des Leistungsgegenstandes ergibt sich aus der subjektiven Wertbemessung des Ersatzanspruchs im Anfechtungsrecht. Hintergrund ist, dass durch die subjektive Wertbestimmung der Ersatzanspruch im Einzelfall in seiner Höhe über den er-

---

kursanfechtung, S. 138; *R. Schmidt*, Ökonomische Analyse, S. 46; auch *v. Campe*, Insolvenzanfechtung, S. 18; vgl. *Würdinger*, Zahlungsverkehr, S. 402; *F. Bartels*, Insolvenzanfechtung, S. 113 in Fn. 456; *Held*, Unentgeltliche Leistungen, S. 83 f. in Fn. 150.

[42] Vgl. *Thole*, Gläubigerschutz, S. 294; *Bork*, FS H.-B. Schäfer, S. 593, 597; *Steffek*, ZRP 2007, S. 228, 229.

[43] Siehe zur Präventionswirkung bei § 81 Abs. 1 InsO unten S. 134 ff.

[44] Verhaltenssteuernde Maßnahmen, die sanktionieren, müssten sich in erster Linie gegen den Schuldner richten, um legitimierbar zu sein und dürften nicht den Anfechtungsgegner bestrafen, vgl. unten S. 134 ff. Hintergrund ist, dass der Anfechtungsgegner oft „ahnungslos" sein wird, vgl. *R. Schmidt*, Ökonomische Analyse, S. 46 f. In vielen Fällen wird der Anfechtungsgegner bei der Zersplitterung der Haftungsmasse keine tragende Rolle einnehmen bzw. nicht schuldhaft handeln. Eine Verhaltenssteuerung zulasten des Anfechtungsgegners wäre schwer zu rechtfertigen und brächte wohl auch keinen nennenswerten Erfolg hinsichtlich des Zusammenhaltens der Haftungsmasse; siehe aber *Steffek*, ZRP 2007, S. 228, 230 und *McCoid II*, Virginia Law Review, Bd. 67 (1981), S. 249, 270, die einer Bestrafung des Gläubigers aufgeschlossen gegenüber stehen; vgl. in diesem Zusammenhang auch *Held*, Unentgeltliche Leistungen, S. 83 f. in Fn. 150.

[45] Anders *Thole*, Gläubigerschutz, S. 294 f.

haltenen Zufluss hinausgeht.[46] Ein zwingender Ausschluss der Rückordnung *in natura* würde in Fällen, in denen der subjektive von dem objektiven Wert des Anfechtungsgegenstandes abweicht, dazu führen, dass der Anfechtungsgegner auf sein Stammvermögen zurückgreifen müsste, um die Schlechterstellung der Gläubiger auszugleichen. Denn in den einschlägigen Konstellationen entspräche der Verwertungserlös des Anfechtungsgegenstandes nicht dem Betrag, den der Anfechtungsgegenstand der Haftungsmasse zur Verfügung stellen müsste, um die Gläubigerbenachteiligung zu neutralisieren. Aufgrund der bereicherungsrechtsähnlichen Ordnungsfunktion, insbesondere dem fehlenden Verschulden im Anfechtungsrecht,[47] ist die Anfechtung allerdings in ihrem Umfang auf den Zufluss begrenzt.[48] Um den unfreiwilligen Einsatz von Stammvermögen auszuschließen, muss dem Anfechtungsgegner immer auch die Möglichkeit der Rückordnung des Anfechtungsgegenstandes *in natura* offenstehen.

Wie aufgezeigt, bestehen jedoch aus Sicht der Masse keine Einwände gegen eine Neutralisation der Gläubigerbenachteiligung – unter Zugrundelegung einer subjektiven Wertermittlung[49] – durch eine Geldleistung,[50] sodass dem Anfechtungsgegner im Ergebnis ein Wahlrecht zugesprochen werden kann: Parallel zu einem Pfandrecht kann der Anfechtungsgegner entweder unter Rückgriff auf sein bestehendes Vermögen der Masse einen ausgleichenden Vermögenswert zuordnen und im Gegenzug den im Ausgangspunkt „belasteten" Gegenstand sichern, selbst den zugeflossenen Gegenstand verwerten und mit dem Erlös – gegebenenfalls aufgrund der subjektiven Wertberechnung unter Zuschießen aus seinem Stammvermögen – die benachteiligende Wirkung revidieren oder aber den erhaltenen Gegenstand *in natura* zurückgeben.[51]

II. Gegenständliche Interessen an der Gegenleistung

Schließlich könnten gegenständliche Interessen an der Gegenleistung gegen eine Teilanfechtung sprechen. Zu beachten ist allerdings, dass die Insolvenzanfechtung die Bestandskraft der Verfügung über die Gegenleistung unberührt lässt. Dem Anfechtungsgegner steht deshalb – unabhängig von gegebenenfalls tatsächlich bestehenden Interessen – keine rechtliche Zugriffsmöglichkeit zu.[52] Und auch die Haftungsmasse kann – sollte z. B. die Leistung einfacher zu verwerten sein als die Gegenleistung – aufgrund der Bestandskraft der Verfügung nicht einseitig entscheiden, die Gegenleistung abzustoßen und gegen die Leis-

---

[46] *Held*, Unentgeltliche Leistungen, S. 367.
[47] Vgl. oben S. 47.
[48] Vgl. oben S. 50.
[49] Vgl. oben S. 113 f.
[50] Vgl. oben S. 113 ff.
[51] Siehe zum Pfandrechtsgedanken auch Fn. 36.
[52] Vgl. oben S. 9 f.; siehe aber zum unzutreffenden Verständnis des Konkursordnungsgesetzgebers oben S. 15 f.

tung einzutauschen. Etwaige gegebenenfalls bestehende wirtschaftliche Nachteile, die die Gegenleistung im Vergleich zur Leistung mitbringt, wurden schon bei der Bestimmung der Gläubigerbenachteiligung berücksichtigt.[53] Es zeigt sich, dass auch keine anfechtungsrechtlich geschützten gegenständlichen Interessen an der Gegenleistung bestehen, die gegen eine Einlösungsbefugnis sprechen.

III. Stellungnahme

Die Analyse der Interessenlagen hat aufgezeigt, dass die herrschend vertretene zwingende gegenständliche Anfechtungswirkung bei § 143 InsO nicht überzeugen kann. Es besteht keine Notwendigkeit im Rechtsfolgenregime des Anfechtungsrechts, den Anfechtungsgegner zur Rückgabe *in natura* zu verpflichten. Vielmehr erzeugt das herrschende gegenständlich geprägte Verständnis bei der Insolvenzanfechtung von schlechten Schuldnergeschäften im Vergleich mit § 11 AnfG, der Figur der „vorweggenommenen Befriedigung des individuellen Rückgewähranspruchs" und der fehlenden Anfechtbarkeit von neutralen Austauschgeschäften Wertungswidersprüche.[54] Eine Harmonisierung hin zu einer flächendeckenden gegenständlichen Rückführung des Zuflusses, d. h. auch beim neutralen Geschäft, würde die Bedeutung der Präventionswirkung einer Anfechtung überhöhen.[55]

Entgegen der herrschenden Meinung ist folglich auch bei § 143 InsO dem Anfechtungsgegner ein Wahlrecht, d. h. zusätzlich eine Einlösungsbefugnis, zuzusprechen. Da ausschließlich der Gedanke der wirtschaftlichen Wiederherstellung der Befriedigungsaussichten im Mittelpunkt der Anfechtungswirkung steht und die Gläubiger kein gegenständliches Interesse in der Insolvenz mehr anmelden können (vgl. § 45 InsO), kann Neutralisation der Gläubigerbenachteiligung auf zwei Wegen erreicht werden: durch die Rückordnung des Anfechtungsgegenstandes *in natura* oder durch die Leistung von Wertersatz. Dass die Möglichkeit einer gegenständlichen Rückordnung im Rechtsfolgenrecht der Anfechtung bestehen muss, ist nicht auf das Interesse der Haftungsmasse zurückzuführen, sondern dient dem Schutz des Anfechtungsgegners, um einen zwingenden Rückgriff auf sein Stammvermögen bei einem subjektiv bemessenen Ersatzanspruch zu verhindern. Der BGH sollte auch bei § 143 InsO – und nicht nur bei § 11 AnfG[56] – pfandrechtsähnliche Strukturelemente im Rechtsfolgenrecht der Anfechtung anerkennen.

---

[53] Vgl. oben S. 86 f.
[54] Vgl. oben S. 111 ff.
[55] Vgl. oben S. 114 f.
[56] Vgl. BGH NJW-RR 2011, 452, 453 Rn. 9 zu § 11 AnfG.

B. § 144 Abs. 2 S. 1 InsO als Bestandteil eines die Anfechtungswirkung begrenzenden Abwicklungsmodells

§ 144 Abs. 2 S. 1 InsO könnte bei einer gegenständlichen Rückordnung der Leistung einen Baustein eines Abwicklungsmodells darstellen, das die Rechtsfolgenwirkung bei der Insolvenzanfechtung eines Verfügungsgeschäfts auf das Maß der Gläubigerbenachteiligung begrenzt.

I. Von Marotzke *entwickeltes Abwicklungsmodell*

Schon früh hat *Marotzke* sich für ein von der herrschenden Meinung abweichendes Verständnis von § 144 Abs. 2 S. 1 InsO bzw. § 38 S. 1 KO ausgesprochen.[57] Als Startpunkt seiner Argumentationskette legitimierte er § 81 Abs. 1 S. 3 InsO als „Sonderbestimmung",[58] stellte sodann die Vergleichbarkeit dieser Norm zu § 144 Abs. 2 S. 1 InsO her, sodass er das bei § 81 Abs. 1 S. 3 InsO gefundene Ergebnis auf § 144 Abs. 2 S. 1 InsO übertragen konnte.[59]

1. Exkurs: *§ 81 Abs. 1 S. 3 InsO*

Die von *Marotzke* gewählte Methodik macht es erforderlich, sich mit den grundsätzlichen Wertungen von § 81 Abs. 1 S. 3 InsO vertraut zu machen.[60] Ursprünglich gliederte sich diese Norm in die angedachte Systematik des Gesetzgebers der Konkursordnung harmonisch ein. Die Motive gingen nicht von einem Trennungsprinzip aus. § 7 Abs. 1 KO erklärte die Verfügung über die Leistung für unwirksam. Nach dem vom Gesetzgeber historisch angedachten System führte dies auch zur fehlenden Bestandskraft der Verfügung über die Gegenleistung.[61]

Nach Abkehr von diesem „irrtümlichen"[62] Systemverständnis der Motive bereitete es im Konkursrecht ebenfalls keine Probleme, die Norm widerspruchsfrei einzuordnen. Schuldrechtliche Abreden nach Verfahrenseröffnung und Neuerwerb waren für das Konkursverfahren nicht relevant.[63] Aus Sicht der Masse befand sich folglich die Gegenleistung ohne Rechtsgrund in derselben. Es entstand ein Bereicherungsanspruch gegen die Masse, der aufgrund der Tatsache, dass der die Bereicherung auslösende Vermögenswert nach Verfahrens-

---

57 *Marotzke*, Gegenseitige Verträge[1], S. 299 ff.
58 *Marotzke*, Gegenseitige Verträge, Rn. 7.114.
59 Siehe zur Verwandtschaft von § 144 Abs. 2 S. 1 InsO und § 81 Abs. 1 S. 3 InsO auch unten S. 134 ff.
60 Siehe auch unten S. 134 ff.
61 Vgl. oben S. 15 f.
62 Vgl. oben S. 17 f.
63 *Marotzke*, Gegenseitige Verträge, Rn. 7.116.

eröffnung die Masse erreichte, eine Privilegierung zur Masseverbindlichkeit erfuhr.[64]

Im Geltungsbereich der Insolvenzordnung scheint die Integration von § 81 Abs. 1 S. 3 InsO ins Gesamtgefüge des Insolvenzrechts nun allerdings der Rechtswissenschaft Probleme zu bereiten, da der Neuerwerb, abweichend zur Konkursordnung, samt Behaltensgrund zur Masse gezogen wird.[65] Durch diese veränderte Ausgangslage lässt sich ein Anrecht auf die Gegenleistung nicht mehr ohne Weiteres auf einen privilegierten Bereicherungsanspruch stützen. Die Verfahrenseröffnung bringt unmittelbar jedenfalls keine Modifikationen an der materiellen Rechtslage mit sich. Um schlussendlich im Umfeld der formellen Insolvenz zu einem Recht des Anfechtungsgegners auf die Gegenleistung zu gelangen, wird angeregt, dass z. B. der Insolvenzverwalter die Forderung zurückweist und dadurch die *causa* beseitigt.[66] *J. F. Hoffmann* betont, dass der Impuls zur Beseitigung der *causa* jedoch meist nicht vom Insolvenzverwalter, sondern wenn überhaupt vielmehr vom Anfechtungsgegner ausgehen wird, da Ersterer in aller Regel kein Interesse an einem Ausscheiden der Gegenleistung und der damit verbundenen Reduzierung der Haftungsmasse hat.[67] *J. F. Hoffmann* bringt, ebenso wie *Marotzke*, ein Anrecht auf die Gegenleistung aufgrund eines vom Anfechtungsgegner erklärten Rücktritts ins Spiel.[68] Der Anspruch aus dem Rücktrittsfolgenrecht wird – da die Gegenleistung nach der Verfahrenseröffnung die Masse erreicht – aber unabhängig von § 81 Abs. 1 S. 3 InsO bereits durch die allgemeinen Regeln des § 55 Abs. 1 Nr. 3 InsO zur Masseverbindlichkeit privilegiert, sodass § 81 Abs. 1 S. 3 InsO bei diesem Verständnis kein konstitutiver Regelungsgehalt zukommt.[69]

Marotzke stellt sich jedoch weiterführend die Frage, ob § 81 Abs. 1 S. 3 InsO auch ein Anrecht auf die Gegenleistung gewährt, wenn kein Rücktritt erklärt wurde und somit grundsätzlich noch ein Behaltensgrund besteht.[70] Er rekurriert auf eine Passage in den Motiven der Konkursordnung, die § 7 Abs. 2 KO mit einem konkursrechtlichen Bereicherungsverbot verknüpft.[71]

> „Die Konkursordnung hat sich auf den Satz zu beschränken, daß der andere Theil aus der Masse dasjenige, aber auch nur dasjenige zu fordern berechtigt ist, was durch das nichtige Geschäft in dieselbe gekommen ist. Die Masse soll durch das nichtige Geschäft weder bereichert noch verringert werden können."[72]

---

[64] Siehe nur *J. F. Hoffmann*, Prioritätsgrundsatz, S. 359; vgl. oben S. 102 ff.

[65] *J. F. Hoffmann*, Prioritätsgrundsatz, S. 359; siehe aber unten S. 134 ff.

[66] *Häsemeyer*, Insolvenzrecht, Rn. 10.13; Jaeger/*Windel*, § 81 InsO Rn. 54.

[67] *J. F. Hoffmann*, Prioritätsgrundsatz, S. 360.

[68] *J. F. Hoffmann*, Prioritätsgrundsatz, S. 360; *Marotzke*, Gegenseitige Verträge, Rn. 7.14.

[69] *J. F. Hoffmann*, Prioritätsgrundsatz, S. 359 ff.

[70] *Marotzke*, Gegenseitige Verträge, Rn. 7.117.

[71] *Marotzke*, Gegenseitige Verträge, Rn. 7.115; ausführlich zu diesem Gedanken unten S. 134 ff.

[72] Hahn, Materialien IV, S. 63 (S. 38).

Weiter stellt sich *Marotzke* die Frage, wann im Umfeld eines gegenseitigen Vertrages eine Bereicherung der Masse auftreten kann. Er erklärt die Leistungsreihenfolge als maßgeblich und meint, eine Bereicherung des Schuldnervermögens immer dann zu erkennen, wenn der Vertragspartner die Gegenleistung erst nach dem Erhalt der Leistung erbringt.[73] Daraus folgert *Marotzke* den Anwendungsbereich von § 81 Abs. 1 S. 3 InsO:

„[...] darf dem Leistenden aufgrund des § 7 II KO (§ 81 I 3 InsO) nur insoweit zu einem Bereicherungsanspruch gegen die Masse verholfen werden, wie das dieser Bestimmung zugrundeliegende Prinzip, daß ‚die Masse ... *durch das nichtige Geschäft* weder bereichert noch verringert werden können' soll, eine Rückgewähr auch in den (bei der Schaffung des § 7 II KO nicht bedachten) Fällen verlangt, in denen die berechtigenden Elemente des schuldrechtlichen Geschäfts *vollwirksam* in die Insolvenzmasse gelangt sind. Als das ‚nichtige Geschäft', durch welches die Masse ‚weder bereichert noch verringert werden' dürfe, kommt in diesen Fällen nur noch das Erfüllungsgeschäft [...] in Betracht. Voraussetzung für einen Rückgewähranspruch des Vertragspartners [...] ist dann (solange der den Rechtsgrund der zurückverlangten Gegenleistung bildende schuldrechtliche Vertrag noch fortbesteht), daß die unwirksame *Verfügung* des Schuldners kausal dafür gewesen ist, daß der Vertragspartner seine jetzt zurückverlangte Gegenleistung überhaupt schon erbracht hat (z. B. in der irrigen Annahme, daß der Wirksamkeit der Verfügung nichts entgegenstehe)."[74]

Somit will *Marotzke* den Anwendungsbereich des § 81 Abs. 1 S. 3 InsO auf diejenigen Fälle teleologisch reduzieren, in denen nach Verfahrenseröffnungen eine Zug-um-Zug-Leistung oder aber eine Vorleistung des Schuldners erfolgt, da in diesen Situationen die Masse trotz bestehender *causa* bereichert sei.[75]

2. *§ 144 Abs. 2 S. 1 InsO*

Marotzke attestiert § 144 Abs. 2 S. 1 InsO und § 81 Abs. 1 S. 3 InsO eine strukturelle Verwandtschaft.[76] „Beide Bestimmungen regeln das Schicksal einer ‚Gegenleistung', die infolge einer Rechtshandlung des Schuldners, die aus insolvenzrechtlichen Gründen ‚unwirksam' ist (oder jedenfalls zugunsten der Insolvenzmasse rückgängig gemacht werden muß), in die Masse gelangt ist."[77] Da die ursprüngliche Begründung der Motive des Konkursgesetzgebers zu § 144 Abs. 2 S. 1 InsO gegenstandslos geworden ist,[78] greift *Marotzke* auf die oben vorgestellte Auslegung der Motive zu § 7 Abs. 2 KO zurück (Abschöpfung

[73] Vgl. *Marotzke*, Gegenseitige Verträge, Rn. 7.114.
[74] *Marotzke*, Gegenseitige Verträge, Rn. 7.117.
[75] Offen bleibt, wie die Leistungsreihenfolge auf den Umfang der Haftungsmasse Einfluss nehmen soll; siehe zu dem fragwürdigeren Argumentationstopos der Leistungsreihenfolge bereits oben S. 57 ff., 78 ff., 104 ff.
[76] So auch *J. F. Hoffmann*, Prioritätsgrundsatz, S. 362; ebenso Jaeger/*Henckel*, § 144 InsO Rn. 7; vgl. unten S. 134 ff.
[77] *Marotzke*, Gegenseitige Verträge, Rn. 7.120.
[78] Vgl. oben S. 17 f.

einer Bereicherung). Er überträgt das bei § 81 Abs. 1 S. 3 InsO gefundene Ergebnis auf § 144 Abs. 2 S. 1 InsO:[79]

„Ficht der Insolvenzverwalter hingegen *nur das Erfüllungsgeschäft* des Schuldners gem. §§ 129 ff. InsO an (etwa weil er das *Kausal*geschäft nicht anfechten kann oder will), so darf dem Gegner aufgrund des § 144 II 1 InsO nur insoweit zu einem Bereicherungsanspruch gegen die Masse verholfen werden, wie das in den Motiven zu § 7 II KO ausgesprochene (und auf den rechtsähnlichen § 144 II InsO analog anwendbare) Prinzip, daß ‚die Masse … *durch das nichtige Geschäft* weder bereichert noch verringert werden' darf, die Rückgewähr auch in Fällen verlangt, in denen sich nicht das schuldrechtliche Geschäft, sondern nur eine Erfüllungshandlung des Schuldners als ‚unwirksam' bzw. ‚wirksam angefochten' erweist. Der Vertragspartner kann also […] nur dasjenige zurückverlangen, was er nicht schon *vor*, sondern erst *nach* (oder Zug um Zug *gegen*) Vornahme der ‚unwirksamen' oder zumindest ‚wirksam angefochtenen' Rechtshandlung des Schuldners geleistet hat."[80]

Diese Schlussfolgerung überzeugt nicht. *Marotzke* ist zwar darin zuzustimmen, dass es durch eine isolierte Insolvenzanfechtung des Erfüllungsgeschäfts nach dem herrschenden Verständnis durch die Anfechtung eines Austauschgeschäfts zu einer Besserstellung der Masse kommt.[81] Es liegt auch nahe, die überschießende Rechtsfolgenwirkung unter Rückgriff auf § 144 Abs. 2 S. 1 InsO abschöpfen zu wollen. Dass jedoch das Maß der Gläubigerbenachteiligung bzw. der Umfang der Anfechtungsmasse von der Leistungsreihenfolge abhängig sein soll, ist eine mit Fehlern behaftete Schlussfolgerung. Bereits aufgezeigt wurde, dass das Insolvenzrisiko einer Vorleistung nicht ein Vermögenswert ist, der den Gläubigern vor der Realisierung des Vorleistungsrisikos von der Rechtsordnung zugeordnet wird.[82] Auch wurde begründet, dass der Anfechtungsgegner sich vor dem Insolvenzrisiko, das ihn bei einer erfolgreichen Anfechtung trifft, nicht durch § 320 BGB bzw. durch eine Zug-um-Zug-Leistung schützen kann.[83] Dem von *Marotzke* unterbreiteten Vorschlag kann nicht vollumfänglich gefolgt werden.[84] Der von ihm aufgeworfene Gedanke, dass Zielsetzung von § 144 Abs. 2 S. 1 InsO[85] und § 81 Abs. 1 S. 3 InsO[86] sein könnte, eine Besserstellung der Masse zu verhindern, ist hingegen aufzugreifen und abgeschichtet von dem Topos der Leistungsreihenfolge weiter zu untersuchen.

---

79 Ähnlich Jaeger/*Henckel*, § 144 InsO Rn. 7.
80 *Marotzke*, Gegenseitige Verträge, Rn. 7.125.
81 Vgl. oben S. 28, 30 ff., 41, 88 ff.
82 Vgl. oben S. 58 ff.
83 Vgl. oben S. 106 f.
84 Siehe zur Legitimation von § 81 Abs. 1 S. 3 InsO unten S. 134 ff.
85 Siehe sogleich S. 123 ff.
86 Vgl. unten S. 134 ff.

II. Immanente Begrenzung des Anfechtungsumfangs durch eine Zug-um-Zug bestehende Ausgleichspflicht der Haftungsmasse

Aufgrund der subjektiven Wertbemessung kann es für den Anfechtungsgegner vorteilhaft sein, seiner anfechtungsrechtlichen Verpflichtung gegenständlich nachzukommen.[87] Kann er allerdings aufgrund von Unteilbarkeit auf keinen einzelnen Teil der Gegenleistung zurückgreifen, der exakt dem Umfang der Gläubigerbenachteiligung entspricht, muss er, um gegenständlich zu erfüllen, der Haftungsmasse die gesamte Leistung *in natura* zur Verfügung stellen. Die Rückordnung der Leistung führt dann zu einer Anfechtungswirkung, die über die Neutralisation der Gläubigerbenachteiligung hinausgeht.[88] Gesucht wird ein Mechanismus, der einen wirtschaftlichen Ausgleich auf das Maß der Gläubigerbenachteiligung herbeiführt. Eine Ausgleichspflicht der Masse im Umfang der noch vorhandenen Gegenleistung – gestützt auf § 144 Abs. 2 S. 1 InsO – würde zu dem gewünschten wirtschaftlichen Ergebnis führen.[89]

1. Bestehende Vorbilder in der Rechtsordnung

a) Abzug „neu für alt" als Abwicklungsmodell der Vorteilsausgleichung im allgemeinen Schadensersatzrecht

Eine gegenständliche Rechtsfolgenanordnung, die in dieser Form jedoch für den Schuldner tatsächlich nicht erfüllbar ist und ihm deshalb keine andere Wahl bleibt, als wirtschaftlich überschießend zu leisten, ist kein Alleinstellungsmerkmal des Anfechtungsrechts. Diese Fallgestaltung ist auch im allgemeinen Zivilrecht bekannt. Das Problem einer überschießenden Rechtsfolgenwirkung aufgrund einer *in natura* vorgenommenen Restitution wird im Schadensersatzrecht im Zusammenhang mit der Vorteilsausgleichung diskutiert und dort über die Figur des Abzugs „neu für alt" gelöst.[90] Beispielsweise kann Schadensersatz für einen gebrauchten Pkw geschuldet sein und zwingend eine Naturalerfüllungspflicht bestehen, der Gebrauchtmarkt allerdings keinen adäquaten Ersatzwagen hergeben.[91] In diesem Fall bleibt dem Schädiger keine andere Wahl, als überschießend, d. h. mit einem Neuwagen anstelle eines gebrauchten Pkws, die Restitution herbeizuführen.

Im Schadensrecht wird letztendlich eine überschießende Rechtsfolgenwirkung abgewendet, indem dort unter Rückgriff auf die Figur des Abzugs „neu für alt" der gegenständliche Anspruch auf Schadensersatz durch eine Ausgleichs-

---

[87] Vgl. oben S. 117 ff.
[88] Vgl. oben S. 88.
[89] Vgl. *Eckardt*, ZInsO 2004, S. 888, 891.
[90] Vgl. BGH NJW 2010, 674, 675 Rn. 16; 2014, 143, 144 Rn. 22; BeckOK/*J. Flume*, § 249 BGB Rn. 244 ff.; MüKo/*Oetker*, § 249 BGB Rn. 348 ff.; Soergel/*Ekkenga/Kuntz*, § 249 BGB Rn. 146.
[91] Vgl. *Siegel*, SVR 2011, S. 289.

pflicht des Geschädigten in Höhe der Wertdifferenz gekürzt wird. Konstruktiv wird dies erreicht, indem die Lieferung des Neuwagens an eine Zug-um-Zug zu gewährende Ausgleichszahlung des Geschädigten an den Schädiger gekoppelt wird.[92] Diese immanente Begrenzung des Schadensersatzanspruchs prägt das wirtschaftliche Endergebnis. Trotz einer gegenständlichen und im Ausgangspunkt überschießenden Erfüllung mit der Leistung eines Neuwagens verhindert die Vorteilsausgleichung durch die etablierte gegenläufige Ausgleichspflicht unter Achtung der bestehenden gegenständlichen Interessen, dass der Geschädigte wirtschaftlich bessergestellt wird. Der Schädiger beseitigt in einer wirtschaftlichen Gesamtschau nur den eingetretenen Nachteil.

b) Insolvenzanfechtung einer teilweise entgeltlichen Schenkung

Die Konstruktion, dass aufgrund einer wirtschaftlich überschießenden Erfüllung *in natura* eine gegenläufige Ausgleichspflicht ausgelöst wird, um ein wirtschaftliches Endergebnis herbeizuführen, das die materiellen Wertungen abbildet, ist nicht nur bei der Vorteilsausgleichung im allgemeinen Schadensersatzrecht anerkannt, sondern auch heute schon im Anfechtungsrecht bei der Anfechtung einer teilweise entgeltlichen Leistung (gemischte Schenkung) anzutreffen.[93] Mit § 134 InsO kann nur der unentgeltliche Teil angegriffen werden – der Masse ist nach einer erfolgreichen Anfechtung auch nur dieser Part der Gesamtleistung zuzusprechen.[94] Ist die Leistung unteilbar und will der Anfechtungsgegner die Leistung gegenständlich zur Verfügung stellen, muss auf eine beschränkende Komponente zurückgegriffen werden, um einer überschießenden Rechtsfolgenwirkung der Schenkungsanfechtung entgegenzuwirken.[95] Bei § 134 InsO – und auch bei § 4 AnfG[96] – ist weitestgehend anerkannt, dass dem Anfechtungsgegner bei der Rückordnung der vollständigen Leistung Zug-um-Zug[97] ein Anrecht auf einen Ausgleich in Höhe des wirtschaftlichen Werts des entrichteten Entgelts zukommt. Es wird herrschend angenommen, dass diese Verpflichtung gegenständlich durch Rückordnung der Gegenleistung *in natura* zu erfüllen sei.[98] Im Ergebnis hält das Anfechtungsrecht nach herrschendem Verständnis bei der Anfechtung von teilweise entgeltlichen Schenkungen

---

[92] Vgl. zur Zug-um-Zug-Abwicklung BGH NJW-RR 2005, 170; BGH ZIP 2009, 870, 871 Rn. 7; BGH NJW-RR 2009, 603, 604 Rn. 14.

[93] Vgl. Uhlenbruck/*Borries/Hirte*, § 134 InsO Rn. 34a; K/P/B/*Bork*, § 134 InsO Rn. 54; MüKo/*Kayser/Freudenberg*, § 134 InsO Rn. 42; *Eckardt*, ZInsO 2004, S. 888, 895; *Held*, Unentgeltliche Leistungen, S. 366 f.; vgl. oben S. 90 f.

[94] Vgl. Uhlenbruck/*Borries/Hirte*, § 134 InsO Rn. 34a; MüKo/*Kayser/Freudenberg*, § 134 InsO Rn. 42.

[95] Vgl. *Held*, Unentgeltliche Leistungen, S. 366 f.

[96] MüKo/*Kirchhof*, § 4 AnfG Rn. 64, § 11 AnfG Rn. 116; vgl. *Hartmann*, Anfechtung von Rechtshandlungen, S. 191.

[97] Vgl. K/P/B/*Bork*, § 134 InsO Rn. 54; Uhlenbruck/*Borries/Hirte*, § 134 InsO Rn. 34a.

[98] Vgl. K/P/B/*Bork*, § 134 InsO Rn. 54; Uhlenbruck/*Borries/Hirte*, § 134 InsO Rn. 34a;

ein Abwicklungsmodell bereit, das – vergleichbar zum Abzug „neu für alt" im Schadensrecht – durch eine Zug-um-Zug-Ausgleichspflicht im wirtschaftlichen Endergebnis den Umfang der Anfechtungswirkung auf das Maß der Gläubigerbenachteiligung begrenzt.

2. Stellungnahme

a) § 144 Abs. 2 S. 1 InsO als Mechanismus zur Begrenzung der Anfechtungswirkung

Beim Austauschgeschäft ist im Falle einer vollständigen gegenständlichen Rückordnung der Leistung in die Haftung eine Ausgleichspflicht anders als bei der Schenkungsanfechtung sogar im Gesetzeswortlaut angelegt, § 144 Abs. 2 S. 1 InsO. Dass § 144 Abs. 2 S. 1 InsO trotzdem nach nahezu einhelligem Verständnis heute nicht als beschränkender Bestandteil eines Abwicklungsmechanismus wahrgenommen wird, geht – wie bereits aufgezeigt[99] – auf zwei unterschiedliche Faktoren zurück: die herrschend vorgenommene zwingende Kopplung von § 144 Abs. 2 S. 1 InsO an die Anfechtung des Verpflichtungsgeschäfts sowie die Beachtung der sich aus der *causa* ergebenden Alternität bei den Anfechtungsvoraussetzungen, nicht jedoch im Rechtsfolgenrecht der Anfechtung. Nachdem die von der herrschenden Meinung vorgetragenen Einwände im Umfeld von § 144 Abs. 2 S. 1 InsO und die damit einhergehenden Missverständnisse bereits durch die hiesige Arbeit ausgeräumt werden konnten,[100] kann im Folgenden § 144 Abs. 2 S. 1 InsO als beschränkender Baustein eines Abwicklungsmodells etabliert werden.[101] In Fallgestaltungen, in denen der Anfechtungsgegner der Masse die Leistung vollständig und *in natura* zurückgewährt, begrenzt § 144 Abs. 2 S. 1 InsO die Anfechtungswirkung im wirtschaftlichen Endergebnis auf das Maß der Gläubigerbenachteiligung.[102]

Held, Unentgeltliche Leistungen, S. 366 f.; MüKo/*Kayser/Freudenberg*, § 134 InsO Rn. 42; *Heim*, Schneeballsystem, S. 262.

[99] Vgl. oben S. 20 f., 22 f., 41 f.

[100] Vgl. oben S. 94 ff.

[101] K/P/B/*F. Bartels*, § 129 InsO Rn. 397 ff.; *ders.*, Insolvenzanfechtung, S. 233 ff.; ähnlich *Becker*, Insolvenzrecht, Rn. 1044; siehe auch Braun/*Riggert*, § 142 InsO Rn. 8; K/P/B/*Schoppmeyer*, § 132 InsO Rn. 14; Schmidt/*Ganter/Weinland*, § 132 InsO Rn. 31; Jaeger/*Henckel*, § 129 InsO Rn. 248; *Häsemeyer*, Insolvenzrecht, Rn. 21.71, die aber allesamt die Anwendbarkeit dieses begrenzenden Abwicklungsmodells auf § 132 InsO beschränken wollen.

[102] So auch das Verständnis in der Schweiz zum Anwendungsbereich des nahezu gleichlautenden Art. 291 SchKG, vgl. Basler Kommentar/*Bauer*, Art. 291 SchKG Rn. 30: „Hat der Anfechtungsgegner im Zusammenhang mit der angefochtenen Handlung eine Gegenleistung erbracht, so darf diese, obwohl sich die Anfechtung nicht auf diese Gegenleistung bezieht, im Rahmen der (wirtschaftlichen) Rückabwicklung des angefochtenen Rechtsgeschäfts, nicht unbeachtet bleiben. Es wäre unbillig und würde dem Normzweck widersprechen […], vom Anfechtungsgegner die Rückgewähr zu verlangen, ohne zu berücksichtigen, dass er selbst eine Leistung erbracht hat. Deshalb schreibt das Gesetz in Abs. 1 vor, dass die Gegenleistung zu erstatten ist."

b) Gleichwertige Alternative zur Teilanfechtung auf das Maß der Gläubigerbenachteiligung

Sind das auf §144 Abs. 2 S. 1 InsO gestützte Abwicklungsmodell und die Teilanfechtung auf das Maß der Gläubigeranfechtung zwei gleichwertige Optionen des Anfechtungsgegners? Aus dem in §§143, 144 InsO gesetzlich verankerten Strukturprinzip lässt sich jedenfalls kein abschließendes Verbot einer Teilanfechtung bei einem unausgeglichenen Austauschgeschäft entnehmen.[103] Gegen eine partielle Anfechtung spricht zunächst, dass in Fallgruppen, in denen evident ist, dass ein Wertgefälle zwischen Leistung und Gegenleistung vorliegt, bei einer gegenständlichen Rechtsfolgenwirkung auch ohne Kenntnis des exakten Wertes der Leistungsgegenstände die Rechtsfolgen der Anfechtung vollzogen werden können. Bei einer Teilanfechtung bzw. Einlösungsbefugnis müsste hingegen stets der Wert von Leistung und Gegenleistung im maßgeblichen Bewertungszeitpunkt „auf den Cent genau" ermittelt werden.[104]

Auch wenn die Vereinfachung bei einem Rücktausch der Leistungsgegenstände in offensichtlich gläubigerbenachteiligenden Fällen nicht von der Hand zu weisen ist, ist fraglich, ob die Bevorzugung eines solchen Abwicklungsmodells die potenzielle Kostenersparnis mit den bestehenden Interessen des Anfechtungsgegners in ein angemessenes Verhältnis setzt. Veräußert der Anfechtungsgegner beispielsweise ein Pferd, weil er die laufenden Kosten für die Unterkunft und das Futter nicht mehr aufbringen will, führt das gegenständliche Abwicklungsmodell der Anfechtung im Ergebnis dazu, dass der Anfechtungsgegner letztendlich das Pferd zurückerhält und nun wieder die laufenden Kosten für das Tier trägt – und das, obwohl die Anfechtung die Verfügung über die Gegenleistung unberührt lässt.[105] Auch wenn ein gegenständliches Abwicklungsmodell im Einzelfall eine exakte Wertermittlung überflüssig macht und dadurch gegebenenfalls Kosten einspart, kann dieses Vereinfachungsargument eine Zurückstellung der Teilanfechtung nicht überzeugend begründen.

c) Legitimation einer gegenständlichen Ausgleichspflicht in Gestalt der Gegenleistung

§144 Abs. 2 S. 1 InsO sieht vor, dass der Ausgleich dem Anfechtungsgegner nicht durch eine neutrale Geldzahlung zukommen soll, sondern in Gestalt der Gegenleistung. Die Herbeiführung des wirtschaftlichen Ausgleichs durch die

---

[103] A. A. *Eckardt*, ZInsO 2004, S. 888, 890. Obwohl *Eckardt* zu dem Ergebnis kommt, dass die Anfechtung teleologisch auf das Maß der Gläubigerbenachteiligung zu begrenzen sei, folgert er aufgrund von §144 Abs. 2 S. 1 InsO, dass die *lex lata* unausweichlich eine überschießende Rechtsfolgenwirkung im Anfechtungsrecht anordne.

[104] Einen ähnlichen Einwand haben auch die Motive zum Anfechtungsgesetz aufgeworfen, dann aber als nicht bedeutend verworfen, vgl. *Hartmann*, Anfechtung von Rechtshandlungen, S. 242.

[105] Vgl. oben S. 17ff.

Gegenleistung steht im Einklang mit den historischen Vorgängerregelungen.[106] Wie im Pferdefall allerdings aufgezeigt wurde,[107] ist es in der Regel nicht im Interesse des Anfechtungsgegners, den Ausgleich in Form der Gegenleistung und nicht durch neutralen Wertersatz zu erhalten.[108] Trotzdem wird ein Ausgleich *in natura* verbreitet auch bei der Schenkungsanfechtung angenommen – und das, obwohl dort der Gesetzeswortlaut keinen Bezug zur Gegenleistung herstellt.[109]

Auch wenn bei Austauschgeschäften die *lex lata* (§ 144 Abs. 2 S. 1 InsO) primär auf einen Ausgleich durch die Rückordnung der Gegenleistung *in natura* abzielt, ist erneut klarzustellen, dass die Anfechtung dem Anfechtungsgegner kein materielles Anrecht an der Gegenleistung gewährt.[110] Eine auf materiellrechtliche Wertungen zurückgehende zwingende Rechtfertigung, warum die Masse zu einer Rückgabe der Gegenleistung im Umfeld der Anfechtung verpflichtet sei, wird nicht gelingen. Vielmehr ist die gegenständliche Wirkung in § 144 Abs. 2 S. 1 InsO wohl ausschließlich unter dem Gesichtspunkt einer Vereinfachung in der Praxis zu legitimieren.[111] Um dem Insolvenzverwalter die Liquidation der Haftungsmasse zu erleichtern und um darüber hinaus den exakten Wert der Gegenleistung nicht ermitteln zu müssen, hat der Normsetzer durch § 144 Abs. 2 S. 1 InsO ein Beanstandungsrecht des Anfechtungsgegners ausgeschlossen, sollte er die Gegenleistung anstelle einer neutralen Geldleistung als Ausgleich erhalten. Dem Anfechtungsgegner kommt in diesem System ein Stück weit Schutz durch das – hier vertretene[112] – bestehende Wahlrecht zu: Er kann zwischen den Nachteilen, die sich aus einer subjektiven Wertberechnung ergeben, und den laufenden Kosten im Zusammenhang mit der Gegenleistung abwägen und aufbauend auf diese Analyse sich für eine gegenständliche Rückgabe der Leistung entscheiden oder von der Einlösungsbefugnis bzw. Teilleistung Gebrauch machen.

Im Ergebnis zeigt sich, dass eine gegenständliche Regelungsanordnung, wie sie § 144 Abs. 2 S. 1 InsO im Wortlaut anordnet, nicht zwingend im Rechtsfolgenregime der Anfechtung verankert sein müsste. Würden die Interessen der Haftungsmasse und des Anfechtungsgegners abweichend gewichtet, wäre *de lege ferenda* auch ein Entfall der Erfüllungsmöglichkeit der Ausgleichspflicht durch die Gegenleistung *in natura* möglich.

---

[106] Vgl. oben S. 12 ff.
[107] Vgl. oben S. 126 f.
[108] Vgl. oben S. 117 f.
[109] Vgl. Uhlenbruck/*Borries/Hirte*, § 134 InsO Rn. 34a; K/P/B/*Bork*, § 134 InsO Rn. 54; *Held*, Unentgeltliche Leistungen, S. 366 f.; MüKo/*Kayser/Freudenberg*, § 134 InsO Rn. 42; *Eckardt*, ZInsO 2004, S. 888, 895.
[110] Vgl. oben S. 17 ff.
[111] Vgl. oben S. 126 f.
[112] Vgl. oben S. 126.

3. *Widersprüche in dem Lösungsansatz von* F. Bartels

Für den Ausgleich einer eingetretenen insolvenzanfechtungsrechtlichen Bereicherung durch die Anwendung von § 144 Abs. 2 S. 1 InsO – ausdrücklich auch bei der isolierten Anfechtung des Erfüllungsgeschäfts – tritt *F. Bartels* ein.[113] Aus § 107 PreußKO als Vorbild für § 144 Abs. 2 S. 1 InsO leitet er ab, dass § 144 Abs. 2 S. 1 InsO die Funktion zukomme, eine Bereicherung der Masse durch eine Anfechtung bei einem Austauschgeschäft zu verhindern, und deshalb der Anwendungsbereich unabhängig von der Anfechtung des Grundgeschäfts sei.[114] Handele es sich um keine „Doppelanfechtung", komme dem Anfechtungsgegner bei einem partiell unausgeglichenen Austauschgeschäft zusätzlich auch ein Ausgleichsanspruch aus § 144 Abs. 1 InsO zu.[115]

Der von *F. Bartels* entwickelte Ansatz unterscheidet sich von dem hier hergeleiteten Verständnis des Rechtsfolgenrechts der Anfechtung von Austauschgeschäften allerdings nicht nur darin, dass *F. Bartels* keine Einlösungsbefugnis vorsieht. Hauptunterschied ist der Umgang mit der *causa* im Anfechtungsrecht. *F. Bartels* lehnt eine Gesamtbetrachtung von Leistung und Gegenleistung bei den Voraussetzungen der Anfechtung ab.[116] Bei einem neutralen Austauschgeschäft spricht er sich ausdrücklich dafür aus, dass die Leistungsgegenstände im Anfechtungsrecht nicht gesamtwirtschaftlich analysiert werden dürfen. Dem Einbezug der Austauschabrede ins Anfechtungsrecht tritt er bei § 129 InsO entschieden entgegen. Nur im engen Anwendungsbereich des Bargeschäftsprivilegs sei eine Verknüpfung von Leistung und Gegenleistung zulässig.[117] Folglich entfalle nur dann die Anfechtbarkeit eines neutralen Austauschgeschäfts, wenn eine Privilegierung nach § 142 InsO möglich sei. Bei partiell unausgeglichenen Austauschgeschäften ist jedoch das Bargeschäftsprivileg schon nach dem Gesetzeswortlaut nicht anwendbar.[118] Wie *F. Bartels* trotz der vertretenen „radikalen"[119] Vereinzelung bei den Anspruchsvoraussetzungen im Rechtsfolgenregime der Anfechtung nun die Verbindung von Leistung und Gegenleistung abseits von § 142 InsO herstellen will, um die Ausgangslage zu schaffen, die Anfechtungswirkung bei einem partiell unausgeglichenen Austauschgeschäft auf das Maß der Gläubigerbenachteiligung zu begrenzen, bleibt offen. In dem von *F. Bartels* vertretenen Gesamtergebnis scheinen die tatbestandliche Vereinzelung und eine Gesamt-

113 K/P/B/*F. Bartels*, § 129 InsO Rn. 397 ff.; *ders.*, Insolvenzanfechtung, S. 233 ff.; vgl. auch *Becker*, Insolvenzrecht, Rn. 1044.

114 K/P/B/*F. Bartels*, § 129 InsO Rn. 398; *ders.*, Insolvenzanfechtung, S. 234 ff.

115 K/P/B/*F. Bartels*, § 129 InsO Rn. 398.

116 K/P/B/*F. Bartels*, § 129 InsO Rn. 92, 325; *ders.*, Insolvenzanfechtung, S. 186; ausführlich oben S. 62 ff.

117 *F. Bartels*, Insolvenzanfechtung, S. 186.

118 Vgl. oben S. 82 f.; siehe auch oben S. 60 f.

119 Vgl. Formulierung bei *Mehring*, FS Kayser, S. 581, 586.

betrachtung der Leistungsgegenstände auf Rechtsfolgenebene in einem Widerspruch zu stehen.

4. *Insolvenzfeste Ausgestaltung der Ausgleichspflicht*

Die durch §144 Abs. 2 S. 1 InsO etablierte Ausgleichspflicht richtet sich gegen die Masse. Die überschießende Rechtsfolgenwirkung der Anfechtung wird nur dann flächendeckend eingefangen, wenn das Anrecht des Anfechtungsgegners auf einen Ausgleich auch insolvenzfest ausgestaltet ist.[120]

a) Gegenanspruch des Anfechtungsgegners

Sieht man die Ausgleichspflicht nach §144 Abs. 2 S. 1 InsO als eigenständigen Anspruch des Anfechtungsgegners gegen die Masse an, ist dieser in das insolvenzrechtliche Privilegierungssystem einzuordnen. Der Wortlaut des §144 Abs. 2 S. 1 InsO gibt keinen Hinweis auf eine konkrete Qualifikation. Allenfalls aus dem Umkehrschluss zu §144 Abs. 2 S. 2 InsO lässt sich ableiten, dass das Anrecht auf die Gegenleistung nach der Konzeption des Gesetzes keine Insolvenzforderung ist.

aa) Aussonderungsrecht

F. Bartels vertritt die Auffassung, dass der Anfechtungsgegner nach §144 Abs. 2 S. 1 InsO ein Anrecht darauf habe, die Gegenleistung auszusondern.[121] Ein Aussonderungsrecht an der Gegenleistung im Umfeld der Insolvenzanfechtung ist allerdings nicht legitimierbar – allenfalls ein Absonderungsrecht. Unterscheidungsmerkmal zwischen Aus- und Absonderung ist, dass bei einem Aussonderungsrecht dem Anfechtungsgegner das Anrecht auf die Gegenleistung weitergehend als bei einem reinen Absonderungsrecht zugewiesen ist.[122] Der Aussonderungsberechtigte kann seine Rechtsposition vollumfassend mit rechtsverwirklichenden Schutzrechten sichern, z. B. sich gegen eine Verwertung des Gutes rechtlich zur Wehr setzen.[123] Der Absonderungsberechtigte

---

120 Vgl. Jaeger/*Henckel*, §144 InsO Rn. 29.

121 Heute K/P/B/*F. Bartels*, §129 InsO Rn. 398 (Aussonderungsrecht); früher *ders.*, Insolvenzanfechtung, S. 236, 244 (Masseverbindlichkeit). Dieses Verständnis wird auch in der Schweiz bei dem mit §144 Abs. 2 S. 1 InsO vergleichbaren Art. 291 Abs. 3 S. 2 SchKG geteilt, vgl. KuKo-SchKG/*Umbach-Spahn/Bossart*, Art. 291 Rn. 12; Basler Kommentar/*Bauer*, Art. 291 SchKG Rn. 34; siehe zum Schweizer Recht auch Fn. 102. In Österreich wurde in der Vergangenheit bei §41 IO zwischen einem Absonderungsrecht und einer Masseverbindlichkeit gestritten, vgl. *König*, Die Anfechtung, Rn. 16/9; Buchegger/*Koziol/Bollenberger*, §41 KO Rn. 4. Allerdings scheint sich heute die Einordnung als Masseverbindlichkeit durchgesetzt zu haben, vgl. *Buchegger*, Lehrbuch, S. 91; siehe zum österreichischen Recht auch Kap. 1, Fn. 127.

122 *J. F. Hoffmann*, Prioritätsgrundsatz, S. 234; vgl. MüKo/*Ganter*, §47 InsO Rn. 3.

123 *J. F. Hoffmann*, Prioritätsgrundsatz, S. 234, vgl. *K. Schmidt*, ZZP 90 (1977), S. 38, 51.

kann hingegen nur auf seine bevorrechtigte Befriedigung pochen, jedoch nur abseits von einem gegenständlichen Anrecht. Bei der anfechtungsrechtlichen Ausgleichspflicht sind rechtsverwirklichende Schutzrechte des Anfechtungsgegners nicht auszumachen. Es gibt nur das Wahlrecht der Masse, den Ausgleich vorrangig gegenständlich zu erfüllen.[124] Der Anfechtungsgegner hat jedoch keinen Einfluss auf den gegenständlichen Verbleib der Gegenleistung in der Masse und kann sich gegen eine Verwertung der Gegenleistung auch nicht zur Wehr setzen. Im Ergebnis kann der Ausgleichsmechanismus trotz seiner vorrangigen Erfüllungsanordnung *in natura* allenfalls als Absonderungsrecht, jedoch nicht als Aussonderungsrecht eingestuft werden.

Grundvoraussetzung für das Bestehen eines Absonderungsrechts des Anfechtungsgegners ist jedoch, dass die Gegenleistung absolut diesem zugeordnet wird, um ein Wertinteresse abzusichern.[125] Die Gegenleistung spricht allerdings die Rechtsordnung mit Wirkung *erga omnes* der Haftungsmasse zu. Die Anfechtung beeinflusst die Bestandskraft der Verfügung über die Gegenleistung auch nicht.[126] Aufgrund der absoluten und durch die Anfechtung unveränderten Zuordnung der Gegenleistung zur Masse muss auch ein Absonderungsrecht des Anfechtungsgegners ausscheiden.

bb) Masseverbindlichkeit

Nach dem hier vertretenen Verständnis ist die Gegenleistung ein Substitut für eine Bereicherung, die durch die Rückführung der Leistung nach Verfahrenseröffnung hervorgerufen wird.[127] Eine Bereicherung, die erst im Insolvenzverfahren eintritt, ist nach § 55 Abs. 1 Nr. 3 InsO als Masseverbindlichkeit privilegiert.[128]

Ein als Masseverbindlichkeit privilegiertes Anrecht des Anfechtungsgegners auf die Gegenleistung beschränkt bei der Anfechtung eines Austauschgeschäfts die Rechtsfolgenwirkung allerdings nicht flächendeckend auf das Maß der Gläubigerbenachteiligung.[129] Bei dem Vorliegen einer Masseunzulänglichkeit kann ein derartiger Gegenanspruch gemäß § 144 Abs. 2 S. 1 InsO nicht in jeder Konstellation einen vollständigen Ausgleich herbeiführen. Die Anfechtung wäre dann nicht mehr auf das Maß der Gläubigerbenachteiligung begrenzt, wenn die Ausgleichspflicht nach § 144 Abs. 2 S. 1 InsO eine Altmasseverbindlichkeit nach § 209 Abs. 1 Nr. 3 InsO begründen würde, denn bei Eintritt einer Masseunzulänglichkeit werden nur die Neumasseverbindlichkeiten vollständig

---

124 Vgl. oben S. 117.
125 Vgl. *J. F. Hoffmann*, Prioritätsgrundsatz, S. 236.
126 Vgl. oben S. 17 ff., 117, 127.
127 Siehe auch oben S. 19.
128 Vgl. *J. F. Hoffmann*, Prioritätsgrundsatz, S. 338 ff.; oben S. 25 f.
129 Vgl. Jaeger/*Henckel*, § 144 InsO Rn. 29.

befriedigt.[130] Der anfechtungsrechtliche Ausgleichsanspruch ist allerdings eine nicht vollumfänglich privilegierte Altmasseverbindlichkeit, wenn – da die Gegenleistung nur ein Substitut für den überschießenden Teil der Leistung ist – die Leistung schon vor der Anzeige der Masseunzulänglichkeit die Haftungsmasse erreicht hatte.

b) Verfahrensrechtlicher Zug-um-Zug-Einwand

Kommt dem Anfechtungsgegner allerdings gegen eine anfechtungsrechtliche Inanspruchnahme bereits ein Zug-um-Zug-Einwand zu, ist er gar nicht auf einen gegebenenfalls nicht vollumfänglich im Insolvenzverfahren privilegierten Bereicherungsanspruch gegen die Masse angewiesen. Der Anfechtungsgegner könnte nach einer erfolgreichen Anfechtung nur dann die geschuldete Leistung vollständig der Haftungsmasse zur Verfügung stellen müssen, wenn er zugleich im Gegenzug einen Ausgleich in Form der Gegenleistung erhielte.

aa) Zurückbehaltungsrecht, §§ 273, 274 BGB

Nicht bei der Anfechtung des Verfügungsgeschäfts, aber bei der Anfechtung des Verpflichtungsgeschäfts wird im Zusammenhang mit § 144 Abs. 2 S. 1 InsO herrschend dem Anfechtungsgegner ein Zurückbehaltungsrecht gemäß § 273 BGB zugesprochen.[131] §§ 143, 144 InsO sollen im Sinne des § 273 BGB aus einem einheitlichen Rechtsverhältnis hervorgehen.[132] Gemäß § 274 BGB komme dem Anfechtungsgegner ein Zug-um-Zug-Einwand gegen die anfechtungsrechtliche Inanspruchnahme zu.

Allerdings ist zu beachten, dass § 273 BGB nicht insolvenzfest ist.[133] Der Anfechtungsgegner kann sich der Inanspruchnahme nach § 143 InsO nicht mehr verweigern, wenn die Masse gemäß dem maßgeblichen Verteilungsschlüssel eine Befriedigung des Anspruchs nach § 144 Abs. 2 S. 1 InsO anbietet – auch wenn dieser aufgrund einer „Insolvenz in der Insolvenz“ trotz Masseverbindlichkeit nur quotal erfüllt wird. Ein Zurückbehaltungsrecht kann folglich nicht flächen-

---

[130] BGH ZIP 2006, 1004, 1007 Rn. 22; Uhlenbruck/*Ries*, § 209 InsO Rn. 13; MüKo/*Hefermehl*, § 209 InsO Rn. 20; HK/*Landfermann*, § 209 InsO Rn. 3; vgl. *J. F. Hoffmann*, Prioritätsgrundsatz, S. 340 in Fn. 540.

[131] BGH NJW-RR 1986, 991, 993; Uhlenbruck/*Borries/Hirte*, § 144 InsO Rn. 12; Jaeger/*Henckel*, § 144 InsO Rn. 29; HK/*Thole*, § 143 InsO Rn. 6, § 144 InsO Rn. 6; Schmidt/*Büteröwe*, § 144 InsO Rn. 9.

[132] Uhlenbruck/*Borries/Hirte*, § 144 InsO Rn. 12.

[133] Anders als § 320 BGB ist § 273 BGB grundsätzlich nicht insolvenzfest, vgl. Hahn, Materialien IV, S. 204 ff. (S. 212 ff.); BGHZ 150, 138, 145; 161, 241, 252 f.; *Häsemeyer*, Insolvenzrecht Rn. 18.20; *Wilhelm*, JZ 1995, S. 573, 574. Hintergrund ist der materielle Unterschied der beiden Figuren, vgl. *J. F. Hoffmann*, Zession und Rechtszuweisung, S. 211. § 320 BGB ist Ausdruck des beschränkten Bindungswillens der Parteien, während § 273 BGB ein Zwangsmittel zur Durchsetzung der Vermögenshaftung ist, *J. F. Hoffmann*, Prioritätsgrundsatz, S. 314.

deckend gewährleisten, dass auch bei einer Masseunzulänglichkeit die Anfechtungswirkung sich auf das Maß der Gläubigerbenachteiligung begrenzt.[134]

bb) Immanente Begrenzung der Anfechtungswirkung

Allerdings ergibt sich ein insolvenzfester Zug-um-Zug-Einwand des Anfechtungsgegners aus der immanenten Beschränktheit der Anfechtungswirkung auf das Maß der Gläubigerbenachteiligung. Die anfechtungsrechtliche Inanspruchnahme des Anfechtungsgegners beschränkt sich grundsätzlich bei einem Austauschgeschäft auf die Wertdifferenz der Leistungsgegenstände.[135] Auch wenn der Anfechtungsgegner den Anfechtungsgegenstand *in natura* der Masse zuwendet, ist diese Rückordnung in der Gesamtschau weiterhin immanent auf das Maß der Gläubigerbenachteiligung begrenzt. Zwar tritt eine Besserstellung der Masse erst mit dem Vollzug ein,[136] trotzdem kann der Anfechtungsgegner schon die Rückordnung der Leistung – wie auch bei der Vorteilsausgleichung im Schadensrecht[137] und bei der Anfechtung teilweise entgeltlicher Schenkungen[138] – an die Zug-um-Zug-Erbringung eines Ausgleichs, d. h. die Übertragung der Gegenleistung, koppeln.[139] Dieser verfahrensrechtlich bedingte Zug-um-Zug-Einwand, der auf die immanente Begrenzung der Anfechtungswirkung zurückgeht, gestaltet das Abwicklungsmodell, das sich auf § 144 Abs. 2 S. 1 InsO stützt, im Ergebnis insolvenzfest aus.[140]

Lediglich in denjenigen Situationen, in denen der Anfechtungsgegner nicht auf seinem Zug-um-Zug-Einwand beharrt hat und die Leistung ohne Ausgleich zurückgegeben hat, besteht ein gegebenenfalls nicht insolvenzfester Bereicherungsanspruch des Anfechtungsgegners gegen die Masse, der nach § 55 Abs. 1 Nr. 3 InsO eine Masseverbindlichkeit darstellt.[141] In Einzelfällen, in denen der Anfechtungsgegner bei Vorliegen einer Masseunzulänglichkeit lediglich eine Altmasseverbindlichkeit hat, geht die Anfechtungswirkung über den *status quo ante* hinaus. Dies ist allerdings keine Lücke in dem entwickelten Abwicklungsmodell, sondern darauf zurückzuführen, dass der Anfechtungsgegner freiwillig auf den ihn im Ausgangspunkt umfassend schützenden Zug-um-Zug-Einwand verzichtet hat.

---

[134] Offen gelassen wird in BGH NJW-RR 1986, 991, 993, wie § 38 S. 1 KO bei einer Masseunzulänglichkeit in die Privilegienordnung einzugliedern ist.

[135] Vgl. oben S. 88 f.

[136] Vgl. BGH ZIP 1986, 787, 789 f.; Uhlenbruck/*Borries/Hirte*, § 144 InsO Rn. 11; abweichend Jaeger/*Henckel*, § 144 InsO Rn. 27; Nerlich/Römermann/*Nerlich*, § 144 InsO Rn. 12.

[137] Vgl. oben S. 123 f.

[138] Vgl. K/P/B/*Bork*, § 134 InsO Rn. 54; Uhlenbruck/*Borries/Hirte*, § 134 InsO Rn. 34a; vgl. oben S. 124 f.

[139] Vgl. BGH NJW-RR 1986, 991, 993.

[140] Im Ergebnis ähnlich Jaeger/*Henckel*, § 144 InsO Rn. 29; vgl. *Eckardt*, ZInsO 2004, S. 888, 890; a. A. ausdrücklich *Jaeger*, Kommentar^3, § 38 KO Rn. 4.

[141] Vgl. oben S. 130 f.

C. Anwendungsbereich von § 144 Abs. 2 S. 2 InsO

Fraglich ist, ob in dem vorliegend entwickelten Abwicklungsmodell § 144 Abs. 2 S. 2 InsO noch ein eigenständiger Anwendungsbereich zukommt. § 144 Abs. 2 S. 2 InsO ordnet Rechte des Anfechtungsgegners auf die Gegenleistung für den besonderen Fall, dass die Gegenleistung untergegangen ist, in das Insolvenzverfahren ein.[142] Voraussetzung ist ein Zusammenhang des Anrechts auf die Gegenleistung mit der Insolvenzanfechtung. Nach der hier vertretenen Auffassung ergibt sich weder aus der Anfechtung des Verfügungsgeschäfts noch aus der Anfechtung des Verpflichtungsgeschäfts ein eigenständiges Anrecht des Anfechtungsgegners auf die Gegenleistung. Ein solches besteht nur in den Fällen, in denen – allerdings meist wirtschaftlich nicht sinnvoll[143] – der Anfechtungsgegner den Rücktritt aufgrund einer Anfechtung erklärt. Somit verbleibt für § 144 Abs. 2 S. 2 InsO lediglich ein klarstellender Anwendungsbereich: Ein sich aus dem Rücktrittsfolgenrecht ergebender Ersatzanspruch,[144] der auf eine Insolvenzanfechtung zurückzuführen ist, wird als Insolvenzforderung eingeordnet. In der Gesamtschau ist festzuhalten, dass § 144 Abs. 2 S. 2 InsO keine Wertungswidersprüche im Anfechtungsrecht hervorruft, jedoch auch keinen eigenen Anwendungsbereich hat.

D. Kurzporträt des entwickelten Rechtsfolgenverständnisses

In Konstellationen, in denen bei der Anfechtung des Verfügungsgeschäfts, das einem Austauschgeschäft zugeordnet ist, noch die Gegenleistung oder ihr wirtschaftlicher Wert vorhanden sind, gestalten sich Rechtsfolgenwirkungen wie folgt: Aus der Perspektive der Masse sind strukturelle Parallelen der Anfechtung mit einem Pfandrecht erkennbar. Die Gläubiger haben kein anfechtungsrechtlich geschütztes gegenständliches Interesse an der Leistung, vielmehr nur an dem in dem Anfechtungsgegenstand verkörperten wirtschaftlichen Wert im Umfang der Gläubigerbenachteiligung. Deshalb besteht ein Wahlrecht des Anfechtungsgegners. Seine erste Option ist, den Anfechtungsgegenstand – wenn teilbar – oder einen äquivalenten Geldbetrag im Umfang der Gläubigerbenachteiligung der Haftungsmasse zur Verfügung zu stellen. Alternativ hat der Anfechtungsgegner die Möglichkeit, die Leistung vollständig und *in natura* der Haftungsmasse zurückzuordnen. Jedoch kann er diese im Ausgangspunkt überschießende Rückordnung der Leistung aufgrund einer immanenten Begrenzung der Anfechtungswirkung auf den Umfang der Gläubigerbenachteiligung

[142] Vgl. oben S. 16, 27.

[143] Vgl. oben S. 103 f.

[144] Es handelt sich um einen Ersatzanspruch, da die Gegenleistung für die Anwendbarkeit der Norm nach dem Wortlaut untergegangen sein muss.

an eine Zug-um-Zug zu erbringende Ausgleichspflicht der Masse in Höhe der Gegenleistung koppeln, §144 Abs. 2 S. 1 InsO. Die Masse kann diesen Zug-um-Zug-Einwand entweder durch die Zurverfügungstellung der Gegenleistung *in natura* oder durch einen äquivalenten Geldbetrag überwinden. Ordnet der Anfechtungsgegner ohne ein Beharren auf den Zug-um-Zug-Einwand die Leistung der Haftungsmasse vollständig zu, entsteht ein Bereicherungsanspruch gegen die Masse im Umfang der Gegenleistung. Dieser Bereicherungsanspruch stellt in der Insolvenz eine Masseverbindlichkeit dar.

Unabhängig vom gewählten Abwicklungsmodell lebt die Erfüllungsforderung des Anfechtungsgegners durch den Vollzug der Anfechtung wieder auf, §144 Abs. 1 InsO. Die Erfüllungsforderung fällt bei einer „Doppelanfechtung" in den Nachrang.[145]

Das entwickelte zweigliedrige Abwicklungsmodell begrenzt im Endergebnis bei der Insolvenzanfechtung des Verfügungsgeschäfts eines Austauschgeschäfts in jeder Konstellation die Rechtsfolgenwirkung auf das Maß der Gläubigerbenachteiligung und beseitigt dadurch alle eingangs ausgemachten Unstimmigkeiten aus dem Rechtsfolgenrecht. Eine Gesamtbetrachtung der Leistungsgegenstände wird flächendeckend, d. h. sowohl in den Voraussetzungen der Anfechtung als auch im Rechtsfolgenregime, vorgenommen. Auch achtet das vorgestellte Rechtsfolgenregime die bestehenden gegenständlichen Interessen der Haftungsmasse und insbesondere die des Anfechtungsgegners. Schließlich ist das entworfene Abwicklungsmodell entgegen bestehender Zweifel in der Literatur[146] auch mit der Rechtslage *de lege lata* vereinbar.

E. *Exkurs:* §81 Abs. 1 S. 3 InsO

I. Strukturelle Verwandtschaft von §81 Abs. 1 S. 3 InsO und §144 Abs. 2 S. 1 InsO

Bereits aufgezeigt wurde, dass es der herrschenden Meinung Schwierigkeiten bereitet, §81 Abs. 1 S. 3 InsO – insbesondere die Privilegierung als Masseverbindlichkeit – in das Gesamtgefüge des Insolvenzrechts harmonisch einzuordnen.[147] Dies ist darauf zurückzuführen, dass bisher nur sehr wenige Stimmen in der Literatur die strukturelle Verwandtschaft zwischen der besonderen Insolvenzanfechtung und §81 Abs. 1 S. 1 InsO erkannt haben.[148] Zudem wird nur sehr vereinzelt diskutiert, ob der Anwendungsbereich von §81 Abs. 1 S. 1

[145] Vgl. oben S. 98.
[146] Vgl. Fn. 103.
[147] Vgl. oben S. 119 f.; siehe nur Jaeger/*Windel*, §81 InsO Rn. 54; *J. F. Hoffmann*, Prioritätsgrundsatz, S. 359 ff.
[148] Siehe *J. F. Hoffmann*, Prioritätsgrundsatz, S. 359; Jaeger/*Henckel*, §144 InsO Rn. 7; *Marotzke*, Gegenseitige Verträge, Rn. 7.110 ff.; vgl. auch oben S. 119 ff.

InsO an das Vorliegen einer Gläubigerbenachteiligung gekoppelt ist.[149] Die Gemeinsamkeit von der besonderen Insolvenzanfechtung und von § 81 Abs. 1 S. 1 InsO liegt darin, dass Zuwendungen, die der Schuldner ab materieller Insolvenz getätigt hat, letztendlich wieder der Haftungsmasse zugeordnet werden, um die Befriedigungsaussichten der Gläubiger zu sichern.[150] Bereits begründet wurde, dass das Insolvenzrecht zum Schutz der Gläubiger ab materieller Insolvenz nicht jeder Verfügung des Schuldners die Bestandskraft versagt, sondern grundsätzlich nur in dem Umfang, in dem durch die Rechtshandlung eine wirtschaftliche Schlechterstellung der Gläubiger eingetreten ist.[151] Dies gilt auch ab der formellen Insolvenz weiter. Es liegt deshalb nahe, den Anwendungsbereich von § 81 Abs. 1 S. 1 InsO auf gläubigerbenachteiligende Rechtshandlungen zu beschränken.[152]

Wickeln der Schuldner und der Vertragspartner nach Verfahrenseröffnung ein partiell unausgeglichenes Austauschgeschäft ab und erreicht die Gegenleistung die Masse,[153] besteht nur in Höhe der Wertdifferenz der Leistungsgegenstände Gläubigerbenachteiligung. § 81 Abs. 1 S. 1 InsO kann aufgrund des Einflusses der *causa* und der damit verbundenen zulässigen Gesamtbetrachtung (Alternität) kein Ergebnis rechtfertigen, bei dem sowohl die Leistung als auch die Gegenleistung in der Haftungsmasse verbleiben und zur Gläubigerbefriedigung zur Verfügung stehen.[154]

§ 81 Abs. 1 S. 3 InsO verhindert eine Besserstellung der Gläubiger ab der Verfahrenseröffnung.[155] Auch bei § 81 Abs. 1 S. 1 InsO ist der Anspruch der Masse auf Herausgabe folglich auf den Umfang der Gläubigerbenachteiligung

---

149 Vgl. *Gerhardt*, Gläubigeranfechtung, S. 151; *J. F. Hoffmann*, Prioritätsgrundsatz, S. 72 in Fn. 302, S. 93 in Fn. 396; K/P/B/*Lüke*, § 81 InsO Rn. 15; siehe auch Uhlenbruck[13]/*Uhlenbruck*, § 81 InsO Rn. 11.

150 Vgl. *Marotzke*, Gegenseitige Verträge, Rn. 7.115 ff.; siehe auch Kap. 2, Fn. 2, sowie oben S. 119 f.

151 Vgl. oben S. 50 ff.; zu § 81 Abs. 1 S. 1 InsO *J. F. Hoffmann*, Prioritätsgrundsatz, S. 72 in Fn. 302.

152 *J. F. Hoffmann*, Prioritätsgrundsatz, S. 72 in Fn. 302.

153 Vgl. Uhlenbruck/*Mock*, § 81 InsO Rn. 41.

154 Vgl. oben S. 55 ff.

155 Im wirtschaftlichen Ergebnis ebenso *Jauernig/Berger*, Zwangsvollstreckungs- und Insolvenzrecht, § 40 Rn. 29 f.; Schmidt/*Sternal*, § 81 InsO Rn. 21; MüKo/*Vuia*, § 81 InsO Rn. 25; Braun/*de Bra*, § 81 InsO Rn. 10; HK/*Kayser*, § 81 InsO Rn. 45; Nerlich/Römermann/*Kruth*, § 81 InsO Rn. 24. Uhlenbruck/*Mock*, § 81 InsO Rn. 41 stellt auf einen Ausgleich aus Billigkeitsgesichtspunkten ab. Diese Wortwahl wurde auch bei § 107 PreußKO verwendet, um eine beschränkende Wirkung zu beschreiben, vgl. oben S. 12 f. Alle Literaturstimmen gehen allerdings davon aus, dass der Vertragspartner einen originären Anspruch auf die Gegenleistung hat. Offen bleibt bei dieser Interpretation die dogmatische Begründung für das Recht an der Gegenleistung und die Legitimation einer privilegierten Einordnung (Masseverbindlichkeit) in der Insolvenz, siehe zur Kritik nur *J. F. Hoffmann*, Prioritätsgrundsatz, S. 359; oben S. 120 f. Im Grundsatz ähnlich wie hier *Marotzke*, Gegenseitige Verträge, Rn. 7.115 ff.; siehe bereits oben S. 119 f.

begrenzt.[156] Aufgrund der vergleichbaren Grundstruktur ist das bei § 144 Abs. 2 S. 1 InsO entwickelte Abwicklungsmodell auf § 81 Abs. 1 S. 3 InsO übertragbar.[157] Der Vertragspartner muss die Leistung nur Zug-um-Zug gegen Rückgabe der Gegenleistung an die Masse herausgeben.[158] Verzichtet er auf den Zug-um-Zug-Einwand, ist bei einer vollständigen Rückordnung der Leistung die Haftungsmasse bereichert. Da die Bereicherung in der vollständigen Herausgabe der Leistung liegt und erst nach Verfahrenseröffnung eintritt, lässt sich ein Masseanspruch des Vertragspartners im Umfang der Gegenleistung legitimieren, §§ 81 Abs. 1 S. 3, 55 Abs. 1 Nr. 3 InsO.[159] § 81 Abs. 1 S. 3 InsO erlaubt der Masse, diesen Anspruch in Gestalt der Gegenleistung zu erfüllen.

II. Wahlrecht des Vertragspartners

Fraglich ist allerdings, ob auch bei § 81 Abs. 1 InsO – wie bei der Insolvenzanfechtung[160] – dem Vertragspartner die Option offensteht, bei einer teilbaren Leistung, den Leistungsgegenstand nur anteilig zurückzugeben oder sogar ganz auf die Leistung von subjektiv berechnetem Wertersatz umzusteigen.[161] Das Bestehen eines Wahlrechts ist abhängig davon, ob bei § 81 Abs. 1 S. 1 InsO die Haftungsmasse ein gegenständliches Interesse an der Leistung hat. Da das Insolvenzverfahren regelmäßig auf eine vollständige Liquidierung des Schuldnervermögens hinausläuft und die Gläubiger gemäß § 45 InsO nur Befriedigung in Geld erfahren, haben diese in der Insolvenz grundsätzlich kein besonderes Interesse an der gegenständlichen Zusammensetzung der Haftungsmasse, das nicht durch eine subjektive Wertberechnung berücksichtigt werden kann.[162]

Allerdings ist zu beachten, dass mit Verfahrenseröffnung und Einsetzung des Insolvenzverwalters neben dem im Ausgangspunkt lediglich wirtschaftlichen Interesse der Gläubiger an dem konkreten Gegenstand auch das Interesse tritt, dem Schuldner grundsätzlich jeglichen Einfluss auf die Zusammensetzung der Haftungsmasse zu nehmen.[163] Ab formeller Insolvenz werden die Vermögensverwaltung und der Restrukturierungsauftrag dem Schuldner entzogen und dem Insolvenzverwalter bzw. dem Gläubigerausschuss übertragen. Spricht man dem Schuldner allerdings gemäß § 81 Abs. 1 InsO die Verfügungsbefugnis nicht vollständig ab, sondern toleriert Rechtshandlungen, die die Masse lediglich wirtschaftlich neutral umschichten, besteht die Gefahr, dass der Schuldner dem

---

156 Vgl. oben S. 123 ff.
157 Vgl. oben S. 133 f.
158 Vgl. oben S. 131 f.
159 Vgl. *J. F. Hoffmann*, Prioritätsgrundsatz, S. 338 ff.; siehe auch oben S. 19, 25 f.
160 Vgl. oben S. 110 ff.
161 Ebenfalls steht die Frage im Raum, ob bei einem neutralen Austauschgeschäft keine Rechtsfolgenwirkung gemäß § 81 Abs. 1 S. 1 InsO eintritt, vgl. Nachweise in Fn. 149.
162 Ausführlich oben S. 113 f.
163 Vgl. HK/*Kayser*, § 81 InsO Rn. 30.

Insolvenzverwalter bei der Auflösung des bestehenden Verteilungskonflikts „dazwischenfunkt". Der Schuldner könnte dann jederzeit im Insolvenzverfahren zum Marktpreis, d. h. nicht gläubigerbenachteiligend, die Haftungsmasse umstrukturieren. Dadurch würde die Verwaltung der Insolvenzmasse durch den Insolvenzverwalter erschwert. Beispielsweise könnte der Schuldner Produktionsmaschinen bestandskräftig veräußern und damit die Entscheidung des Insolvenzverwalters, den schuldnerischen Betrieb fortzuführen, torpedieren. Deshalb besteht ab formeller Insolvenz letztendlich doch ein grundsätzliches Interesse der Gläubiger am gegenständlichen Zusammenhalt der Haftungsmasse.

Zweifelhaft ist jedoch, ob dieses ermittelte gegenständliche Interesse trotzdem die Option des Vertragspartners ausschließen kann, anstelle der Rückgabe *in natura* Wertersatz zu leisten. Wirtschaftliche Nachteile entstehen für die Gläubiger auch bei einem Wahlrecht des Vertragspartners aufgrund der grundsätzlich subjektiven Wertberechnung nicht.[164] Das Interesse der Masse an dem Leistungsgegenstand besteht nur, weil eine zwingend vollständige und gegenständliche Rückordnung der Leistung potenziellen Vertragspartnern jeglichen Anreiz nimmt, mit dem Schuldner ab formeller Insolvenz Geschäfte abzuwickeln. Einziger Legitimationsgrund für die Herausgabepflicht *in natura* ist demnach, dass durch eine gegenständliche Rechtsfolgenwirkung eine Verhaltenssteuerung vorgenommen wird: Durch die Reduzierung der Anzahl von potenziell zur Verfügung stehenden Vertragspartnern soll es dem Schuldner erschwert werden, die Haftungsmasse umzuschichten. Damit sollen letztendlich die Möglichkeiten reduziert werden, seine Mitwirkungspflichten in der Insolvenz zu verletzen.[165]

Fraglich ist allerdings, ob es zu rechtfertigen ist, dem Vertragspartner ein ihm grundsätzlich zustehendes Wahlrecht mit der Begründung zu nehmen, den Schuldner zur Einhaltung seiner Mitwirkungspflichten in dem Insolvenzverfahren bewegen zu wollen. Vielmehr wäre eine Verhaltenssteuerung des Schuldners über Sanktionen angemessen, die ausschließlich diesen treffen und nicht dem Vertragspartner zum Nachteil gereichen. Um den Schuldner zu einer „Nichteinmischung" zu bewegen, stehen allerdings abseits von § 81 Abs. 1 S. 1 InsO in der Rechtsordnung anderweitige effektive Mechanismen bereit, z. B. das Besitzschutzrecht, das (Insolvenz-)Strafrecht oder die insolvenzrechtsspezifische Möglichkeit, Verstöße gegen die Mitwirkungspflicht durch den Schuldner mit Einschränkungen bei einer Restschuldbefreiung zu bestrafen. Diese Sanktionsmöglichkeiten haben gemein, dass sie den Vertragspartner nicht beeinträchtigen und sind geeignete Optionen, um das in der Sache gut nachvollziehbare Regelungsanliegen in die Rechtsordnung zu integrieren. Möchte der Normsetzer stärker verhaltenssteuernd auf den Schuldner einwirken, um einen Zu-

[164] Oben S. 113 f.

[165] Die Diskussion lässt Parallelen zur Debatte um die Präventionswirkung der Anfechtung erkennen, vgl. oben S. 114 ff.

sammenhalt der Haftungsmasse zu fördern und einem „Dazwischenfunken“ zu begegnen, sollte an diesen Stellschrauben gedreht werden. Den Anfechtungsgegner allerdings seines Optionsrechts durch die Betonung von gegenständlichen Interessen bei § 81 Abs. 1 S. 3 InsO zu berauben, um Verhaltenssteuerung des Schuldners zu betreiben, überzeugt angesichts der primären Funktion von § 81 Abs. 1 S. 1 InsO (Schutz der Masse vor gläubigerbenachteiligenden Rechtshandlungen) und der weitreichenden alternativen verhaltenssteuernden Mechanismen, die ausschließlich den Schuldner treffen, nicht.

Folgt man dem hier vorgestellten Verständnis von § 81 Abs. 1 S. 1 InsO, kann im Ergebnis das bei § 144 Abs. 2 S. 1 InsO entwickelte Abwicklungsmodell ohne Einschränkungen auf § 81 Abs. 1 S. 3 InsO übertragen werden:[166] Wird nach Verfahrenseröffnung ein gläubigerbenachteiligendes Austauschgeschäft abgewickelt, hat der Vertragspartner das Wahlrecht zwischen der Herausgabe der Leistung im Austausch gegen die Gegenleistung und Wertersatz im Umfang der Wertdifferenz der Leistungsgegenstände. In beiden Fällen ist das wirtschaftliche Ergebnis auf das Maß der bestehenden Gläubigerbenachteiligung begrenzt.

---

[166] Vgl. oben S. 133 f.

6. Kapitel

Abwicklungsmodell im Anfechtungsgesetz

Zu überprüfen ist, ob das im Insolvenzanfechtungsrecht entwickelte Abwicklungsmodell auf die Anfechtung nach dem Anfechtungsgesetz übertragen werden kann und auch dort die eingangs ausgemachten Unstimmigkeiten bei der Anfechtung von Austauschgeschäften beseitigen kann.[1]

A. Kein Wahlrecht des anfechtenden Gläubigers

Auch wenn das Anfechtungsgesetz im Ausgangspunkt eine vergleichbare Struktur zur Insolvenzanfechtung aufweist, besteht ein zentraler Unterschied: Das verbliebene Schuldnervermögen und der Anfechtungsgegenstand müssen in der Addition lediglich eine einzelne Gläubigerforderung befriedigen (vgl. §11 Abs. 1 S. 1 AnfG: „soweit").[2] In diesem Zusammenhang ist in der Rechtswissenschaft umstritten, ob das Schuldnervermögen und der Anfechtungsgegenstand gleichrangig die Haftungsmasse bilden, d. h., ob dem Anfechtungsgegner in der Konstellation, in der durch die Vollstreckung in das Schuldnervermögen nur eine teilweise Befriedigung erzielt werden kann, auch die Option zusteht, ausschließlich in den Anfechtungsgegenstand zu vollstrecken.[3] Die Diskussion wird ergebnisrelevant, wenn die Forderung größer als die Gegenleistung, aber kleiner als die oder gleich der Leistung ist. Als Argument für ein Wahlrecht des Gläubigers wird der Wortlaut des § 2 AnfG angeführt („vollständige Befriedigung").[4] Allerdings geht das Einräumen eines Wahlrechts auf eine „unannehmbare Buchstabenauslegung [zurück], die dem Geiste des Gesetzes ebenso offensichtlich widerstrebt wie der Billigkeit".[5] Aus der Teleologie des Anfechtungsgesetzes ergibt sich, dass der Gläubiger nicht vor Unannehmlichkeiten geschützt werden soll, die sich durch einen erhöhten Vollstreckungsaufwand im Vergleich zu einem isolierten Zugriff auf den Anfechtungsgegenstand ergeben. Das Anfechtungsgesetz

---

[1] Vgl. oben S. 37ff.

[2] *Jaeger*, Gläubigeranfechtung, § 7 AnfG Rn. 2 (S. 249 f.).

[3] Siehe zunächst nur *Jaeger*, Gläubigeranfechtung, § 2 AnfG Rn. 29 (S. 151).

[4] MüKo/*Kirchhof*, § 2 AnfG Rn. 67; vgl. OLG Saarbrücken ZInsO 2011, 1901, 1903; *Nerlich/Niehus*, Anfechtungsgesetz, § 2 AnfG Rn. 24; *Hartmann*, Anfechtung von Rechtshandlungen, S. 122 f.

[5] *Jaeger*, Gläubigeranfechtung, § 2 AnfG Rn. 29 (S. 151).

möchte den Gläubiger nicht von der Vollstreckung in zwei Vermögenswerte befreien. Vielmehr ist alleiniges Ziel des Anfechtungsgesetzes, das Schuldnervermögen, sollte es nicht zur Befriedigung ausreichen, zu erweitern. Die Subsidiarität des Anfechtungsgegenstandes als Haftungsmasse ergibt sich aus § 11 AnfG („soweit"), der anders als § 2 AnfG die Rechtsfolgen im Anfechtungsgesetz vorgibt.[6] Auch wenn nicht zwingend eine Schlechterstellung des Anfechtungsgegners bei einem Zugriff im Umfang der Gläubigerbenachteiligung ausschließlich in den Anfechtungsgegenstand droht, da ein Ausgleichsanspruch des Anfechtungsgegners gegen den Schuldner (vgl. § 12 AnfG) aufgrund der vorhandenen Gegenleistung nicht wirtschaftlich wertlos ist, ist es trotzdem nicht zu rechtfertigen, das zwangsvollstreckungsrechtliche Prioritätssystem auszuschalten, bevor nicht das Schuldnervermögen vollständig aufgezehrt ist.

B. Forderung kleiner als die bestehende Gläubigerbenachteiligung

Ist der Leistung ein Wert von 100 und der Gegenleistung ein Wert von 50 zugeordnet und besteht die Gläubigerforderung im Umfang von 60, kommt nach der hier vertretenen Ansicht dem Gläubiger kein Wahlrecht zu:[7] Er kann auf den Anfechtungsgegenstand nur partiell (10) zugreifen und muss darüber hinaus zwingend in der Gegenleistung (50) Befriedigung suchen.

I. Einlösungsbefugnis

Im Anfechtungsgesetz ist eine Einlösungsbefugnis anerkannt.[8] Der Anfechtungsgegner kann die Forderung des Gläubigers in der nach dem Zugriff auf das Schuldnervermögen bestehenden Höhe befriedigen (10) und damit seiner ihm aus der Anfechtung auferlegten Verpflichtung nachkommen. Eine Inanspruchnahme über das Maß der Gläubigerbenachteiligung hinaus droht ihm in dieser Fallgestaltung nicht.

II. Zurverfügungstellung des Anfechtungsgegenstandes in natura

Allerdings bleibt es auch im Anfechtungsrecht dem Anfechtungsgegner unbenommen, den Anfechtungsgegenstand gegenständlich dem Gläubiger zur Ver-

[6] *Jaeger*, Gläubigeranfechtung, § 2 AnfG Rn. 29 (S. 151); vgl. *Huber*, Anfechtungsgesetz, § 2 AnfG Rn. 23.

[7] So auch *Jaeger*, Gläubigeranfechtung, § 2 AnfG Rn. 29 (S. 151); vgl. oben S. 139.

[8] Vgl. BGH NJW-RR 2011, 452, 453 Rn. 9; MüKo/*Kirchhof*, § 11 AnfG Rn. 29; *Jaeger*, Gläubigeranfechtung, § 7 AnfG Rn. 4 (S. 251 f.); *Huber*, Anfechtungsgesetz, § 11 AnfG Rn. 10; NK/*Haertlein*, § 11 AnfG Rn. 7; *Hartmann*, Anfechtung von Rechtshandlungen S. 242; vgl. oben S. 111 f.

fügung zu stellen.[9] Ist die Leistung teilbar, wird der Anfechtungsgegenstand in dem Umfang der verbliebenen Forderungshöhe durch die Zwangsvollstreckung verwertet (10). Aber auch bei einem unteilbaren Leistungsgegenstand bedarf es keines besonderen Abwicklungsmodells, um die Anfechtung bei einem Austauschgeschäft auf den Umfang der Gläubigerbenachteiligung zu beschränken: §11 Abs. 1 S. 1 AnfG stellt schon im Wortlaut klar, dass der Anfechtungsgegenstand dem Gläubiger nur im Umfang seiner Forderung zusteht („soweit"). Nach einer Verwertung des Leistungsgegenstandes im Zuge der Zwangsvollstreckung wird der Erlös anteilig ausgekehrt.[10] Dem Gläubiger wird ein Betrag in Höhe der Forderung zugesprochen (10) und der verbliebene Erlös kommt dem Anfechtungsgegner zu (90). Die Gefahr einer überschießenden Anfechtungswirkung besteht in dieser Konstellation ebenfalls nicht.

C. Forderung größer als die bestehende Gläubigerbenachteiligung

Schwieriger ist es, ein leistungsfähiges Abwicklungsmodell im Anfechtungsgesetz zu entwickeln, wenn die Gläubigerforderung in ihrer Höhe das Maß der Gläubigerbenachteiligung überschreitet. Der Beispielsfall wird dahingehend abgewandelt, dass die Forderung in Höhe von 120 besteht. Nach der Befriedigung aus dem Schuldnervermögen unter Verwertung der Gegenleistung besteht sie immer noch im Umfang von 70 und geht damit über die Gläubigerbenachteiligung (50) hinaus.

I. Einlösungsbefugnis

Weiterhin ist es möglich, dass sich der Anfechtungsgegner durch eine Geldzahlung im Umfang der Gläubigerbenachteiligung (50) von seiner aus der Anfechtung ergebenden Verpflichtung befreit. Aus der Zielsetzung des Anfechtungsgesetzes ergibt sich kein Argument, warum der Anfechtungsgegner dem Gläubiger den gesamten Wert der Leistung (100) zusätzlich zur Gegenleistung (50) zur Verfügung stellen sollte.[11] Ein solches Abwicklungsmodell

---

[9] Vgl. *Huber*, Anfechtungsgesetz, §11 AnfG Rn. 1; MüKo/*Kirchhof*, §11 AnfG Rn. 1.

[10] *Jaeger*, Gläubigeranfechtung, §7 AnfG Rn. 2 (S. 250).

[11] Im Ausgangspunkt ähnlich *Koziol*, Gläubigeranfechtung, S. 68ff.; *Huber*, Anfechtungsgesetz, §12 AnfG Rn. 8; *Gaul*, FS Schwab, S. 111, 127; *Dauernheim*, Anfechtungsrecht, S. 212; *Warneyer/Bohnenberg*, Kommentar, S. 211f.; *Jaeger*, Gläubigeranfechtung, §8 AnfG Rn. 2 (S. 282); *Nerlich/Niehus*, Anfechtungsgesetz, §12 AnfG Rn. 2; *Eckardt*, ZInsO 2004, S. 888, 892. Letztendlich vertreten sie alle jedoch ein abweichendes Ergebnis, um mit vermeintlich entgegenstehenden Strukturen der Rechtslage *de lege lata* nicht brechen zu müssen, vgl. oben S. 40f. Oft sehen diese Stimmen als einzigen Ausweg nur die Insolvenzeröffnung, um eine Schlechterstellung des Anfechtungsgegners zu vermeiden, vgl. *Jager*, a. a. O., §8 AnfG Rn. 4 (S. 283); *Huber*, a. a. O., §12 AnfG Rn. 8.

würde mit der attestierten pfandrechtsähnlichen Struktur der Anfechtung brechen.[12]

II. Zurverfügungstellung des Anfechtungsgegenstandes in natura

Auch in dieser Fallgestaltung steht dem Anfechtungsgegner die Option offen, den Anfechtungsgegenstand gegenständlich zur Verfügung zu stellen. Bei einem unteilbaren Gegenstand ist nun allerdings problematisch, dass sich die anteilige Erlösverteilung in der Zwangsvollstreckung grundsätzlich an der Forderungshöhe bemisst (70/30), nicht jedoch an der Gläubigerbenachteiligung (50). Wenn die Forderung in ihrem Umfang das Maß der Gläubigerbenachteiligung überschreitet, führt die Anfechtung allerdings zu einer Besserstellung des Gläubigers auf Kosten des Anfechtungsgegners. Die Haftungsmasse mehrt sich dann auf „wundersame Weise" durch die Anfechtung:[13] Dem Gläubiger kommt in dem Beispiel nun aus der Verwertung der Gegenleistung 50 und aus der Verwertung des Anfechtungsgegenstandes 70 zu. Ausgleichsansprüche des Anfechtungsgegners gegen den Schuldner sind wirtschaftlich wertlos. Die Anfechtungswirkung ist in dieser Situation bei einer Anfechtung eines Austauschgeschäfts im Anfechtungsgesetz überschießend: Ohne anfechtbare Rechtshandlung hätte die Haftungsmasse nicht aus 120, sondern nur aus 100 bestanden. Diese Analyse zeigt auf, dass auch im Anfechtungsgesetz die Notwendigkeit besteht, ein Abwicklungsmodell mit begrenzenden Elementen ins Rechtsfolgenregime einzuführen.[14]

Bei der Anfechtung von unteilbaren, teilweise entgeltlichen Schenkungen ist in der Literatur die Meinung anzutreffen, dass die Leistung als Ganzes im Rahmen der Zwangsvollstreckung verwertet werden soll und der Verwertungserlös im Umfang des entgeltlichen bzw. unentgeltlichen Teils, d. h. gemäß dem Maß der Gläubigerbenachteiligung, zwischen dem Anfechtungsgegner und dem Gläubiger aufgeteilt werde.[15] Aufgrund der formalistischen Grundstruktur des Vollstreckungsrechts ist allerdings zweifelhaft, ob das Organ der Zwangsvollstreckung tatsächlich das Maß der Gläubigerbenachteiligung neben der Forderungshöhe berücksichtigen muss. Dies würde bedeuten, dass es selbst den Wert einer Gegenleistung ermitteln müsste oder aber in jedem Anfechtungsurteil der

---

[12] Vgl. BGH NJW-RR 2011, 452, 453 Rn. 9; oben S. 91, 117; siehe auch Kap. 5, Fn. 36.

[13] *Koziol*, Gläubigeranfechtung, S. 68; vgl. oben S. 38 ff.

[14] Im Ausgangspunkt ähnlich *Huber*, Anfechtungsgesetz, § 12 AnfG Rn. 8; *Gaul*, FS Schwab, S. 111, 127; *Dauernheim*, Anfechtungsrecht, S. 212; *Warneyer/Bohnenberg*, Kommentar, S. 211 f.; *Jaeger*, Gläubigeranfechtung, § 8 AnfG Rn. 2 (S. 282); *Nerlich/Niehus*, Anfechtungsgesetz, § 12 AnfG Rn. 2; *Eckardt*, ZInsO 2004, S. 888, 892; *Koziol*, Gläubigeranfechtung, S. 68.

[15] *Hartmann*, Anfechtung von Rechtshandlungen, S. 191; *Warneyer/Bohnenberg*, Kommentar, S. 150; kritisch MüKo/*Kirchhof*, § 11 AnfG Rn. 116; siehe auch *Weirauch*, Gruchot 48 (1904), S. 229, 255.

Umfang der Gläubigerbenachteiligung rechtsverbindlich festgestellt werden müsste.

Vielmehr überzeugt es auch im Anfechtungsgesetz, unter Rückgriff auf einen Zug-um-Zug-Einwand, die Anfechtungswirkungen immanent zu begrenzen. Kein Hindernis stellt es dar, dass das Anfechtungsgesetz keine zu § 144 Abs. 2 S. 1 InsO vergleichbare Norm kennt.[16] Auch bei § 134 InsO werden begrenzende Elemente ohne unmittelbare Rückkopplung an den Gesetzeswortlaut in das Rechtsfolgenrecht der Anfechtung eingeführt.[17] Demnach muss auch im Anfechtungsgesetz der Anfechtungsgegner die Leistung nur vollständig *in natura* zur Zwangsvollstreckung zur Verfügung stellen, wenn er Zug-um-Zug einen Ausgleich im wirtschaftlichen Wert der Gegenleistung erhält.[18]

Da die Anfechtung eine Rückordnung des gläubigerbenachteiligenden Teils des Anfechtungsgegenstandes in das Schuldnervermögen vornimmt, richtet sich die Zug-um-Zug-Ausgleichspflicht im Ausgangspunkt gegen den Schuldner. Allerdings wird der Schuldner kein Interesse haben, diesen Einwand aufzuheben. Deshalb kommt es dem Gläubiger zu, die Ausgleichsverpflichtung – vergleichbar mit einer Erfüllung durch einen Dritten – zu erfüllen. Der Gläubiger hat den Erlös, welchen er aus der Zwangsvollstreckung in die Gegenleistung erzielt hat – oder einen äquivalenten Vermögenswert –, an den Anfechtungsgegner weiterzuleiten. Es bietet sich an, die beiden Vollstreckungsmaßnahmen zu verknüpfen: Der Erlös der Vollstreckung in die Gegenleistung wird an den Anfechtungsgegner ausgekehrt, der Erlös aus der Verwertung der Leistung an den Gläubiger. Anders als in der Insolvenzordnung ist durch die Natur der Versteigerung im Umfeld der Zwangsvollstreckung eine Rückordnung der Gegenleistung *in natura* im Anfechtungsgesetz nicht vorgesehen. Dies ist nicht bedenklich, da auch im Insolvenzanfechtungsrecht der Anfechtungsgegner kein gegenständliches Anrecht auf die Gegenleistung hat, sondern die Erfüllung *in natura* nur eine Option des Insolvenzverwalters darstellt.[19] Verzichtet der Anfechtungsgegner auf den Zug-um-Zug-Einwand, kommt ihm lediglich ein Bereicherungsanspruch gegen den Schuldner zu, der allerdings wirtschaftlich wertlos ist.[20]

---

[16] Vgl. oben S. 40 f.; a. A. *Eckardt*, ZInsO 2004, S. 888, 892.

[17] Vgl. oben S. 124 f.

[18] Vgl. oben S. 133 f.

[19] Vgl. oben S. 126.

[20] *Huber*, Anfechtungsgesetz, § 12 AnfG Rn. 7; siehe zu der Möglichkeit des Anfechtungsgegners, in ein Insolvenzverfahren zu „flüchten" *Huber*, a. a. O., § 12 AnfG Rn. 8; *Foerste*, JZ 2019, S. 168, 171.

D. Stellungnahme

Lässt man den Zugriff auf den Anfechtungsgegenstand erst nach der vollständigen Verwertung des Schuldnervermögens zu und erkennt man flächendeckend die Option des Anfechtungsgegners an, auch eine Geldzahlung – maximal im Umfang der Gläubigerbenachteiligung – anstelle einer Rückordnung *in natura* zu leisten, reduzieren sich die Fallkonstellationen, in denen überhaupt eine überschießende Anfechtungswirkung im Anfechtungsgesetz einzutreten droht. In den verbliebenen Fallgestaltungen steht mit der immanenten Begrenzung des Anfechtungsanspruchs (Zug-um-Zug-Ausgleichspflicht im Umfang des wirtschaftlichen Wertes der Gegenleistung) auch im Anwendungsbereich des Anfechtungsgesetzes ein leistungsfähiger Abwicklungsmechanismus zur Verfügung, um einer überschießenden Anfechtungswirkung entgegenzutreten. Das hier vorgestellte Rechtsfolgenregime im Anfechtungsgesetz bei der Anfechtung von Austauschgeschäften verhindert, dass es zu einer „wundersamen Vermehrung" der Haftungsmasse kommt. Damit werden die Grundwertungen der Anfechtung, insbesondere die pfandrechtsähnliche Struktur, auch im Anfechtungsgesetz gewahrt und ein Gleichlauf mit dem verwandten Insolvenzanfechtungsrecht hergestellt. Entgegen anderslautenden Stimmen in der Literatur[21] ist das hier vertretene, den Umfang der Anfechtung begrenzende Abwicklungsmodell auch mit der Rechtslage *de lege lata* vereinbar.

---

[21] Vgl. z. B. *Huber*, Anfechtungsgesetz, §12 AnfG Rn. 7; *Eckardt*, ZInsO 2004, S. 888, 891 f.; ausführlich oben S. 40 f.

Zusammenfassung der wesentlichen Ergebnisse

A. 1. Kapitel

Die Ausgestaltung der Rechtsfolgen bei der Anfechtung eines wirtschaftlich partiell unausgeglichenen Austauschgeschäfts beschäftigte schon die römischen Rechtsgelehrten.[1] Sie kamen zu dem Ergebnis, dass die Anfechtung grundsätzlich keinen Einfluss auf die Wirksamkeit der Übertragung der Gegenleistung habe und im Ausgangspunkt nur die Leistung zurückzuordnen sei. Die Gelehrten hielten allerdings auch fest, dass wenn das Endergebnis der Anfechtung lediglich die vollständige Rückgabe der Leistung ohne Ausgleichsverpflichtung wäre, die Anfechtung über ihr Ziel hinausgehen würde, weil die Haftungsmasse durch die Anfechtung wirtschaftlich übervorteilt würde. Um dem entgegenzutreten, sollte aus Billigkeitsgesichtspunkten nach einer vollständigen Rückordnung der Leistung dem Anfechtungsgegner die Gegenleistung zugesprochen werden. In der Sache wurde durch den wirtschaftlichen Ausgleich in Form der Gegenleistung eine Anfechtung auf das Maß der Gläubigerbenachteiligung herbeigeführt.

Dieses Verständnis prägte auch noch maßgeblich die Preußische Konkursordnung (§107 PreußKO) bzw. die Prozeßordnung in bürgerlichen Rechtsstreitigkeiten für das Königreich Bayern (Art. 1226 PrzO).[2] Die beiden genannten Kodifikationen ergänzten die Rechte des Anfechtungsgegners in §108 PreußKO bzw. Art. 1228 PrzO um eine weitere Norm. Die Anfechtung einer Erfüllungshandlung führte zu dem Wiederaufleben der Erfüllungsforderung des Anfechtungsgegners. Dadurch wurde ausgeschlossen, dass in dieser Fallkonstellation eine Besserstellung der Masse eintrat. Die neu eingeführte Norm stellte klar, dass wenn die Masse den Leistungsgegenstand zurückerhielt, sie nicht zugleich von ihrer ursprünglichen Erfüllungspflicht befreit war. Bei einer isolierten Anfechtung der Erfüllungshandlung, die wirtschaftlich einem Austauschgeschäft zugeordnet war, wendeten die Gerichte §§107, 108 PreußKO kumulativ an.

Eine abweichende Interpretation der Gegenrechte des Anfechtungsgegners bei der partiellen Anfechtung eines Austauschgeschäfts teilten die Motive zur Konkursordnung.[3] Die Gesetzesbegründung zur Konkursordnung ging

[1] Vgl. oben S. 9ff.
[2] Vgl. oben S. 11ff.
[3] Vgl. oben S. 15ff.

davon aus, dass die Anfechtung auch dazu führte, dass der Anfechtungsgegner ein dingliches Anrecht auf die Gegenleistung erhielt. Durch das gewährte Zugriffsrecht auf die Gegenleistung erübrigte sich die Frage einer überschießenden Anfechtungswirkung, denn in diesem System konnte eine Besserstellung der Masse nicht eintreten. Der Umfang der Anfechtungswirkung war systembedingt auf das Maß der Gläubigerbenachteiligung begrenzt. War die Gegenleistung noch in der Masse vorhanden, konnte diese ausgesondert werden (§ 38 S. 1 KO), andernfalls war der Anspruch nur als Konkursgläubiger verfolgbar (§ 38 S. 2 KO). Das Verständnis bei einer Anfechtung, bei der sich die gläubigerbenachteiligende Rechtshandlung in keiner Austauschbeziehung befand, blieb unverändert (§ 39 KO).

Nach Inkrafttreten der Konkursordnung hatte die Rechtswissenschaft schon bald erkannt, dass der Gesetzgeber einem Irrtum unterlegen war. Die Konkursanfechtung konnte keinen Einfluss auf die bestandskräftige Verfügung der Gegenleistung nehmen. Aus diesem Grund fand in den Anfangsjahren der Konkursordnung eine Rückkehr zum historischen Verständnis statt.[4] Es wurde allerdings trotz inhaltlicher Äquivalenz eine abweichende Begrifflichkeit verwendet, um das Zugriffsrecht des Anfechtungsgegners auf die Gegenleistung zu benennen. War in der Vergangenheit von einem Abschöpfen der Gegenleistung aus dem Aspekt der Billigkeit – um eine anfechtungsrechtliche Bereicherung auszukehren – die Rede, wurde in der Konkursordnung nun davon gesprochen, dass durch die vollständige Rückgabe der Leistung der Behaltensgrund der Haftungsmasse für die Gegenleistung entfalle und dem Anfechtungsgegner ein Bereicherungsanspruch nach §§ 812 ff. BGB zukomme. Dieser wurde durch § 38 Abs. 1 KO zur Masseverbindlichkeit privilegiert. Schwierigkeiten bereitet die Einordnung von § 38 Abs. 2 KO. Anders als § 38 Abs. 1 KO konnte dieser Absatz nicht mit dem Gedanken der Begrenzung der Anfechtungswirkungen legitimiert werden. Herrschend wurde § 38 Abs. 2 KO als Privileg gedeutet, um neu begründete Verbindlichkeiten des Anfechtungsgegners, die im Zusammenhang mit der Anfechtung stehen, entgegen § 3 KO im Konkursverfahren als berücksichtigungsfähig einzustufen. Die Interpretation von § 39 KO blieb unverändert.

Tiefgreifenden Wandel haben die Gegenrechte des Anfechtungsgegners bei der Anfechtung eines Austauschgeschäfts im weiteren Geltungszeitraum der Konkursordnung erfahren.[5] Zum einen wurde als Folge der Einführung des Trennungs- und Abstraktionsprinzips ein Austauschgeschäft fortan in zwei isolierte Verfügungen untergliedert. Die Separierung von Verfügungs- und Verpflichtungsgeschäft führte dazu, dass jede Verfügung als gegenleistungslos eingeordnet wurde. Für die Anfechtung des Verfügungsgeschäfts war – auch wenn es wirtschaftlich einem Austauschgeschäft zugeordnet war – nicht mehr § 38

[4] Vgl. oben S. 17 ff.
[5] Vgl. oben S. 20 ff.

KO maßgeblich, sondern ausschließlich §39 KO. Dies veränderte das Endergebnis: Zur Gläubigerbefriedigung verblieben in der Haftungsmasse nach der Anfechtung des Erfüllungsgeschäfts eines Austauschgeschäfts erstmals in der Geschichte der Konkursanfechtung Leistung und Gegenleistung. Zum anderen hatte sich herrschend durchgesetzt, dass durch die Anfechtung des Verpflichtungsgeschäfts die *causa* und damit auch der Behaltensgrund für die Gegenleistung entfiel, sodass dem Anfechtungsgegner ein eigenes Anrecht auf die Gegenleistung zugesprochen wurde, das gemäß §38 Abs. 1 KO im Konkurs zur Masseverbindlichkeit privilegiert wurde. Die Frage einer überschießenden Rechtsfolgenwirkung stellte sich, wenn auch das Verpflichtungsgeschäft angefochten wurde, aufgrund des eigenen Anrechts auf die Gegenleistung nach dem modernen Verständnis systembedingt nicht mehr. Der Anwendungsbereich von §§38, 39 KO hatte sich durch diese beiden veränderten Faktoren grundlegend gewandelt: Allein §39 KO war fortan bei der isolierten Anfechtung eines Verfügungsgeschäfts anwendbar, §38 KO nur noch bei der Anfechtung des Verpflichtungsgeschäfts, nun in einem neuen materiell-rechtlichen Gewand. Nicht mehr maßgeblich für die Definition des Anwendungsbereichs von §38 KO war, ob gesamtwirtschaftlich ein Austauschgeschäft vorlag.

Dieses Verständnis der Konkursanfechtung wurde in die Insolvenzordnung übernommen.[6] Im Insolvenzanfechtungsrecht wurden §§38, 39 KO zu einer Norm (§144 InsO) zusammengefasst und lediglich redaktionell, jedoch nicht inhaltlich verändert. Allerdings ruft das bis heute herrschende Rechtsfolgenverständnis Unstimmigkeiten im Gesamtgefüge der Insolvenzanfechtung hervor: Die in ihrer Zielsetzung stärkere „Doppelanfechtung“ führt – im Vergleich zur der isolierten Anfechtung des Verfügungsgeschäfts – zu schwächeren wirtschaftlichen Ergebnissen, die Rechtsfolgen stehen nicht flächendeckend mit der herrschenden Gläubigerbenachteiligungsdefinition im Einklang, das neutrale Austauschgeschäft wird abweichend beurteilt und die „Doppelanfechtung“ erzeugt abhängig vom Verbleib der Gegenleistung unterschiedliche wirtschaftliche Ergebnisse.[7]

Trotz der systematischen Verwandtschaft ist ein struktureller Unterschied in den Rechtsfolgen zwischen §133 InsO und §3 AnfG auszumachen.[8] Bei der Anfechtung eines Verfügungsgeschäfts gemäß §3 AnfG, dem wirtschaftlich ein Austauschgeschäft zugeordnet ist, erkennt die Rechtswissenschaft anders als bei der Insolvenzanfechtung einen Bereicherungsanspruch auf die Gegenleistung an. Als Begründung wird vorgetragen, dass materiell-rechtlich der Anfechtungsgegenstand dem Gläubiger nur im Umfang der Gläubigerbenachteiligung zur Verfügung steht. Allerdings ist diese begrenzende Komponente im Gesamtgefüge des Rechtsfolgenrechts des Anfechtungsgesetzes nur schwach

[6] Vgl. oben S. 24ff.
[7] Vgl. oben S. 30ff.
[8] Vgl. oben S. 33ff.

ausgeprägt. Deshalb tritt letztendlich nur in einzelnen Fällen bei § 3 AnfG im wirtschaftlichen Endergebnis tatsächlich eine Begrenzung der Anfechtungswirkung auf das Maß der Gläubigerbenachteiligung ein. In vielen Fällen kommt es durch die Anfechtung eines Austauschgeschäfts letztendlich auch im Anfechtungsgesetz zu einer „wundersamen Vermehrung“ der Haftungsmasse.[9]

B. 2. Kapitel

Der Umfang der Anfechtungswirkung ergibt sich aus der Ordnungsfunktion der Anfechtung. Die Analyse der Struktur der Anfechtung, insbesondere der Wortlaut, die Abwesenheit eines Verschuldenserfordernisses, die erforderliche Positionsverbesserung beim Anfechtungsgegner und der Umgang mit einer erbrachten Gegenleistung zeigen deutlich auf, dass das Anfechtungsrecht sich nicht schadensersatzähnlich an dem Abfluss aus der Masse orientiert, sondern vielmehr bereicherungsrechtsähnlich am Zufluss, den der Anfechtungsgegner im Zusammenhang mit der anfechtbaren Rechtshandlung erhalten hat.[10] Aufgrund der bereicherungsrechtsähnlichen Ordnungsfunktion der Anfechtung können Argumentationsmuster, die aus dem Schadensrecht kommen, wie etwa der Gedanke eines Bereicherungsverbots (Figur der Vorteilsausgleichung), nicht angewandt werden. Aufgrund der Orientierung am Zufluss reduziert sich der Umfang der Anfechtungswirkung bzw. entfällt die Anfechtbarkeit, wenn – unabhängig von der Kenntnis der Anfechtbarkeit – der Anfechtungsgegner die erhaltene Positionsverbesserung (teilweise) der Haftungsmasse zur Verfügung stellt (*actus contrarius*). Die Rechtsprechung spricht in dieser Konstellation von einer „vorweggenommenen Befriedigung des individuellen Rückgewähranspruchs.“[11]

Aus der Bereicherungsrechtsähnlichkeit leitet sich ab, dass sich die Rechtsfolgenwirkung der Anfechtung einerseits an dem eingetretenen Zufluss beim Anfechtungsgegner orientiert. Um die Funktion der Anfechtung im Rechtsfolgenrecht abzubilden, erfolgt allerdings andererseits auch eine Rückkopplung an die Befriedigungsaussichten der Gläubiger. Nur im Umfang der bestehenden Gläubigerbenachteiligung ordnet die Anfechtung den Zufluss der Haftungsmasse zu.[12] Der Umfang der Anfechtungswirkung ist aufgrund der Fixierung auf den Zufluss beim Anfechtungsgegner grundsätzlich unabhängig von kausalen Vorteilen, die die Haftungsmasse erreichen. Vorteile können allenfalls das Maß der Gläubigerbenachteiligung aufgrund einer alternierenden Beziehung zum

---

9 Vgl. oben S. 37 ff.
10 Vgl. oben S. 43 ff.
11 Vgl. oben S. 50.
12 Vgl. oben S. 51 f.

Anfechtungsgegenstand beeinflussen und auf diesem Weg den Rechtsfolgenumfang reduzieren.[13]

C. 3. Kapitel

Herzstück eines jeden Austauschgeschäfts ist die Abrede *inter partes*, dass Leistung und Gegenleistung sich in einem alternierenden Verhältnis befinden (Synallagma). Aus dem Parteiwillen folgt, dass sich nach der Vorstellung der Parteien in dem Schuldnervermögen entweder nur die Leistung oder aber die Gegenleistung befinden kann.[14] Die Leistungsreihenfolge der Vertragsabwicklung beeinflusst die alternierende Beziehung zwischen den Leistungsgegenständen nicht.[15]

Bei einer bestehenden Wertäquivalenz von Leistung und Gegenleistung scheidet die Anfechtung aus, weil aufgrund der bestehenden Alternität die Rückordnung der Leistung zu einem Ausscheiden der Gegenleistung führt und eine Anfechtung im wirtschaftlichen Endergebnis die Haftungsmasse nicht vergrößern würde.[16] Dies gilt auch bei einer Vorsatzanfechtung. Anders als die Vorteilsausgleichung kann der entwickelte Gedanke der Alternität den Anfechtungsausschluss bei einem wirtschaftlich ausgeglichenen Austauschgeschäft (Figur der neutralen Vermögensumschichtung) widerspruchsfrei legitimieren. Es wird der vermeintliche Widerspruch aufgelöst, warum eine Gegenleistung anfechtungsbegrenzend berücksichtigt wird, andere kausale, aber nicht alternierende Vorteile jedoch keinen Einfluss auf die Gläubigerbenachteiligung nehmen.

Der Ansatz, Austauschgeschäfte über den Gedanken der Alternität einzuordnen, ist im Ausgangspunkt nicht über jeden Zweifel erhaben. Eine Gesamtbetrachtung von Leistung und Gegenleistung im Anfechtungsrecht ist nur unter einem flächendeckenden Rückgriff auf die *causa* möglich.[17] Der Einbezug der vertraglichen Austauschabrede in der Insolvenz ist jedoch aufgrund des relativen Charakters nicht selbstverständlich. Grundsätzlich ist für die Gläubiger bei einem Zugriff auf die Haftungsmasse des Schuldners die absolute Rechtslage maßgeblich. Einreden, die sich aus der *causa* ergeben, müssen sich die Gläubiger eigentlich nicht entgegenhalten lassen. Hintergrund ist der Schutz der Gläubiger vor manipulierten Parteiabreden. Eine abweichende Wertung trifft hingegen das Anfechtungsrecht bei Austauschgeschäften, indem eine Gesamtbetrachtung zugelassen wird: Der Zugriff auf den Anfechtungsgegenstand soll

---

[13] Vgl. oben S. 51 f.
[14] Vgl. oben S. 55 f.
[15] Vgl. oben S. 57 ff.
[16] Vgl. oben S. 55 ff.
[17] Vgl. oben S. 60 ff.

sich aufgrund der *inter partes* vereinbarten Alternität verbieten, da bei einem neutralen Austauschgeschäft aufgrund des Austauschcharakters keine Gläubigerbenachteiligung bestehe. Damit wird der vertraglichen Abrede auch im Außenverhältnis Bedeutung zugemessen und die Relativität der Parteiabrede wird durchbrochen.

Unproblematisch kann beim Bargeschäftsprivileg die vertragliche Absprache in die Betrachtung miteinbezogen werden. Hintergrund ist, dass anders als bei § 129 InsO dort der Rückgriff auf die *causa* im Interesse der Gläubiger erfolgt. Ein freiwilliger Verzicht der Gläubiger auf den Schutz, der ihnen im Ausgangspunkt durch die absolute Rechtslage gewährt wird, ist nicht rechtfertigungsbedürftig.[18]

Bei § 129 InsO hingegen kann die Gesamtbetrachtung nicht ohne Weiteres mit Gläubigerinteressen gerechtfertigt werden. Ob Leistung und Gegenleistung auch bei der Ermittlung der Gläubigerbenachteiligung als eine wirtschaftliche Einheit betrachtet werden dürfen, ist eine Diskussion mit Ergebnisrelevanz, da § 142 InsO nur einen beschränkten Anwendungsbereich hat und in vielen Fällen ein Ausschluss der Anfechtung nur auf eine Verneinung der Gläubigerbenachteiligung gestützt werden kann.[19] Die Frage der Zulässigkeit einer Gesamtbetrachtung bei § 129 InsO mündet in einer Abwägung, ob der Anfechtungsgegner vor einer überschießenden Rechtsfolgenwirkung bei einem redlichen Austauschgeschäft zu schützen ist oder aber die Gläubiger vor den Manipulationsgefahren, die einer vertraglichen Abrede grundsätzlich innewohnen. Je nach getroffener Abwägungsentscheidung ist durch die absolute Rechtslage Verkehrsschutz zugunsten der Gläubiger zu etablieren oder aber die relativ wirkende *causa* als beachtlich zu deklarieren.

Die Entscheidung, ob und in welchem Umfang Verkehrsschutzmechanismen in die Rechtsordnung integriert werden, ist eine Zweckmäßigkeitsfrage, bei der dem Normsetzer ein Gestaltungsspielraum zukommt. Die Untersuchung hat aufgezeigt, dass das Interesse des Anfechtungsgegners, bei einem redlichen Austauschgeschäft vor einer überschießenden Rechtsfolgenwirkung der Anfechtung geschützt zu sein, überwiegen.[20] Mit der herrschenden Meinung ist schon bei der Ermittlung der Gläubigerbenachteiligung (§ 129 InsO) eine Gesamtbetrachtung zulässig, die letztendlich dazu führt, dass die Gläubiger sich den aus der *causa* ergebenen Einwand der Alternität beim Zugriff auf den Anfechtungsgegenstand entgegenhalten lassen müssen.

Auch wenn durch die Gesamtbetrachtung zunächst jeglicher Verkehrsschutz, der die absolute Rechtslage im Zivilrecht grundsätzlich den Gläubigern gewährt, entfällt, ist zu beachten, dass diese der Gefahr der Manipulationen an der Parteiabrede im Anfechtungsrecht trotzdem nicht ohne jeglichen Schutz aus-

[18] Vgl. oben S. 66.
[19] Vgl. oben S. 60 f.
[20] Vgl. oben S. 66 ff.

gesetzt sind. Vor der größten Manipulationsgefahr, dem „Erfinden" einer vermeintlich untergegangenen Gegenleistung, schützt der Normsetzer die Gläubiger durch einen anfechtungsspezifischen Verkehrsschutzmechanismus: eine spezielle Gefahrtragungsregel, die als mittelbare Gläubigerbenachteiligung bezeichnet wird.[21] Da der Anfechtungsgegner die Untergangsgefahr der Gegenleistung im Anfechtungsrecht auch nach dem Leistungsaustausch trägt, ist es ausgeschlossen, dass eine Manipulation der *causa*, die in dem „Erfinden" einer nie erbrachten, vermeintlich untergegangenen Gegenleistung besteht, zum Erfolg führt. Der vermeintliche Widerspruch, dass einerseits die *causa* mit in das Anfechtungsrecht einbezogen wird, andererseits aber nicht die vertragliche Gefahrtragung, entfällt, wenn beachtet wird, dass die mittelbare Gläubigerbenachteiligung aus Verkehrsschutzgesichtspunkten eine abweichende Gefahrtragung im Anfechtungsrecht anordnet.

Leistung und Gegenleistung werden im Anfechtungsrecht als wirtschaftlich neutral eingestuft, wenn ihnen im letztmöglichen prozessualen Zeitpunkt im Anfechtungsprozess, in dem noch Einfluss auf das Urteil genommen werden kann, ein identischer Liquidationswert zukommt.[22] Regelmäßig wird dieser Zeitpunkt kurz vor dem Ablauf der letzten mündlichen Verhandlung des Anfechtungsprozesses liegen. Die im Anfechtungsrecht vorgenommene Unterscheidung zwischen mittelbarer (letztmöglicher Zeitpunkt) und unmittelbarer Gläubigerbenachteiligung (Leistungsaustausch) trifft keine Aussage, ob eine tatsächliche Schlechterstellung der Gläubiger durch das Geschäft droht. Die Tatsache, dass Leistung und Gegenleistung sich schon beim Leistungsaustausch in einem wirtschaftlichen Ungleichgewicht befinden, erweitert bei §132 Abs. 1 InsO lediglich partiell den Verkehrsschutz des Anfechtungsgegners und nimmt durch §133 Abs. 4 S. 1 InsO Einfluss auf die Verteilung der Beweislast hinsichtlich der Kenntnis der Benachteiligungsabsicht bei ausgewählten Fallkonstellationen der Vorsatzanfechtung im Insolvenzrecht.[23]

Der späte Evaluationszeitpunkt für die Ermittlung der Wertrelation der Leistungsgegenstände bringt mit sich, dass der Anfechtungsgegner die Untergangsgefahr der Gegenleistung im Anfechtungsrecht auch noch nach dem Leistungsaustausch trägt. Dies hat zur Folge, dass der Anfechtungsgegner bei einem im Ausgangspunkt ausgeglichenen Austauschgeschäft auch dann die Leistung aufgrund der Anfechtung der Masse zur Verfügung stellen muss, wenn die Gegenleistung im weiteren Verlauf beim Schuldner untergeht, selbst wenn dieser vorsätzlich den Untergang herbeiführt. Diese Ausgangssituation macht eine sich in der Krise befindende Person als zukünftigen Vertragspartner unattraktiv, da selbst im Ausgangspunkt ausgeglichenen Austauschgeschäften ein Anfechtungsrisiko innewohnt und somit jede Transaktion mit wirtschaftlichen

[21] Vgl. oben S. 79f.; siehe auch oben S. 74ff.
[22] Vgl. oben S. 71f.
[23] Vgl. oben S. 72ff.

Nachteilen für den Vertragspartner enden kann. Die fehlende Attraktivität des Schuldners für zukünftige Geschäftspartner durch das latente Anfechtungsrisiko erzeugt eine faktisch wirtschaftliche Handlungsunfähigkeit des Schuldners.[24] Dass der Schuldner ab materieller Insolvenz überhaupt nicht mehr wirtschaftlich tätig werden kann, ist allerdings nicht im Interesse der Gläubiger. Für die Gläubiger ist es in der Krise vorteilhaft, wenn der Schuldner schon vor der Einsetzung eines Insolvenzverwalters frühzeitig Sanierungsmaßnahmen in die Wege leitet und auch ein gegebenenfalls vorhandenes Schuldnerunternehmen weiterführt. Dazu bedarf es jedoch eines Mindestmaßes an wirtschaftlicher Handlungsfähigkeit des Schuldners. Um diese partielle Handlungsfähigkeit herzustellen, privilegiert §142 InsO ausgewählte, aus Sicht der Gläubiger wirtschaftlich risikoarme Rechtshandlungen mit einem Anfechtungsausschluss. Durch die Garantie der Unanfechtbarkeit von Rechtshandlungen im Anwendungsbereich des Bargeschäftsprivilegs entfällt das Anfechtungsrisiko, sodass Transaktionen mit dem insolventen Schuldner für den Vertragspartner weiterhin attraktiv sind.

Ein alternierendes Verhältnis von Leistung und Gegenleistung besteht allerdings nicht nur bei neutralen, sondern auch bei partiell unausgeglichenen Austauschgeschäften.[25] Daraus folgt, dass bei einem schlechten Schuldnergeschäft eine Schlechterstellung der Gläubiger nur in der Höhe der Wertdifferenz der Leistungsgegenstände eintritt. Zielsetzung der Anfechtung ist der Ausgleich dieser Gläubigerbenachteiligung. Deshalb kann bei einem partiell unausgeglichenen Austauschgeschäft die Anfechtung nur auf das Maß der Gläubigerbenachteiligung gerechtfertigt werden. Die Rechtsprechung folgt dieser Prämisse schon heute bei der Anfechtung von Rechtsanwaltshonoraren und bei der Anfechtung von teilweise entgeltlichen Schenkungen. In beiden Konstellationen wird die Anfechtung unabhängig von dem gewählten Abwicklungsmodell im Endergebnis grundsätzlich auf das Maß der Gläubigerbenachteiligung begrenzt.[26]

D. 4. Kapitel

Aus der dogmatischen Einordnung der Anfechtungswirkung als schuldrechtlich, haftungsrechtlich oder (sachlich begrenzt) dinglich, lassen sich keine Rückschlüsse auf die Rechtsfolge der Anfechtung des Verpflichtungsgeschäfts ableiten. Vielmehr ist die Funktion der Anfechtung des Verpflichtungsgeschäfts – befreit von den überwundenen Fernwirkungen der Einheitstheorie – in den Mittelpunkt der Ermittlung der Rechtsfolgenwirkung zu stellen. Mit der Anfechtung des Verpflichtungsgeschäfts soll verhindert werden, dass

[24] Vgl. oben S. 81 ff.
[25] Vgl. oben S. 88.
[26] Vgl. oben S. 89 ff.

redliche Forderungen und vorsätzlich benachteiligend begründete Forderungen in der Insolvenz in Konkurrenz treten und gleichermaßen befriedigt werden.[27] Die herrschende Meinung erreicht den Ausschluss einer unmittelbaren Konkurrenzsituation, indem sie für die Dauer der formellen Insolvenz eine vorsätzlich benachteiligend begründete Parteiabrede als nicht existent bewertet. Aus einer nicht bestehenden *causa* kann auch kein Anspruch im Insolvenzverfahren angemeldet werden.[28]

Der herrschend angenommene Entfall der *causa* stellt allerdings einen nicht zu rechtfertigenden Eingriff in die Privatautonomie dar. Zu erkennen gilt es, dass für die Vermeidung einer Konkurrenzsituation der Bestand der *causa* nicht berührt werden muss. Es stehen weniger in die Privatautonomie einschneidende Mittel zur Verfügung: entweder die Nichtdurchsetzbarkeit der Forderung für die Dauer des Insolvenzverfahrens oder aber eine nachrangige Einordnung.[29] Letzterer Ansatz ist als Rechtsfolgenwirkung bei der Anfechtung des Verpflichtungsgeschäfts vorzugswürdig, da einerseits ein Gleichklang bei der Berücksichtigung der Erfüllungsforderung eines Austauschgeschäfts mit der Berücksichtigung einer unentgeltlichen Leistung im Insolvenzverfahren hergestellt wird (vgl. § 39 Abs. 1 Nr. 4 InsO) und andererseits in Fällen, in denen der Verteilungskonflikt nur die unredlichen Forderungen betrifft, es zurückgehend auf die Funktion der Anfechtung des Verpflichtungsgeschäfts keine Rechtfertigung gibt, diese dann nicht am Insolvenzverfahren partizipieren zu lassen. Der Aspekt der Nachrangigkeit modifiziert auch die Einrede der Anfechtbarkeit, § 146 Abs. 2 InsO. Da die Anfechtung des Verfügungsgeschäfts den Behaltensgrund für die Gegenleistung nicht entfallen lässt und folglich auch kein Anspruch aus §§ 812 ff. BGB entsteht, steht die Frage nach dem Anwendungsbereich von § 144 Abs. 2 S. 1 InsO im Raum. Der Vorschlag von *Gerhardt* und *J. F. Hoffmann*, dass § 144 Abs. 2 S. 1 InsO einen Anspruch des Anfechtungsgegners aus dem Rücktrittsfolgenrecht, wenn der Rücktrittsgrund auf eine Anfechtung zurückgeht, in das Privilegiensystem der Insolvenz einordnet, bringt entgegen *Gerhardt* und mit *J. F. Hoffmann* allerdings keinen eigenständigen Anwendungsbereich von § 144 Abs. 2 S. 1 InsO hervor.[30] Sollten die Voraussetzungen für eine Privilegierung im Zusammenhang mit einem Anspruch aus dem Rücktrittsfolgenrecht vorliegen, ordnet bereits § 55 Abs. 1 Nr. 3 InsO den Anspruch als Masseverbindlichkeit ein. Nicht überzeugen kann der in der Literatur bestehende Vorschlag, § 144 Abs. 2 S. 1 InsO die Aufgabe zuzuordnen, je nach Leistungsreihenfolge vermeintlich ursprünglich übernommene Insolvenzrisiken im Rechtsfolgenregime der Insolvenzanfechtung abzubilden.[31] Der

[27] Vgl. oben S. 36 f., 93 ff.
[28] Vgl. oben S. 94 ff.
[29] Vgl. oben S. 98 f.
[30] Vgl. oben S. 100 ff.
[31] Vgl. oben S. 104 ff.

Reihenfolge des Leistungsaustauschs kommt in dem Anfechtungsrecht grundsätzlich keine Bedeutung zu.[32]

E. 5. Kapitel

Entgegen der herrschenden Meinung besteht im Insolvenzanfechtungsrecht keine Notwendigkeit, dass der Anfechtungsgegner die Leistung der Masse *in natura* zur Verfügung stellt.[33] Die Gläubiger sind grundsätzlich in der Insolvenz nur am wirtschaftlichen Wert interessiert, § 45 InsO. Jegliches darüberhinausgehende, in Einzelfällen bestehende, gegenständliche Interesse der Gläubiger, kann durch eine subjektive Wertberechnung berücksichtigt werden. Aus dem Präventionsgedanken der Anfechtung lassen sich keine gegenteiligen Argumente ableiten. Es zeigt sich eine strukturelle Verwandtschaft der Anfechtung zu einem Pfandrecht: Der Anfechtungsgegner kann den anfechtbar erlangten Vermögenswert entweder durch Rückgabe des Erlangten *in natura* der Haftungsmasse zuführen oder aber durch eine Geldleistung die „Belastung" der Anfechtbarkeit auslösen. Es besteht deshalb auch im Insolvenzanfechtungsrecht – und nicht nur in der Fallgruppe der „vorweggenommenen Befriedigung des individuellen Rückgewähranspruchs" – flächendeckend eine Einlösungsbefugnis des Anfechtungsgegners. Die Möglichkeit zur gegenständlichen Rückordnung des Anfechtungsgegenstandes muss dem Anfechtungsgegner verbleiben, da es aufgrund der subjektiven Wertbemessung in einzelnen Fällen in seinem Interesse ist, die Leistung *in natura* der Masse zur Verfügung zu stellen, um nicht zur Neutralisation der bestehenden Gläubigerbenachteiligung auf sein Stammvermögen zurückgreifen zu müssen.[34]

Aus der Funktion der Anfechtung (Sicherung der Befriedigungsaussichten) kann abgleitet werden, dass die Anfechtungswirkungen bei der isolierten Insolvenzanfechtung von einem partiell unausgeglichenen Austauschgeschäft auf das Maß der Gläubigerbenachteiligung begrenzt sind. Die Gläubigerbenachteiligung ergibt sich bei einem Austauschgeschäft aus der Wertdifferenz von Leistung und Gegenleistung. Der Anfechtungsgegenstand ist der Masse durch die Anfechtung nur im Umfang der Gläubigerbenachteiligung zugewiesen. In Konstellationen, in denen der Anfechtungsgegenstand teilbar ist oder aber der Anfechtungsgegner von seiner Einlösungsbefugnis Gebrauch macht, findet eine Teilanfechtung auf das Maß der Gläubigerbenachteiligung statt.[35]

Allerdings muss auch in den Fällen, in denen der Anfechtungsgegner die Leistung der Masse *in natura* und vollständig zur Verfügung stellt, ein alterna-

---

32 Vgl. oben S. 57 ff., 104 ff., 121 f.
33 Vgl. oben S. 110 ff.
34 Vgl. oben S. 116 ff.
35 Vgl. oben S. 118.

tives Abwicklungsmodell bereitstehen, das die Anfechtung in ihrem wirtschaftlichen Endergebnis auf das Maß der Gläubigerbenachteiligung begrenzt. Den Ausgangspunkt für ein neben die Teilanfechtung tretendes Abwicklungsmodell bildet §144 Abs. 2 S. 1 InsO. Entgegen *Marotzke* ist §144 Abs. 2 S. 1 InsO bzw. §81 Abs. 1 S. 3 InsO nicht abhängig von der Leistungsreihenfolge.[36] Vielmehr statuiert §144 Abs. 2 S. 1 InsO eine Ausgleichspflicht der Haftungsmasse, die sich aus der immanenten Begrenzung der Anfechtungswirkung ergibt.[37] Vergleichbar zur Figur eines Abzugs „neu für alt" im allgemeinen Schadensersatzrecht und dem herrschenden Abwicklungsmodell bei der Anfechtung einer teilweise entgeltlichen Leistung, wird auch bei der Anfechtung eines Austauschgeschäfts eine überschießende Naturalleistung durch die Kopplung an eine gegenläufige Ausgleichspflicht auf das materiell begründbare Maß im Endergebnis zurückgeschnitten. Der Anfechtungsgegner muss demnach die Leistung der Haftungsmasse nur Zug-um-Zug um den Erhalt eines Ausgleiches im Umfang der Gegenleistung zur Verfügung stellen. Dem Insolvenzverwalter kommt ein Wahlrecht zu, ob er den Ausgleich gegenständlich durch die Rückführung der Gegenleistung herbeiführt oder aber durch eine äquivalente Geldzahlung. Ordnet der Anfechtungsgegner hingegen die Leistung der Masse zu, ohne sich auf seinen Zug-um-Zug-Einwand zu berufen, entsteht ein Bereicherungsanspruch im Umfang der Gegenleistung, der bereits durch §55 Abs. 1 Nr. 3 InsO als Masseverbindlichkeit qualifiziert wird.

Entwickelt wurde ein zweigliedriges Abwicklungsmodell, das bei der Insolvenzanfechtung des Verfügungsgeschäfts eines Austauschgeschäfts das Rechtsfolgenregime widerspruchsfrei ausgestaltet.[38] Bei einer teilbaren Leistung oder aber bei dem Gebrauch der Einlösungsbefugnis beschränkt sich der Umfang der Anfechtung schon im Ausgangspunkt nur auf das Maß der Gläubigerbenachteiligung. Entscheidet sich der Anfechtungsgegner hingegen, die Leistung vollständig und *in natura* zurückzugeben, wird die Anfechtungswirkung durch eine Zug-um-Zug bestehende Ausgleichspflicht im Umfang der Gegenleistung beschränkt, §144 Abs. 2 S. 1 InsO. Davon unabhängig lebt mit dem Vollzug der Anfechtung die Erfüllungsforderung des Anfechtungsgegners wieder auf, §144 Abs. 1 InsO. Mit dieser kann er als Insolvenzgläubiger im Insolvenzverfahren partizipieren. Wird auch das Verpflichtungsgeschäft angefochten, ist der Anfechtungsgegner mit seiner Erfüllungsforderung allerdings nur nachrangiger Insolvenzgläubiger.[39] §144 Abs. 2 S. 2 InsO kommt in diesem Rechtsfolgenverständnis der Insolvenzanfechtung kein konstitutiver Anwendungsbereich zu.[40] Attestiert man der besonderen Insolvenzanfechtung und §81 Abs. 1 S. 1 InsO

[36] Vgl. oben S. 119 ff.
[37] Vgl. oben S. 123 ff.
[38] Vgl. oben S. 133 ff.
[39] Vgl. oben S. 98 f.
[40] Vgl. oben S. 133.

eine strukturelle Verwandtschaft, kann das im Zusammenhang mit §144 Abs. 2 S. 1 InsO entwickelte Abwicklungsmodell – trotz grundsätzlich abweichender gegenständlicher Interessenlage der Haftungsmasse ab formeller Insolvenz – ohne Einschränkungen auch auf § 81 Abs. 1 S. 3 InsO übertragen werden.[41]

F. 6. Kapitel

Da im Anfechtungsgesetz eine Einlösungsbefugnis (maximal im Umfang der Gläubigerbenachteiligung) besteht, der Gläubiger nur im Umfang seiner Forderung nach §11 Abs. 1 S. 1 AnfG ein Zugriffsrecht auf den Anfechtungsgegenstand hat und nach zutreffendem Verständnis der Gläubiger primär Befriedigung in der Gegenleistung suchen muss, droht eine überschießende Rechtsfolgenwirkung im Anwendungsbereich des Anfechtungsgesetzes nur, wenn die Forderung größer als das Maß der Gläubigerbenachteiligung ist und der Anfechtungsgegner für die Zwangsvollstreckung einen unteilbaren Anfechtungsgegenstand *in natura* zur Verfügung stellt.[42] Um einer „wundersamen Vermehrung" der Haftungsmasse entgegenzuwirken, könnte in dieser Fallgestaltung bei der Erlösverteilung in der Zwangsvollstreckung neben der Forderungshöhe auch das Maß der Gläubigerbenachteiligung berücksichtigt werden. Dieses Abwicklungsmodell ist aber nicht ohne Weiteres mit den Grundsätzen des Zwangsvollstreckungsrechts in Einklang zu bringen. Vielmehr ist auch im Anfechtungsgesetz die Rückordnung der vollständigen Leistung durch einen Zug-um-Zug-Einwand zu begrenzen.[43] Der Anfechtungsgegner muss nur dann die Leistung zur Verfügung stellen, wenn er im Gegenzug einen Ausgleich im wirtschaftlichen Wert der Gegenleistung erhält. Die Ausgleichspflicht richtet sich gegen den Schuldner. Da dieser kein Interesse hat, den Zug-um-Zug-Einwand zu überwinden, muss der Gläubiger, um Zugriff auf die Leistung zu erhalten, im Namen des Schuldners den Ausgleich erbringen. Es bietet sich an, die Vollstreckung in die Gegenleistung und in die Leistung zu verknüpfen: Der Anfechtungsgegner erhält den Erlös aus der Verwertung der Gegenleistung, der anfechtende Gläubiger den Erlös aus der Verwertung der Leistung. Verzichtet der Anfechtungsgegner auf den Zug-um-Zug-Einwand, kommt ihm ein Bereicherungsanspruch gegen den Schuldner zu. Dieser ist allerdings regelmäßig wirtschaftlich wertlos.

---

41 Vgl. oben S. 134ff.
42 Vgl. oben S. 142ff.
43 Vgl. oben S. 144.

Literaturverzeichnis

Allgayer, Peter, Rechtsfolgen und Wirkungen der Gläubigeranfechtung, Köln 2000.

Andres, Dirk/Leithaus, Rolf, Insolvenzordnung, Kommentar, 4. Aufl., München 2018 (Zit.: Andres/Leithaus/*Bearbeiter*).

Bar, Christian von, Gemeineuropäisches Deliktsrecht: Schaden und Schadensersatz, Haftung für und ohne eigenes Fehlverhalten, Kausalität und Verteidigungsgründe, Band 2, München 1999.

Bartels, Florian, Insolvenzanfechtung und Leistungen Dritter, Tübingen 2015.

Bartels, Klaus, Anfechtung als Abschöpfung – Rechtsfolgenbestimmung in Rücksicht auf notwendige Gläubigerakzeptanz, KTS 2016, S. 181 ff.

Basler Kommentar, Bundesgesetz über Schuldbetreibung und Konkurs, hrsg. von Daniel Staehelin/Thomas Bauer, Band 2, 2. Aufl., Basel 2016 (Zit.: Basler Kommentar/*Bearbeiter*).

Baur, Fritz/Stürner, Rolf, Zwangsvollstreckungs-, Konkurs- und Vergleichsrecht, Band 2: Insolvenzrecht, 12. Aufl., Heidelberg 1990.

Becker, Christoph, Insolvenzrecht, 3. Aufl., Köln 2010.

Beck'scher Online-Kommentar BGB, hrsg. von Heinz Georg Bamberger/Herbert Roth/Wolfgang Hau/Roman Poseck, Stand: 01.04.2020, München (Zit.: BeckOK/*Bearbeiter*).

Beck'scher Online-Kommentar InsO, hrsg. von Alexander Fridgen/Arndt Geiwitz/Burkard Göpfert, Stand: 01.04.2020, München (Zit.: BeckOK/*Bearbeiter*).

Berges, August Maria, Die rechtlichen Grundlagen der Gläubigergleichbehandlung im Konkurs, KTS 1957, S. 49 ff.

Bitter, Georg, Zahlungsmittler im Insolvenzanfechtungsrecht – zur Anwendung der §§ 133, 134 InsO im Mehrpersonenverhältnis, in: Mathias Habersack/Peter O. Mülbert/Gerd Nobbe/Arne Wittig (Hrsg.), Bankenregulierung, Insolvenzrecht, Kapitalanlagegesetzbuch, Honorarberatung – Bankrechtstag 2013, Berlin 2014, S. 37 ff. (Zit.: Bankrechtstag 2013).

–, Die Insolvenzanfechtung im System des Zivilrechts, KTS 2016, S. 455 ff.

–/Heim, Sebastian, Schenkungsanfechtung bei Auszahlungen im verdeckten Schneeballsystem – Der Fall Phoenix, ZIP 2010, S. 569 ff.

Böhle-Stamschräder, Aloys, Konkursordnung, 3. Aufl., München 1953.

–, Konkursordnung, 7. Aufl., München 1964.

Bolze, Albert, Der Anspruch auf Rückgabe aus einem nichtigen Geschäft, AcP 76 (1890), S. 233 ff.

Bork, Reinhard, Kontokorrentverrechnung und Bargeschäft, in: Walter Gerhardt/Hans Haarmeyer/Gerhart Kreft (Hrsg.), Insolvenzrecht im Wandel der Zeit – Festschrift für Hans-Peter Kirchhof zum 65. Geburtstag, Recklinghausen 2003, S. 58 ff. (Zit.: FS H.-P. Kirchhof).

–, Ökonomische Analyse des Insolvenzanfechtungsrechts, in: Thomas Eger/Jochen Bigus/Claus Ott/Georg von Wangenheim (Hrsg.), Internationalisierung des Rechts und seine ökonomische Analyse – Festschrift für Hans-Bernd Schäfer, Wiesbaden 2008, S. 593 ff. (Zit.: FS H.-B. Schäfer).
–, Anfechtung als Kernstück der Gläubigergleichbehandlung, ZIP 2014, S. 796 ff.
–, Heilung der Anfechtbarkeit?, in: Reinhard Bork/Dietmar Grupp/Bruno Kübler (Hrsg.), Festschrift für Godehard Kayser, Köln 2019, S. 65 ff. (Zit.: FS Kayser).
Braun, Eberhard (Hrsg.), Insolvenzordnung, Kommentar, 8. Aufl., München 2020 (Zit.: Braun/*Bearbeiter*).
Bredemeyer, Dierk, Die Insolvenzanfechtung im systematischen Kontext zivilrechtlicher Rückgewährhaftung, Berlin 2010.
Bruski, Johannes, Die Voraussetzungen der Konkursanfechtung: normprägende Prinzipien und Regelungsmöglichkeiten in rechtsvergleichender Betrachtung, Bonn 1990.
Buchegger, Walter, Österreichisches Insolvenzrecht, Kommentar, 4. Aufl., Wien 2000 (Zit.: Buchegger/*Bearbeiter*).
–, Insolvenzrecht, 3. Aufl., Wien 2017.

Caemmerer, Ernst von, Bereicherung und unerlaubte Handlung, in: Hans Dölle/Max Rheinstein/Konrad Zweigert (Hrsg.), Rechtsvergleichung und internationales Privatrecht – Festschrift für Ernst Rabel, Band 1, Tübingen 1954, S. 333 ff. (Zit.: FS Rabel).
Campe, Moritz von, Insolvenzanfechtung in Deutschland und Frankreich, Köln 1996.
Consbruch, W., Ueber die Befugniß der Konkurs-Gläubiger zur Anfechtung, Berlin 1857.
Cosack, Konrad, Das Anfechtungsrecht der Gläubiger eines zahlungsunfähigen Schuldners innerhalb und außerhalb des Konkurses nach deutschem Reichsrecht, Stuttgart 1884.

Dauernheim, Jörg, Das Anfechtungsrecht in der Insolvenz, Neuwied 1999.
Deutsch, Erwin, Fahrlässigkeit und erforderliche Sorgfalt: eine privatrechtliche Untersuchung, 2. Aufl., Köln 1995.
Drukarczyk, Jochen, Unternehmen und Insolvenz: zur effizienten Gestaltung des Kreditsicherungs- und Insolvenzrechts, Wiesbaden 1987.

Eckardt, Diederich, Kreditsicherung versus Insolvenzanfechtung, ZIP 1999, S. 1417 ff.
–, Aspekte einer „Vorteilsanrechnung“ im Anfechtungsrecht, ZInsO 2004, S. 888 ff.
–, Haftungsrechtliche Restitution des Erlangten oder Ersatz des Interesses?, in: Eberhard Schilken/Gerhart Kreft/Gerhard Wagner/Diederich Eckardt (Hrsg.), Festschrift für Walter Gerhardt, München 2004, S. 145 ff. (Zit.: FS Gerhardt).
–, Anfechtung und Aussonderung – Zur Haftungspriorität des Anfechtungsanspruchs im Verhältnis zu den Eigengläubigern des Anfechtungsgegners, KTS 2005, S. 15 ff.
Erman, Bürgerliches Gesetzbuch, Kommentar, hrsg. von Harm Peter Westermann/Barbara Grunewald/Georg Maier-Reimer, 15. Aufl., Köln 2017 (Zit.: Erman/*Bearbeiter*).

Fischer, Michael, Die Unentgeltlichkeit im Zivilrecht, Köln 2002.
Fitting, Heinrich Hermann, Das Reichs-Konkursrecht und Konkursverfahren, 3. Aufl., Berlin 1904.
Flume, Werner, Der Wegfall der Bereicherung in der Entwicklung vom römischen zum geltenden Recht, in: Rechts- und staatswissenschaftliche Fakultät zu Göttin-

gen (Hrsg.), Festschrift für Hans Niedermeyer zum 70. Geburtstag, Göttingen 1953, S. 103 ff. (Zit.: FS Niedermeyer).

–, Die Entreicherungsgefahr und die Gefahrtragung bei Rücktritt und Wandlung, NJW 1970, S. 1161 ff.

–, Allgemeiner Teil des Bürgerlichen Rechts, Band 2: Das Rechtsgeschäft, 3. Aufl., Berlin 1979.

–, Die Saldotheorie und die Rechtsfigur der ungerechtfertigten Bereicherung, AcP 194 (1994), S. 427 ff.

–, Die Rückabwicklung nichtiger Kaufverträge nach Bereicherungsrecht – Zur Saldotheorie und ihren „Ausnahmen", JZ 2002, S. 321 ff.

Foerste, Ulrich, Insolvenzrecht, 6. Aufl., München 2014.

–, Erhöhtes Risiko für Schuldtilgungen durch die Reform der Gläubigeranfechtung, JZ 2019, S. 168 ff.

Fölsing, Philipp, Vorteilsausgleich in der Krise der Gesellschaft, KSI 2015, S. 70 ff.

Frankfurter Kommentar zur Insolvenzordnung, hrsg. von Klaus Wimmer, 9. Aufl., Köln 2018 (Zit.: FK/*Bearbeiter*).

Fridgen, Alexander, Die Rechtsfolgen der Insolvenzanfechtung: Vorsatzanfechtung unter dem Gesichtspunkt des Schadensersatzes, Hamburg 2009.

Ganter, Hans Gerhard, Neues zum Merkmal der Gläubigerbenachteiligung bei der Insolvenzanfechtung, in: Michael Dahl/Hans-Gerd H. Jauch/Christian Wolf (Hrsg.), Sanierung und Insolvenz – Festschrift für Klaus Hubert Görg zum 70. Geburtstag, München 2010, S. 169 ff. (Zit.: FS Görg).

–, Anfechtungsrisiken der Bank im Verkehr mit ihrem von der Insolvenz bedrohten Kunden, NZI 2010, S. 835 ff.

–, Wiederbelebung des „Mühlen-Falls"?, NZI 2018, S. 585 ff.

–, Betrachtungen zum Verhältnis von Legislative und Judikative auf dem Gebiet des Insolvenzrechts, NZI 2018, S. 961 ff.

–, Neues zum Bargeschäft, ZIP 2019, S. 1141 ff.

Gaugler, Hans, Die paulianische Anfechtung, Band 1, Basel 1944.

Gaul, Hans Friedhelm, Der Einwendungsausschluß in bezug auf den Schuldtitel nach § 2 AnfG als Problem der Gläubigeranfechtung und der Urteilswirkung gegenüber Dritten, in: Peter Gottwald/Hanns Prütting (Hrsg.), Festschrift für Karl Heinz Schwab zum 70. Geburtstag, München 1990, S. 111 ff. (Zit.: FS Schwab).

–/Schilken, Eberhard/Becker-Eberhard, Ekkehard (Hrsg.), Zwangsvollstreckungsrecht, 12. Aufl., München 2010.

Gehrlein, Markus, Zur Gläubigerbenachteiligung als Grundvoraussetzung der Insolvenzanfechtung, ZInsO 2017, S. 128 ff.

Gerhardt, Walter, Die systematische Einordnung der Gläubigeranfechtung, Göttingen 1969.

–, Grundprobleme der Gläubigeranfechtung und Spezialfragen der Übertragung eines belasteten Miteigentumsanteils, ZIP 1984, S. 397 ff.

–/Merz, Franz, Aktuelle Probleme der Gläubigeranfechtung im Konkurs, 5. Aufl., Köln 1990.

Gogger, Martin, Insolvenzrecht, 2. Aufl., München 2006.

Goltdammer, Theodor, Kommentar und vollständige Materialien zur Konkurs-Ordnung: vom 8. Mai 1855 und zu dem Gesetze betreffend die Befugniß der Gläubiger zur Anfechtung der Rechtshandlungen zahlungsunfähiger Schuldner außerhalb des Konkurses vom 9. Mai 1855, 2. Aufl., Berlin 1858.

Gottwald, Peter, Insolvenzrechts-Handbuch, 5. Aufl., München 2015 (Zit.: Gottwald/*Bearbeiter*).

Grevesmühl, Götz, Die Gläubigeranfechtung nach klassischem römischen Recht, Göttingen 2003.

Grützmann, Paul, Das Anfechtungsrecht der benachtheiligten Konkursgläubiger nach gemeinem Rechte und nach der Reichs-Konkurs-Ordnung, unter theilweiser Berücksichtigung des Reichsgesetzes vom 21. Juli 1879, Leipzig 1882.

Guski, Roman, Sittenwidrigkeit und Gläubigerbenachteiligung: Zu den Schranken von Kreditsicherheiten unter Berücksichtigung gemeinschafts- und kollisionsrechtlicher Bezüge, Berlin 2007.

Habscheid, Walther J., Buchbesprechung zu: Gerhardt, Walter, Die systematische Einordnung der Gläubigeranfechtung, Göttingen, 1969, NJW 1971, S. 792 ff.

Hagen, Horst, Funktionale und dogmatische Zusammenhänge zwischen Schadens- und Bereicherungsrecht, in: Gotthard Paulus/Uwe Diederichsen/Claus-Wilhelm Canaris (Hrsg.), Festschrift für Karl Larenz zum 70. Geburtstag, München 1983, S. 867 ff. (Zit.: FS Larenz).

Hager, Johannes, Verkehrsschutz durch redlichen Erwerb, München 1990.

Hahn, Carl (Hrsg.), Die gesamten Materialien zu den Reichs-Justizgesetzen: auf Veranlassung des Kaiserlichen Reichs-Justizamts herausgegeben, Band 4, Materialien zur Konkursordnung, Berlin 1881 (Zit.: Hahn, Materialien IV [in Klammern nachgestellt die Seitenzahl der Originalquelle]).

Harbeck, Nils, Gläubigerbenachteiligung als normative Voraussetzung der Insolvenzanfechtung, Hamburg 2013.

Hartmann, Bernhard, Gesetz betreffend die Anfechtung von Rechtshandlungen eines Schuldners ausserhalb des Konkursverfahrens, hrsg. von Georg Meikel, 6. Aufl., Berlin 1913.

Häsemeyer, Ludwig, Vertragsabwicklung, Aufrechnung und Anfechtung im Konkurs – BGHZ 89, 189, JuS 1986, S. 851 ff.

–, Insolvenzrechtlicher Rückabwicklungsschutz nach unerkannter Störung des Leistungsaustauschs?, KTS 2002, S. 603 ff.

–, Insolvenzrecht, 4. Aufl., Köln 2007.

Heidelberger Kommentar zur Insolvenzordnung, hrsg. von Godehard Kayser/Christoph Thole, 9. Aufl., Heidelberg 2018 (Zit.: HK/*Bearbeiter*).

Heim, Sebastian, Schenkungsanfechtung bei Auszahlungen im verdeckten Schneeballsystem: eine Untersuchung anhand des Falles der Phoenix Kapitaldienst GmbH, Baden-Baden 2011.

Held, Julia, Die Anfechtung unentgeltlicher Leistungen gem. § 134 InsO, Tübingen 2017.

Hellmann, Friedrich, Lehrbuch des deutschen Konkursrechts, Berlin 1907.

Henckel, Wolfram, Wert und Unwert juristischer Konstruktion im Konkursrecht, in: Erhard Bökelmann/Wolfram Henckel/Günther Jahr (Hrsg.), Festschrift für Friedrich Weber zum 70. Geburtstag am 19. Mai 1975, Berlin 1975, S. 273 ff. (Zit.: FS Weber).

–, Gläubigeranfechtung im Konkurs – Zuständigkeit, Internationales Insolvenzrecht, Vorteilsausgleichung, in: Hans Jürgen Ahrens/Christian von Bar/Gerfried Fischer/Andreas Spickhoff/Jochen Taupitz (Hrsg.), Festschrift für Erwin Deutsch: Zum 70. Geburtstag, Köln 1999, S. 967 ff. (Zit.: FS Deutsch).

Hoffmann, Jan Felix, Zession und Rechtszuweisung, Tübingen 2012.
–, Prioritätsgrundsatz und Gläubigergleichbehandlung, Tübingen 2016.
–, Buchrezension zu Zenger, Die Insolvenzanfechtung aus zivilrechtlicher Perspektive, KTS 2019, S. 481 ff.
Holzmann, Manuel, Das Regressrisiko des Befreiungsgläubigers: Schuldbefreiungsansprüche in der Insolvenz des Befreiungsschuldners, Tübingen 2016.
Huber, Michael, Anfechtungsgesetz (AnfG): Gesetz über die Anfechtung von Rechtshandlungen eines Schuldners außerhalb des Insolvenzverfahrens, 11. Aufl., München 2016.
–, Neues Recht der Vorsatzanfechtung für den Schwerpunktbereich Insolvenzrecht, JuS 2019, S. 1148 ff.

Jaeckel, Paul, Die Anfechtung von Rechtshandlungen zahlungsunfähiger Schuldner außerhalb des Konkurses auf Grund des Reichsgesetzes vom 21. Juli 1879, 2. Aufl., Berlin 1889.
Jaeger, Ernst, Kommentar zur Konkursordnung und den Einführungsgesetzen: mit einem Anhang, enthaltend das Anfechtungsgesetz, Auszüge aus den Kostengesetzen, die Ausführungsgesetze der Einzelstaaten und die Geschäftsordnungen für Preußen und Bayern, 2. Aufl., Berlin 1904.
–, Kommentar zur Konkursordnung und den Einführungsgesetzen, 3. Aufl., Berlin 1907.
–, Wie sichert der Anwalt seine Ausgleichsvergütung?, JW 1915, S. 1253 ff.
–, Kommentar zur Konkursordnung und den Einführungsgesetzen, 5. Aufl., Berlin 1916.
–, Lehrbuch des deutschen Konkursrechts, Berlin 1932.
–, Die Gläubigeranfechtung außerhalb des Konkursverfahrens: Erläuterungen des Anfechtungsgesetzes mit systematischer Einführung, 2. Aufl., Berlin 1938.
– (Begr.), Konkursordnung: Großkommentar, 8. Aufl., Berlin 1958 (Zit.: Jaeger[8]/*Bearbeiter*).
– (Begr.), Konkursordnung: Großkommentar, 9. Aufl., Berlin 1997 (Zit.: Jaeger[9]/*Bearbeiter*).
– (Begr.), Insolvenzordnung: Großkommentar, hrsg. von Wolfram Henckel/Walter Gerhardt, Band 2 und 4, Berlin 2008 (Zit.: Jaeger/*Bearbeiter*).
Jauernig, Othmar, Bürgerliches Gesetzbuch, Kommentar, hrsg. von Rolf Stürner, 17. Aufl., München 2018 (Zit.: Jauernig/*Bearbeiter*).
–/Berger, Christian, Zwangsvollstreckungs- und Insolvenzrecht, 23. Aufl., München 2010.
–/Lent, Friedrich, Zwangsvollstreckungs- und Insolvenzrecht, 21. Aufl., München 1999.
Jensen, Thore, Grundfragen des Rechts der Gläubiger- und Insolvenzanfechtung: unter besonderer Berücksichtigung der Anfechtbarkeit von Unterlassungen, Hamburg 2008.
Jilek, Catherine, Priorität im bayerischen Konkurs seit der Frühen Neuzeit, Berlin 2015.

Kalisz, Sven, Wiederaufleben von Drittsicherheiten, Baden-Baden 2019.
Kayser, Godehard, Insolvenzrechtliche Bargeschäfte (§ 142 InsO) bei der Erfüllung gesetzlicher Ansprüche?, ZIP 2007, S. 49 ff.
–, Der Rechtsgedanke des Bargeschäfts, in: Hans Gerhard Ganter/Peter Gottwald/Hans-Jürgen Lwowski (Hrsg.), Haftung und Insolvenz – Festschrift für Gero Fischer zum 65. Geburtstag, München 2008, S. 267 ff. (Zit.: FS Fischer).
–, Vorsatzanfechtung im Spannungsverhältnis von Gläubigergleichbehandlung und Sanierungschancen, NJW 2014, S. 422 ff.

–, Rechtsfolgen der Anfechtung, ZIP 2015, S. 449 ff.

–, Konsequenzen des neuen Anfechtungsrechts für die Rechtsprechung des BGH – Viel Lärm um nichts?, ZIP 2018, S. 1153 ff.

Kilger, Joachim (Hrsg.), Konkursordnung, 15. Aufl., München 1987 (Zit.: Kilger[15]/*Bearbeiter*).

Kindl, Johann, Die Rechtsfolgen der Gläubiger- und Konkursanfechtung bei der Veräußerung von beweglichen Sachen und Forderungen, NZG 1998, S. 321 ff.

Kirchhof, Hans-Peter, Die Anfechtung „ermöglichender" Deckungshandlungen nach §§130, 131 InsO, in: Hanns Prütting/Heinz Vallender (Hrsg.), Insolvenzrecht in Wissenschaft und Praxis – Festschrift für Wilhelm Uhlenbruck zum 70. Geburtstag, Köln 2000, S. 269 ff. (Zit.: FS Uhlenbruck).

Kleinfeller, Georg, Konkursordnung für das Deutsche Reich: nebst den Einführungsgesetzen, den konkursrechtlichen Bestimmungen des Genossenschaftsgesetzes und dem Anfechtungsgesetze, 4. Aufl., Lahr 1900.

Klinck, Fabian, Die Grundlagen der besonderen Insolvenzanfechtung: Gläubiger und Vertrauensschutz im Übergang vom Prioritäts- zum Gleichbehandlungsgrundsatz, Berlin 2010.

–, Buchrezension zu Würdinger, Markus: Insolvenzanfechtung im bargeldlosen Zahlungsverkehr, KTS 2014, S. 197 ff.

Koch, Christian Friedrich, Die Preußische Konkursordnung herausgegeben mit Kommentar, 2. Aufl., Berlin 1867.

König, Bernhard, Die Anfechtung nach der Konkursordnung: Handbuch für die Praxis, 4. Aufl., Wien 2009.

Koziol, Helmut, Grundlagen und Streitfragen der Gläubigeranfechtung, Wien 1991.

Kreft, Gerhart, Die Gläubigerbenachteiligung – Eine unterschätzte Anspruchsvoraussetzung?, KTS 2012, S. 405 ff.

Kübler, Bruno/Prütting, Hanns/Bork, Reinhard (Hrsg.), Kommentar zur Insolvenzordnung, Stand: 83. Lieferung, 02/2020, Köln (Zit.: K/P/B/*Bearbeiter*).

Kuhn, Georg (Hrsg.), Konkursordnung, Kommentar, 11. Aufl., München 1994 (Zit.: Kuhn/*Bearbeiter*).

Kühnemund, Patrick, Die insolvenzrechtliche Anfechtung von Prozesshandlungen des Insolvenzschuldners nach der InsO, Frankfurt am Main 1998.

Kummer, Joachim, Die actio Pauliana im 21. Jahrhundert oder: Was blieb von D.42.8? – Eine Bestandsaufnahme, in: Hans Haarmeyer/Heribert Hirte/Hans-Peter Kirchhof/Friedrich Graf von Westphalen (Hrsg.), Verschuldung, Haftung, Vollstreckung, Insolvenz – Festschrift für Gerhard Kreft zum 65. Geburtstag, Recklinghausen 2004, S. 393 ff. (Zit.: FS Kreft).

Kurzkommentar SchKG, Schuldbetreibungs- und Konkursgesetz, hrsg. von Daniel Hunkeler, 2. Aufl., Basel 2014 (Zit.: KuKo-SchKG/*Bearbeiter*).

Larenz, Karl/Canaris, Claus-Wilhelm, Lehrbuch des Schuldrechts, Besonderer Teil, Band 2, Teilband 2, 13. Aufl., München 1982.

Leser, Hans, Von der Saldotheorie zum faktischen Synallagma: ein Beitrag zur Lehre vom Wegfall der Bereicherung, Freiburg 1956.

Lwowski, Hans-Jürgen/Wunderlich, Nils-Christian, Neues zum Bargeschäft, in: Walter Gerhardt/Hans Haarmeyer/Gerhart Kreft (Hrsg.), Insolvenzrecht im Wandel der Zeit – Festschrift für Hans-Peter Kirchhof zum 65. Geburtstag, Recklinghausen 2003, S. 301 ff. (Zit.: FS H.-P. Kirchhof).

Magnus, Robert, Der Rückholanspruch: die rückwirkende Grenze der Eigentumsfreiheit, Tübingen 2018.

Marotzke, Wolfgang, Gegenseitige Verträge in Konkurs und Vergleich, München 1985.

–, „Dingliche" Wirkungen der Gläubiger- und Konkursanfechtung, KTS 1987, S. 1 ff.

–, Gegenseitige Verträge im neuen Insolvenzrecht, 3. Aufl., Neuwied 2001.

–/Kick, Sabine, Anmerkung zu dem Urteil des BGH vom 30.9.1993 (BGHZ 123, 320) betr. den Begriff der „Bardeckung" und dessen anfechtungsrechtliche Konsequenzen, JR 1995, S. 103 ff.

McCoid II, John C., Bankruptcy, Preferences, and Efficiency: An Expression of Doubt, Virginia Law Review, Bd. 67 (1981), S. 249 ff.

Mehring, Thomas, Objektive Gläubigerbenachteiligung und Saldierung mit Vorteilen der Masse, in: Reinhard Bork/Dietmar Grupp/Bruno Kübler (Hrsg.), Festschrift für Godehard Kayser, Köln 2019, S. 581 ff. (Zit.: FS Kayser).

Meier, Anke, Die Geschichte des deutschen Konkursrechts, insbesondere die Entstehung der Reichskonkursordnung von 1877, Frankfurt am Main 2003.

Meischeider, Emil, Die preußische Gesetzgebung über das Anfechtungsrecht der Gläubiger nach den Gesichtspunkten des römischen Rechts, Berlin 1864.

Merle, Saskia Naomi, Insolvenzzwecke in Deutschland und Frankreich: Möglichkeiten und Grenzen der Förderung der Sanierung durch das Unternehmensinsolvenzrecht, Baden-Baden 2019.

Mossler, Patrick, Bereicherung aus Leistung und Gegenleistung: der nichtige gegenseitige Vertrag und die Insolvenz, Tübingen 2006.

Münchener Kommentar zum Anfechtungsgesetz, hrsg. von Hans-Peter Kirchhof, München 2012 (Zit.: MüKo/*Bearbeiter*).

Münchener Kommentar zum Bürgerlichen Gesetzbuch, hrsg. von Franz Jürgen Säcker/ Roland Rixecker/Hartmut Oetker/Bettina Limperg, Band 6, 7. Aufl., München 2017 (Zit.: MüKo/*Bearbeiter*).

Münchener Kommentar zum Bürgerlichen Gesetzbuch, hrsg. von Franz Jürgen Säcker/ Roland Rixecker/Hartmut Oetker/Bettina Limperg, Band 3, 8. Aufl., München 2019 (Zit.: MüKo/*Bearbeiter*).

Münchener Kommentar zur Insolvenzordnung, hrsg. von Rolf Stürner/Horst Eidenmüller/Heinrich Schoppmeyer, Band 2, 2. Aufl., München 2008 (Zit.: MüKo^2/*Bearbeiter*).

Münchener Kommentar zur Insolvenzordnung, hrsg. von Rolf Stürner/Horst Eidenmüller/Heinrich Schoppmeyer, Band 2, 4. Aufl., München 2019 (Zit.: MüKo/*Bearbeiter*).

Musielak, Hans-Joachim, Die Erfüllungsablehnung des Konkursverwalters, AcP 179 (1956), S. 189 ff.

Nerlich, Jörg/Römermann Volker, Insolvenzordnung Kommentar, Stand: 40. Ergänzungslieferung März 2020, München (Zit.: Nerlich/Römermann/*Bearbeiter*).

–/Niehus, Christoph, Anfechtungsgesetz, München 2000.

Neyses, Andrea, Die Insolvenzanfechtung in Mehrpersonenverhältnissen, Tübingen 2012.

Nomos Kommentar, Gesamtes Recht der Zwangsvollstreckung, hrsg. von Johann Kindl/ Caroline Meller-Hannich/Hans-Joachim Wolf, 3. Aufl., Baden-Baden 2016 (Zit.: NK/ *Bearbeiter*).

Oertmann, Paul, Wirkung der Gläubigeranfechtung, ZZP 33 (1904), S. 1 ff.

Otto, Carl/Schilling, Bruno/Sintenis, Carl Friedrich Ferdinand, Das Corpus Juris Civilis in's Deutsche übersetzt von einem Vereine Rechtsgelehrter, Band 4, Leipzig 1832.

Otto, Victor, Die Anfechtung von Rechtshandlungen, welche ein Schuldner, zu dessen Vermögen Konkurs nicht eröffnet ist, zum Nachtheile seiner Gläubiger vornimmt, nach gemeinem, sächsischem und deutschem Reichsrecht, Leipzig 1881.

Paulus, Christoph G., Zur Auslegung anfechtungsrechtlicher Vorschriften, in: Hans Gerhard Ganter/Peter Gottwald/Hans-Jürgen Lwowski (Hrsg.), Haftung und Insolvenz – Festschrift für Gero Fischer zum 65. Geburtstag, München 2008, S. 445 ff. (Zit.: FS Fischer).

Paulus, Gotthard, Sinn und Formen der Gläubigeranfechtung, AcP 155 (1956), S. 277 ff.

Petersen, Julius, Zur Lehre vom Anfechtungsrecht, ZZP 10 (1887), S. 17 ff.

Pilgram, Thomas, Ökonomische Analyse der bundesdeutschen Insolvenzordnung, Frankfurt am Main 1999.

Plander, Harro, Die Stellung des Anfechtungsgegners bei der Anfechtung von Erfüllungsgeschäften außerhalb des Konkurses, KTS 1972, S. 158 ff.

Prütting, Hanns, Insolvenzanfechtung wegen Unentgeltlichkeit bei Erfüllungshandlungen, KTS 2005, S. 253 ff.

Puchta, Georg Friedrich, Pandekten, 11. Aufl., Leipzig 1872.

Raebel, Bernd, Folgenbeseitigung von Gläubigerbenachteiligungen, in: Christian Berger/Godehard Kayser/Klaus Pannen (Hrsg.), Sanierung, Insolvenz, Berufsrecht der Rechtsanwälte und Notare – Festschrift für Hans Gerhard Ganter zum 65. Geburtstag, München 2010, S. 339 ff. (Zit.: FS Ganter).

–, Gläubigergleichbehandlung und Drittzahlungen im Anfechtungsrecht, KTS 2015, S. 285 ff.

Raschke, Thorsten, Funktion und Abgrenzung des Bargeschäftstatbestandes in § 142 InsO, Hamburg 1999.

Riehl, J., Das System des Deutschen Gläubigeranfechtungsrechts, Gruchot 53 (1909), S. 161 ff.

Rintelen, Viktor, Das Konkursrecht, Halle 1902.

Ritter, Christian, Buchbesprechung zu: Gerhardt, Walter, Die systematische Einordnung der Gläubigeranfechtung, Göttingen, 1969, JZ 1971, S. 143 ff.

Röttger, Annika, Die insolvenzanfechtungsrechtliche Rückabwicklung von Anweisungsleistungen, Baden-Baden 2013.

Rutkowsky, Stefan, Rechtsnatur und Wirkungsweise der Gläubigeranfechtung: unter besonderer Berücksichtigung der Einzelfälle anfechtbarer Rechtshandlungen, Bonn 1969.

Sarwey, Otto von, Die Konkurs-Ordnung für das Deutsche Reich, Berlin 1879.

–/Boßer, Gustav, Die Konkurs-Ordnung für das Deutsche Reich, 4. Aufl., Berlin 1901.

Schmidt, Karsten, Unterlassungsanspruch, Unterlassungsklage und deliktischer Ersatzanspruch im Konkurs, ZZP 90 (1977), S. 38 ff.

–, Das Insolvenzrisiko der Banken zwischen ökonomischer Vernunft und Rechtssicherheit – Bemerkungen zu einem Zielkonflikt in der bankrechtlichen Judikatur, WM 1983, S. 490 ff.

– (Hrsg.), Kommentar Insolvenzordnung, 19. Aufl., München 2016 (Zit.: Schmidt/*Bearbeiter*).

Schmidt, Reinhard H., Ökonomische Analyse des Insolvenzrechts, Wiesbaden 1980.
Schoppmeyer, Heinrich, Besondere und allgemeine Anfechtung am Beispiel der Anfechtung von Zwangsvollstreckungen, NZI 2005, S. 185 ff.
–, § 133 Abs. 1 InsO versus §§ 130, 131 InsO: Ist die Insolvenzanfechtung nur ein Unterfall der Vorsatzanfechtung?, ZIP 2009, S. 600 ff.
Senst, J., Die Verwaltung von Konkursen nach der Reichs-Konkursordnung: auf der Grundlage der einschlägigen Gesetze und Reichsgerichts-Entscheidungen für die Praxis, 8. Aufl., Berlin 1925.
Sieber, Florian, Die Rechtsnatur der Gläubigeranfechtung innerhalb und außerhalb des Insolvenzverfahrens: eine dogmatische Einordnung unter besonderer Berücksichtigung der höchstrichterlichen Rechtsprechung, Hamburg 2008.
Siegel, Thomas, Der Abzug „neu für alt", SVR 2011, S. 289 ff.
Soergel, Hans Theodor (Begr.), Bürgerliches Gesetzbuch mit Einführungsgesetz und Nebengesetzen, Band 3/2, Schuldrecht 1/2, 13. Aufl., Stuttgart 2014 (Zit.: Soergel/*Bearbeiter*).
Soergel, Hans Theodor (Begr.), Bürgerliches Gesetzbuch mit Einführungsgesetz und Nebengesetzen, Band 5/2, Schuldrecht 3/2, 13. Aufl., Stuttgart 2005 (Zit.: Soergel/*Bearbeiter*).
Städtler, Hans Jörg, Grundpfandrechte in der Insolvenz: eine rechtsvergleichende Untersuchung der Effektivität von Grundpfandrechten in der Insolvenz des Schuldners in Deutschland und Frankreich, Tübingen 1998.
Steffek, Felix, Präventionsdefizite im Insolvenzanfechtungsrecht – Zugleich ein Plädoyer für die Einführung einer Geschäftsleiter-Disqualifizierung nach englischem Vorbild, ZRP 2007, S. 228 ff.

Thole, Christoph, Die Vorsatzanfechtung als Instrument des Gläubigerschutzes, KTS 2007, S. 293 ff.
–, Gläubigerbenachteiligung bei Zahlung aus geduldeter Kontoüberziehung, NZI 2009, S. 800 ff.
–, Gläubigerschutz durch Insolvenzrecht: Anfechtung und verwandte Regelungsinstrumente in der Unternehmensinsolvenz, Tübingen 2010.
Tolani, Madeleine, Insolvenzanfechtung gegenüber Dienstleistern mit besonderem Augenmerk auf die Auswirkungen des reformierten Bargeschäftsprivilegs gem. § 142 InsO, ZIP 2018, S. 1997 ff.

Uhlenbruck, Wilhelm/Mentzel, Franz/Kuhn, Georg/Hirte, Heribert (Hrsg.), Insolvenzordnung: Kommentar, 13. Aufl., München 2010 (Zit.: Uhlenbruck[13]/*Bearbeiter*).
Uhlenbruck, Wilhelm/Hirte, Heribert/Vallender, Heinz (Hrsg.), Insolvenzordnung: Kommentar, 15. Aufl., München 2019 (Zit.: Uhlenbruck/*Bearbeiter*).

Völderndorff, Otto Frh. von, Die Konkursordnung für das Deutsche Reich nebst Einführungsgesetz, Band 1, Erlangen 1879.

Wacke, Andreas, Zur Geschichte und Dogmatik der Gläubigeranfechtung, ZZP 83 (1970), S. 418 ff.
Warneyer, Otto/Bohnenberg, Heinrich, Anfechtungsgesetz: Kommentar, 4. Aufl., Köln 1955.

Weintraud, Gerhard, Die Saldotheorie: ein Beitrag zur Lehre vom Gegenstand des Bereicherungsanspruchs, Breslau 1931.
Weirauch, [...], Die gemischte Schenkung, Gruchot 48 (1904), S. 229 ff.
Wendehorst, Christiane, Anspruch und Ausgleich: Theorie einer Vorteils- und Nachteilsausgleichung im Schuldrecht, Tübingen 1999.
Wentzel, August/Klose, C., Die preußische Konkursordnung, Berlin 1855.
Wilhelm, Jan, Anmerkung zu BGH, Urteil v. 11.11.1994 – V ZR 116/93, JZ 1995, S. 573 ff.
Wilmowski, Gustav von, Deutsche Reichs-Konkursordnung, 6. Aufl., Berlin 1906.
Windscheid, Bernhard, Lehrbuch des Pandektenrechts, Düsseldorf 1874.
Würdinger, Markus, Insolvenzanfechtung im bargeldlosen Zahlungsverkehr: eine insolvenzrechtsdogmatische Abhandlung zum Insolvenzanfechtungsrisiko bei Überweisungen und Lastschriften in der Insolvenz des Girokontoinhabers, Tübingen 2012.

Zenger, Ralph, Die Insolvenzanfechtung aus zivilrechtlicher Perspektive, Tübingen 2016.
Zeuner, Mark, Die Anfechtung in der Insolvenz: ein Handbuch, 2. Aufl., München 2007.

Sachregister